Der deutsche Minnesang

Der deutsche Minnesang

Liebeslieder des Mittelalters

Herausgegeben
von Richard Zoozmann

Anaconda

Dieser Band erschien zuerst 1910 unter dem Titel *Deutscher Minnesang*. Herausgegeben und eingeleitet von Richard Zoozmann bei J. Habbel in Regensburg. Orthografie und Interpunktion wurden unter Wahrung von Lautstand und grammatischen Eigenheiten modernisiert. Die Reproduktionen aus der Manessischen Liederhandschrift wurden nicht übernommen.

Die Deutsche Nationalbibliothek verzeichnet diese Publikation in der Deutschen Nationalbibliografie; detaillierte bibliografische Daten sind im Internet unter http://dnb.d-nb.de abrufbar.

© 2011 Anaconda Verlag GmbH, Köln
Alle Rechte vorbehalten.
Umschlagmotiv: Walther von der Vogelweide, Buchmalerei aus
der Großen Heidelberger Liederhandschrift (Codex Manesse),
Zürich um 1310–40, Foto: akg-images
Umschlaggestaltung: dyadesign, Düsseldorf, www.dya.de
Satz und Layout: paquémedia, Ebergötzen
Printed in Czech Republic 2011
ISBN 978-3-86647-688-2
www.anacondaverlag.de
info@anacondaverlag.de

Einleitung

In der Geschichte des deutschen Minnesanges, der sich in zwei verschiedenen Teilen unserer großen Heimat zu entfalten begann, im Südosten, in Österreich, und vermutlich schon etwas früher im Nordwesten, am Niederrhein, lassen sich drei Entwicklungsepochen unterscheiden. Die erste, die man um das Jahr 1150 ansetzen kann, zeigt die deutsche Lyrik ganz losgelöst von der epischen Form und Haltung und zur kunstgemäßen Gestalt übergehend. Die zweite umfasst die glänzende Zeit der künstlerischen Vollendung der Minnepoesie. Die dritte lässt den Übergang der Kunstlyrik aus den höfischen Kreisen in die bürgerliche Sphäre wahrnehmen und ihr ästhetisches Herabsinken in den nüchternen Formelkram des Meistergesanges erkennen. Um dem Leser ein klares Bild von der Entwicklung der Kunstdichtung in dieser Epoche zu geben, sei es mir vergönnt, in einer kurzen Übersicht die epische und lyrische Kunstpoesie im Zusammenhang zu betrachten.

Die Dichtungen der ritterlichen Sänger waren für die höfischen Kreise bestimmt; sie mussten, um hier zu gefallen, im Geist und Ton des modernen Rittertums abgefasst sein. Der altdeutschen Heldensage ließ sich ein ihr so völlig fremder Charakter nicht aufprägen; man sah sich daher nach geeigneteren Stoffen um und fand diese hauptsächlich in französischen Dichtungen, deren Inhalt der in Frankreich heimischen, schon früh mit britischen Stoffen verschmolzenen und später mit orientalischen Elementen bereicherten Sage entnommen war. Außerdem benutzte man das durch französische und andere Bearbeitungen vermittelte und entstellte klassische Altertum, ältere lateinische Legenden und einzelne, verschiedenen Gegenden Deutschlands angehörende neuere Sagen. Alle diese

Stoffe waren indessen meistens nur ein rohes Material, das die deutschen Dichter erst durch eine tragende Idee beseelen mussten.

Während das Volksepos schmucklose Einfachheit kennzeichnet, finden wir bei den Kunstdichtern Farbenreichtum und Fülle der Schilderung äußerer und innerer Zustände, mitunter freilich in ermüdender Breite. Bei ihrer subjektiven Auffassung gebricht ihnen die Kraft der plastischen Gestaltung und der Sinn für das Wahre und Natürliche, und sie verlieren sich daher nicht selten ins Fantastische und Mystische.

Auch in der Entwicklung des Kunstepos lassen sich die schon erwähnten drei Epochen unterscheiden. Die erste von 1150–90 kann als Vorbereitungszeit betrachtet werden. Heinrich von Veldeke († um 1200) bezeichnet den Anfang, denn hauptsächlich seinen Bemühungen ist die Verfeinerung der poetischen Form zuzuschreiben, und er war der Erste, der in das Epos die Minne einführte, die von jetzt an der Mittelpunkt der epischen Dichtung bleibt. In diese Zeit gehören: Werner, Konrad, Lamprecht, Eilhart von Oberg usw.

In den Jahren von 1190 bis 1230 erreicht die Poesie ihren Höhepunkt in Hartmann von Aue, Wolfram von Eschenbach, Gottfried von Straßburg, indem sie ihre Dichtungen zum Ausdruck einer in der Handlung sich offenbarenden Idee zu machen wissen. Andere, aber weit untergeordnete Dichter sind: Ulrich von Zetzighoven, Wirnt von Gravenberg, Konrad Flecke usw.

Von 1230 bis Ende des Jahrhunderts beginnt allmählich der immer zunehmende Verfall der Kunst. Der leitende Gedanke verschwindet aus den Dichtungen, die Charakterzeichnung wird unsicher, die Reflexion drängt sich immer mehr vor, selbst das Streben, Gelehrsamkeit zu zeigen, wird schon sichtbar, und die Allegorie gewinnt immer größern Raum. Die bekanntesten Dichter dieser Zeit sind: Rudolf von Ems, der bedeutendste, der Stricker und Konrad von Würzburg. Die vornehmsten Erzeugnisse der epischen Kunstpoesie lassen sich am besten nach den darin behandelten Stoffen übersehen.

Zugleich mit der sich subjektiv gestaltenden epischen Poesie erwachte auch eine subjektive lyrische Dichtung, die bald in reicher Fülle hervortrat. Die höfische Kunst suchte das wirkliche Leben ideal zu gestalten. Das Leben war hauptsächlich vom Rittertum ausgefüllt; des modernen Rittertums vornehmstes Element war der Frauendienst, die Minne. Wie diese daher in den Epen die Hauptrolle spielt, so suchte sie ihren Ausdruck auch im Liede, dessen Hauptthema sie ward. Die Minnelieder sind nicht Offenbarungen heftiger Leidenschaft, wie die Gesänge der Provenzalen, von denen sie wohl die erste Anregung empfangen hatten, sondern mild und zart, bald innig und wehmütig, bald tändelnd und scherzend. Da Liebe und Naturfreude ihr beständiger Inhalt ist, sind sie im ganzen monoton, obgleich der wohlklingende Vers eine bewundernswürdige Mannigfaltigkeit des Baues und der Reimverschlingung darbietet, und einige Abwechslung geboten wird durch die Darstellungsformen: die dramatisch gehaltenen Wächterlieder (worin der Wächter die Liebenden vor feindseliger Überraschung warnt), die Wechsellieder (zwischen den Liebenden), die Botenlieder (worin Liebesboten ihre Aufträge singen), die Reigen und Tänze (die bei Festen im Freien gesungen wurden) und noch andere mehr.

Die Minnelieder sind zum Teil liebliche, noch heute ansprechende Dichtungen; es finden sich unter ihnen aber auch manche, die fade, affektiert, ja roh genannt werden können.

Außer den eigentlichen, allerdings am meisten kultivierten Liebesliedern kommen auch lyrische Dichtungen andern Inhaltes vor. Erstens: Die sogenannte höfi-

sche Dorfpoesie, an ausgelassene bäurische Szenen an-
knüpfend. Zweitens: Leiche, religiöse Lieder, deren Ge-
genstand die »himmlische Minne« ist. Drittens: Einige
politische Lieder, die Staat und Kirche berühren. Vier-
tens: Ernster Betrachtung zugewandte gnomische Dich-
tungen in Liederform, bald satirisch die Gebrechen der
Zeit rügend, bald echte Lebensweisheit predigend.

Einige der bedeutendsten Liederdichter aus der Vor-
bereitungsperiode von 1150 bis 90 sind: Dietmar von
Aist, von Kürenberg, Heinrich von Veldeke, Friedrich
von Hausen: Kreuzlieder, Spervogel: meist Lieder reli-
giöser oder lehrhaften Inhaltes. Aus der Blütezeit von
1190 bis 1230 sind zu erwähnen: Heinrich von Morun-
gen, Hartmann von Aue, Reinmar der Alte, Walther
von der Vogelweide, der talentvollste und vielseitigste
Lyriker des Mittelalters, Wolfram von Eschenbach:
Wächterlieder oder Tagweisen, Gottfried von Straß-
burg, Neidhart: höfische Dorfpoesie. Aus der Zeit des
allmählichen Verfalls von 1230 bis 1300 sind nennens-
wert: Graf Otto von Henneberg (Botenlauben), Christi-
an von Hamle, Gottfried von Niefen: Dorfpoesie, der
Tannhäuser (dessen Name später mit der Sage vom Ve-
nusberg verknüpft wurde), der Marner, Reinmar von
Zweter, Ulrich von Lichtenstein, in dessen abenteuern-
dem Leben der ritterliche Frauendienst schon als Kari-
katur erscheint: Frauendienst, poetische Lebensbe-
schreibung, in den seine Minnelieder eingeflochten
sind; Konrad von Würzburg: *Die goldene Schmiede*, grö-
ßeres allegorisch-lyrisches Gedicht zum Preise der
Jungfrau Maria; Heinrich, genannt Frauenlob usw.

Wurde auch die lehrhafte Poesie zuerst von Geistli-
chen angebaut, so wandten sich ihr doch auch bald die
Laien zu, nachdem mancherlei Konflikte in ihnen kla-
reres Selbstbewusstsein geweckt und zur Reflexion ge-
führt hatten. Die didaktische Dichtung der Laien über-
trifft in der Regel durch größere Kernhaftigkeit und

praktische Lebensweisheit die der Geistlichen, die gewöhnlich in Aszetik ausgeht und sich oft in Mystik verliert. Einige Dichtungen dieser Art sind: Freidanks *Bescheidenheit* (d. i. Lebensweisheit), 1228, eine Sammlung Frömmigkeit und Lebensweisheit lehrender Sprüche. *Der Winsbeke*, erste Hälfte des 13. Jahrhunderts, der treffliche Lehren eines Ritters an seinen Sohn enthält. *Der welsche Gast* von Thomasin v. Zerclaere aus Friaul, 1216, Lehrgedicht über höfische Sitte. *Die Welt*, eine Sammlung von Fabeln und Parabeln vom Stricker. *Der Renner* von Hugo, einem Schullehrer in Trimberg bei Bamberg, 1300 bis 1309; er geißelt sittliche Gebrechen der Zeit und gibt Anleitung zur Gottesfurcht und Lebenstüchtigkeit. *Der Edelstein* von Ulrich Boner, einem Predigermönch in Bern, 1330, der eine Sammlung von hundert Fabeln bildet.

Seit dem Anfang des 15. Jahrhunderts beginnt die Romanliteratur, die das Epos bald ganz in den Hintergrund drängt. Man übersetzte oder bearbeitete französische und spanische Ritterromane, Erzählungen und Novellen des Boccaccio, die Gesta Romanorum (13. Jahrhundert), und endlich bildete man aus Stoffen älterer Heldengedichte romanartige Erzählungen. So entstanden: *Herzog Ernst, Tristan, Flore und Blanscheflur, Fortunatus, Octavianus* usw., die später in verkürzter Form wieder als Volksbücher erscheinen.

Mit der höfischen Lyrik verhält es sich ähnlich; sie wird immer unbedeutender und verschwindet um die Mitte des 14. Jahrhunderts ganz. Ihre letzten Ausläufer (*Muskatblüt*, Michael Beheim) berühren sich mit dem Meistergesang.

Als nämlich die Bildung aus dem Ritterstand entschwand und dafür, wenngleich in anderer Gestalt, in den Städten neu erblühte, bemächtigten sich die Bürger, besonders Handwerker, der Poesie, betrieben sie, mit geringer Berücksichtigung des Inhaltes, nach den aus dem Zeitalter der Minnesänger überlieferten und durch neue vermehrten Regeln, die nur Form, Versbau und Vortrag betrafen (Tabulatur), übten sie in den Herbergen (Schulen, Freisingen) und brachten sie in öffentlichen Gesangvorträgen in der Kirche oder auf dem Rathaus (Festschulen) zur Geltung. Sie bildeten sich schon vor Ende des 14. Jahrhunderts zu zunftmäßigen Genossenschaften, die sich im 15. und 16. Jahrhundert weit ausbreiteten und sich in einigen Resten bis tief ins 18. Jahrhundert hinein erhalten haben. Auf poetischen Wert können die Produkte des Meistergesangs aber keinen Anspruch machen.

Die volksmäßige Dichtung enthält noch das Beste, was die Poesie aus dieser Zeit aufzuweisen hat und ist reich an Keimen, die sich künftighin mehr oder minder stark entwickeln sollten.

Der lyrische Volksgesang erwachte in der Mitte des 14. Jahrhunderts, gelangte im 15. und 16. zur höchsten Blüte, dauerte auch im 17. Jahrhundert noch fort, verschwand dann aber auf längere Zeit fast gänzlich. Der Reichtum der Volkslieder war so groß, dass uns, obgleich vielleicht das Meiste verloren gegangen ist, doch Tausende erhalten worden sind. Vieles unter ihnen ist natürlich unbedeutend; aber eine große Menge Volkslieder sind echt poetischer Ausdruck wirklicher Empfindung in allen Tonarten, einfach, wahr, frisch und lebendig, und außerordentlich ist der Einfluss, den in einer spätern Zeit, als man sich von der Natur weit entfernt hatte, die Wiedererweckung des alten Volksliedes auf die Regeneration unsrer Poesie ausgeübt hat. Unterscheiden lassen sich historische Volkslieder (epische Dichtungen in Liederform), Balladen und eigentliche Lieder.

Nach dieser kleinen notwendigen Abschweifung komme ich zum Minnesang und seinen hauptsächlichsten Vertretern zurück.

Die meisten zum Minnesang gehörigen Dichter waren von adliger Herkunft und ritterlichen Standes, bis auf wenige bürgerliche, unter denen auch ein Jude genannt wird. Aber auch Männer fürstlichen Geblütes übten die edle Kunst des Minnesanges, darunter König Heinrich der Vierte; es sind uns in Urkunden etwa dreihundert Namen von Minnesängern und etwa zweihundert Lieder erhalten. Die Mehrzahl dieser Sänger gehörte jedoch dem niedern Dienstadel an und sie waren mit Glücksgütern in keiner Weise gesegnet, sodass sie sich von ihrer Kunst ernähren mussten. Es gehörte in jenen Tagen zur feinen Bildung, neben der Führung der Waffen auch den Gesang und die Dichtkunst zu pflegen. Diese Eigenschaften machten den Sänger zu einer gern gesehenen Persönlichkeit auf den Burgen und Schlössern der Fürsten und Könige.

Der Minnesang brachte das deutsche Gemüt zu einer neuen Blüte und er muss, mehr als die höfische Epik des deutschen Mittelalters, als eine ursprüngliche Frucht des deutschen Volksgeistes angesehen werden. Denn wenn er auch nicht zu verkennende Einwirkungen von der romanischen Kunstdichtung her erfahren hat, so ist diese Beeinflussung, besonders was die provenzalische und nordfranzösische Liebespoesie betrifft, doch vorwiegend nur eine sich auf die Form erstreckende geblieben. Schon Tacitus hatte den Germanen eine eigentümliche Empfindung für das Ahnungsvolle und Heilige in der Frauennatur zugesprochen, und dieses Feingefühl für das Mysteriöse im weiblichen Wesen konnte dem in der Form des Ritterdienstes auftretenden deutschen Frauendienst, der äußerlichen Galanterie der Romanen gegenüber, nur einen tieferen und gefühlsinnigeren Charakter aufprägen. Er äußert sich als eine Art blöder Scheu des Verehrers vor der Angesungenen oder Geliebten, als eine heimliche Sehnsucht aus der Ferne, als ein verborgenes schüchternes Verlangen nach der Erkorenen, ja man kann sagen, als ein zum Marienkultus in deutlicher Beziehung und Abhängigkeit stehendes demutvolles Emporschauen zu der geliebten Fraue als einem in einer höheren und reineren Sphäre lebenden Wesen. Daher mutet uns (im Gegensatz zu der mehr auf keckem Lebensgenuss, auf Waffenfröhlichkeit und Fehdelust, auf galanter Abenteuersucht und sinnlichem Liebeslohn beruhenden Troubadourpoesie) der deutsche Minnesang frauenhafter an, wie ihn J. Grimm treffend bezeichnet. Und wenn er sich auch nicht ganz von sinnlicher Beimischung freihalten kann, diese sogar ab und zu unverkennbar oder sogar ziemlich stark hervortreten lässt, so bewegt sich doch alles in allem die deutsche Liebeslyrik in ungleich idealerer Haltung als die romanische. Dies rührt zum nicht geringsten Teil daher, dass überall jenes tiefsinnige und liebevolle Naturgefühl zu Wort kommt, das dem germanischen Geiste von je als ein Grundzug und besonderes Kennzeichen anhaftet.

Dr. Friedrich Pfaff sagt (Seite VIII seiner Ausgabe, Stuttgart, Band 8 und 9 von Kürschners Deutscher Nat. Literatur), dass für den eigentlichen Minnesang die abenteuerlichen Liebeshändel wesentlich sind, die zuerst in der Provence Brauch wurden. In den meisten Fällen, von denen wir durch die erhaltenen Lieder Kunde haben, lag gar kein ernstliches Liebesverhältnis zugrunde. Beide Teile, der Liebende und die Geliebte, hatten es nur auf Ruhm und Ehre abgesehen, wie sie die überall gesungenen Lieder einbrachten. Der Dichter erkor meist eine Verwandte oder gar die Gattin seines Gönners zum Ziel seiner Gesänge, erhob ihre Vorzüge, beklagte ihre Hartherzigkeit, sprach dreiste Wünsche aus, verschwieg jedoch stets den Namen der Geliebten oder bezeichnete sie mit einem Decknamen (Hehlnamen), der eine geheime Beziehung andeutete.

Der Dichter überbrachte seine Lieder nicht selbst, sondern ließ sie durch einen Spielmann vortragen; es war überhaupt bei den Provenzalen nicht selten, dass sie sich von einem dienenden Jongleur (Joglar) begleiten oder diesen überhaupt für sich singen und spielen ließen. Freilich gab es auch ernstere Liebeshändel, wie dies ja natürlich ist, nachdem einmal durch die aufkommende Mode der allgemeine Gedankengang auf Dinge dieser Art gerichtet worden war. Nächtliche Zusammenkünfte, wie sie die Taglieder (vgl. z. B. Seite 134) schildern, mögen wohl nicht selten gewesen sein. Der Erfolg dieser ganzen Entwicklung konnte natürlich der allgemeinen Sittlichkeit nicht günstig sein. Es blieb häufig nicht beim bloßen Schmachten und Klagen, und der gestrenge Eheherr war wohl manchmal genötigt wie an Guillem de Cabestaing oder an Peire Vidal grimme Rache zu nehmen. Dem Vidal wurde nur die Zunge verstümmelt, sodass der Mönch von Montaudon spotten konnte: ihm täte eine Zunge von Silber not; aber der arme Guillem wurde erschlagen und sein gebratenes Herz setzte Raimund, der betrogene Ehemann, seiner Gattin Margarida vor, die es auch ohne Argwohn isst. Als Raimund ihr aber alles entdeckt hat und sie fragt, wie es ihr geschmeckt habe, erwidert sie: so gut, dass ihr keine andere Speise, kein anderer Trank jemals wieder den Geschmack vom Mund vertreiben solle, den Guillems Herz darauf zurückgelassen habe. Als Raimund außer sich vor Zorn mit dem Schwert auf sie eindringt, stürzt sie sich vom Balkon herab und bricht den Hals. Das Merkwürdigste aber an der ganzen Geschichte und vollständig im Geist der Zeit (1196) ist es, dass sich alle Stimmen für den Liebhaber und gegen den beleidigten Ehemann erhoben. Über die nordfranzösische und provenzalische Dichtung vergleiche man das klassische Werk von F. Diez, *Die Poesie der Troubadours* (Zwickau 1827, II. Aufl. von

Bartsch, Leipzig 1883), W. Wackernagel, *Altfranzösische Lieder und Leiche*, sowie *Die Gedichte der Troubadours*, trefflich übertragen und erklärt von Karl Ludwig Kannegießer, einem der besten älteren Übersetzer und Nachdichter (Tübingen 1855).

Die ältesten Dokumente unserer mittelalterlichen Lyrik muten in der Form noch ganz volksmäßig an, bald aber macht sich ein gewisser höfisch-konventioneller Zug breit, und nicht so häufig mehr kommt wirklich Erlebtes und wirklich Empfundenes zum Ausdruck, sondern es werden Motive und Geschehnisse schablonenhaft immer wieder vorgeführt. Der Hauptmasse nach bestehen diese Dichtungen aus Liebesliedern, dann aus religiösen und gnomischen Poesien. Die Dichter preisen den Lenz und den Sommer, schmähen den Winter, der mit Frost und Schnee den Wald bedeckt und die Vöglein vertreibt, sie freuen sich der roten Rosenzier, der weiten Heide, des grünen Angers, sprechen mit der in dämmerigen Büschen flötenden Nachtigall, und geben ihrer Freude an der Welt und deren Schönheit oft einen lieblichen und sinnigen Ausdruck, bis eben die ewigen Wiederholungen zu Klischees werden müssen. Ihrer Frömmigkeit verleihen sie oft ergreifende Töne, besonders gibt es schöne tief empfundene Marien- und Kreuzlieder darunter, während die Poeten den Zeitereignissen mitunter fremd und teilnahmslos gegenüberstehen. Außerdem finden sich noch Preis- und Klaggesänge beim Anfang oder Ende der Jahreszeiten, Darstellungen aus dem Dorfleben, darunter Tanz- und Trinklieder, ferner Lob- und Straflieder, die an einzelne Personen oder ganze Stände und Geschlechter gerichtet sind, didaktische Poesien, politische Ermahnungen an Fürsten und Könige, satirische und allegorische Gedichte. Von diesen allen berühren sich jedoch sehr viele mit der einen oder andern der obengenannten drei Hauptgattungen. Stofflich am umfassendsten sind die Dichtungen des alle Genossen überragenden Walthers von der Vogelweide, des größten deutschen Lyrikers vor Goethe; er ist deshalb und als meistvertretener Dichter in meiner Sammlung aus den übrigen Minnesängern herausgehoben und an den Schluss gestellt worden.

Die formelle Gestaltung der Minnelyrik zerfällt der Hauptsache nach in drei Formen: Lied, Leich und Spruch. Die ältesten Lieder sind zum Teil noch in der epischen Strophe abgeteilt; in der Blütezeit des Minnesangs tritt das Lied regelmäßig als ein aus gleichen dreiteiligen Strophen bestehendes Ganze auf. Die ersten zwei Teile, die sogenannten Stollen der Liedstrophe, sind gleichmäßig gebaut, der dritte, Abgesang genannte Teil weicht aber in seinem Bau von den Vorigen ab. Der Leich besteht aus ungleichen Strophen, die in zwei gleiche Teile zerfallen und dem Sinn nach nicht immer streng gesondert sind. Hierher gehören die Brautleiche und Hochzeitsleiche; dagegen sprechen die Dichter von *minneliet, brûtliet, trûtliet, tageliet* (das den Abschied der Liebenden bei Tagesanbruch schildert), *kriuzliet* (Kreuzfahrerlied oder kurzweg Kreuzlied), *lobeliet, jageliet, klageliet* und anderen mehr. Die dritte Hauptgattung, die Sprüche, fasst alle Gedichte zusammen, die lehrhaften und beschaulichen Inhalts sind; sie sind meistens in einzeln stehenden, oft in größeren, zu langen Versen gestreckten und oft auch unteilig gebauten Strophen gedichtet.

Die Bezeichnungen Wort und Weise decken sich mit unsern heutigen Begriffen von Text und Melodie; diese wird auch Ton genannt, und einen neuen Ton, eine neue Singweise zu finden, war ein wesentliches Erfordernis für den Minnesinger, um so mehr als die Aneignung fremder Melodien, noch mehr als die Übernahme fremder Strophenformen, allgemein als ein großes Unrecht galt. In dieser wunderlichen Anschauung war

nicht minder der große, wenn auch nicht immer lo-
benswerte Formenreichtum der mittelalterlichen Ly-
rik gegenüber der heutigen Formeneinfachheit be-
gründet, als auch dadurch die allmählich um sich grei-
fende Überkünstelung des Minnesangs unausbleiblich
eintreten musste.

Die wichtigste und umfangreichste Sammlung von
Minnesängern veranstaltete bereits gegen Ende des
Minnesangs der Edle Rüdiger Manesse (gestorben
1304) zu Zürich und sein Sohn Johannes; aus ihr ging
wahrscheinlich die bedeutendste und kostbarste aller
Handschriften hervor, die ehemals zu Paris aufbe-
wahrt wurde und sich seit 1888 in Heidelberg befindet:
die mit 137 wertvollen und kulturgeschichtlich wichti-
gen Miniaturen geschmückte sogenannte Manessische
Liederhandschrift. Ihre Schicksale sind bis zum Ende
des sechzehnten Jahrhunderts dunkel. Um diese Zeit
ungefähr gelangte sie in den Besitz des kurpfälzischen
Geheimrates Johann Philipp Freiherrn von Hohensax
auf Forsteck im St. Gallischen Rheintal. Bald nach des-
sen Tod im Jahre 1596 erwarb sie der Kurfürst Fried-
rich der Vierte von der Pfalz für die Bibliothek der
Universität Heidelberg (Palatina) im Jahre 1607. Von
dort verschwindet sie kurz danach auf unerklärbare
Weise und taucht erst spät in Paris auf, woselbst sie
1657 in die Königliche Bibliothek gelangte und dort
unter dem Namen der Pariser Handschrift verblieb.
Erst im Jahre 1888 führten die deutschen Verhandlun-
gen über ihre Wiedererwerbung zu einem freudigen
Resultat. (Vgl. Franz Weber, Minnesinger. Halle 1888,
Seite III) Neben Goldast, der bereits im Jahre 1604 Aus-
züge aus der nach Paris entführten Handschrift veröf-
fentlichte, waren es zuerst die beiden Schweizer Bod-
mer und Breitinger, die seit 1748 wieder Proben der
Minnesinger veröffentlichten. *(Sammlung von Minnesin-
gern aus dem schwaebischen Zeitpuncte CXL Dichter enthal-*

tend; durch Ruedger Manessen, weiland des Rathes der uralten Zyrich, Conrad Orell und Comp. 2 Theile 1758) Ihnen folgte Ludwig Zinck mit seinen Minneliedern aus dem schwäbischen Zeitalter (Berlin 1803), von der Hagen mit der reichhaltigsten und umfassendsten Sammlung: Deutsche Liederdichter des 12., 13. und 14. Jahrhunderts (vier Teile in drei Bänden, Leipzig 1838), Fr. Pfaff, Der Minnesang des 12. bis 14. Jahrhunderts (Stuttgart, Band 8 und 9 der Nat. Literatur von Kürschner). Eine Auswahl übertrug der fleißige und gewandte Simrock, Lieder der Minnesinger (Elberfeld 1857), Storck (Münster 1872), Bruno Obermann, Deutscher Minnesang (Leipzig, Phil. Reclam Nr. 2618–19, 40 Pf), und Franz Weber, Minnesinger (Halle a. S. 1888, Otto Hendel, Nr. 211 bis 212, 50 Pf). Aus der reichhaltigen Waltherliteratur seien nur folgende Ausgaben erwähnt: K. Lachmann (Berlin 1827, von Müllenhoff 1875), W. Wackernagel und M. Rieger (Gießen 1862), F. Pfeiffer (Leipzig 1864, von Bartsch 1880), W. Wilmans (Halle 1869 und 1883), H. Paul (Halle 1882 und 1895) und an Übersetzungen: K. Simrock (mehrere Ausgaben, Berlin 1883, Hesse-Leipzig 1909), K. Pannier (Leipzig, Reclam 1876), A. Schröter (Jena 1881), E. Samhaber (Laibach 1882), E. Kleber (Straßburg 1894), R. Zoozmann (Stuttgart 1907).

Vorliegende Sammlung, die chronologisch geordnet ist und neben den nötigen Anmerkungen das Wissenswerteste aus dem Leben und Dichten der einzelnen Sänger bringt, soweit es die meist dürftigen Nachrichten bezeugen, setzt sich aus verschiedenen Übersetzungen zusammen, deren Urheber bei jedem Gedicht genannt sind. Besonderen Dank habe ich dem soeben erwähnten Oberamtsrichter Dr. phil. h. c. Franz Weber in München auszusprechen, der mir aus seiner trefflichen, wohlgelungenen Übertragung den Abdruck verschiedener Gedichte mit Einwilligung der Verlagshandlung gütigst erlaubte. Den Abschluss meiner Sammlung bildet als Anhang die kleine, aber sorgfältige Auswahl, die der verdienstvolle Simrock aus dem *Sängerkrieg* getroffen hat, um (wie er in seinem trefflichen Buch *Die Lieder der Minnesänger*, Elberfeld 1857, auf Seite X der Vorrede sagt) die große poetische Kraft dieses in unsern Literaturgeschichten vielgeschmähten Gedichtes einem größeren Kreis zur Anschauung zu bringen.

Berlin, im Sommer 1910
Richard Zoozmann

Der von Kürenberg
Um 1120–1140

Stammte vermutlich aus dem Breisgau; Zeitgenosse Dietmars, dem er auch ähnlich ist in der volkstümlichen Art seiner Gedichte, die in ihrer Kürze und Naivität oft an die Tiroler Volksreime (Schnaderhüpfln) erinnern. Die fünfzehn unter diesem Dichternamen überlieferten Strophen zeichnen sich durch einfache Schönheit aus; viele davon sind Frauenstrophen, doch liegt kein zwingender Grund vor, dass wirklich Frauen ihre Verfasserinnen sind. Einige Forscher halten den Kürenberger für den Dichter des Nibelungenliedes, zu beweisen ist es natürlich nicht. Hier und späterhin sind die vom Herausgeber übertragenen Lieder mit (Z) gekennzeichnet.

1. Der Falke

Ich zog mir einen Falken
Wohl länger denn ein Jahr,
Doch als er nun gezähmet
Nach meinem Willen war,
Und ich ihm sein Gefieder
Mit Gold gar schön umwand,
Da schwang er sich zur Höhe
Und flog in fremdes Land.

Darauf sah ich den Falken
In Schönheit stattlich fliegen,
Ich sah um seine Füße
Sich seidne Riemen schmiegen,
Es glänzte sein Gefieder
Ihm ganz von rotem Gold, –
Gott bringe sie zusammen,
Die gern sich wären hold.
    (Z)

2. Trennung

Es kommt mir tief von Herzen,
Zu weinen jetzt durch Leiden,
Ich und mein Herzensliebster,
Wir müssen uns nun scheiden.
Das machen all die Merker,
Gott sende ihnen Leid,
Wenn man uns zwei versöhnte,
Das gäb mir Freudigkeit.
      (Z)

3. Weib und Falke

Die Frauen und Jagdvögel
Man leichtlich zähmen kann,
Denn wenn man weiß zu locken,
So folgen sie dem Mann.
So warb ein schöner Ritter
Um eine Frau gar gut,
So oft ich dran gedenke,
Erhöht es mir den Mut.
      (Z)

4. Botendienst

Die aller Frauen Wonne
Ist noch ein Mägdelein,
So oft ich zu ihr schicke
Den lieben Boten mein,
So oft ging selbst ich lieber,
Wär's nicht ihr Schade gar,
Weiß nicht, ob sie mir gut ist,
Doch keine mir lieber war!
      (Z)

5. Sehnsucht

Steh ich in meiner Kammer
So ganz allein
Und, edler Ritter,
Gedenk ich dein,
So rötet sich mein Antlitz
Der Rose am Dornbusch gleich,
Und es wird das Herz mir
An trüben Gedanken reich.
    (Z)

6. Liebeslied

Leid machet Sorge, Liebe Wonne;
Eines hübschen Ritters gewann ich Kunde.
Dass mir den genommen die Merker und ihr Neid,
Des wurde froh mein Herz nie wieder seit der Zeit.
    (Nach F. Born)

7. Der Abendstern

Der Abendstern, der holde, verbirget sich,
So tu du, schöne Fraue, wann du siehest mich.
Lass deine Augen gehen auf einen andern Mann,
So weiß es schwerlich jemand, wie's bei uns
                    zweien ist getan.
    (Nach F. Born)

8. Abschied

Holdseliges Mägdlein,
Komm ziehe mit mir,

Will Lieben und Leiden
Treu teilen mit dir.

Solang ich nur atme,
Gar lieb ich dich sehr,
Doch liebst du einen Schlechten,
Lieb ich dich nicht mehr!
    (Z)

9. Aufbruch

Bringt her mir den Rappen,
Mein eisern Gewand,
Vom Lieb muss ich scheiden
Ins fernste Land.

Sie will mich zwingen,
Dass ich hold ihr allein,
Sie soll meiner Minne
Verschonet drum sein.
    (Z)

10. Höchster Schatz

Es hat im tiefsten Herzen
Mir oftmals weh getan,
Dass ich nach dem verlangte,
Was nur ein eitler Wahn,

Und ich nicht kann erwerben;
Das macht mir bittre Pein:
Nicht Gold und Silber mein' ich,
Ach nein, ein Schätzelein!
    (Z)

Dietmar von Aist
Um 1143–1171

Vermutlich ein Österreicher. Seine noch ganz volksgemäßen Lieder mit ihren einfachen epischen Reimpaaren zeichnen sich vor späteren Gedichten durch Tiefe und Kraft der Empfindung aus, ohne ihnen an Abwechslung nachzustehen. Ihrer Haltung nach sind sie mehr episch-fortschreitend, als ruhig-beschaulich. Der Reim wird bei ihm oft durch bloße Assonanz vertreten.

1. Der Falke

Stand eine Frau alleine
Und spähte über die Heide
Und harrte ihres Liebsten da,
Als einen Falken sie fliegen sah.

O Falke, wie du glücklich bist,
Du fliegst, wohin es lieb dir ist.
Lässt dir im Wald gefallen
Wohl einen Baum von allen.

So fing auch ich die Sache an:
Für mich erwählt ich einen Mann,
Den erwählten meine Augen,
Nun meiden mich schöne Frauen;
Was lässt man mir mein Lieb nicht mehr,
Da ich doch ihrer keins begehr?
    (Z)

2. Mahnung

O weh dir, Sommerwonne,
Nun ist der Sang verschollen,

Verwelkt das Laub der Linden.
Nun macht der Gram erblinden
Mir auch die hellen Augen.
Nun soll dir's nicht mehr taugen,
Mein lieber Freund, zu schauen
Nach andern hübschen Frauen.
Als du mich sahst das erste Mal,
Da war es dir mit Wonnen klar,
Dass Minne ich mit Recht gewann:
Des mahn ich jetzt dich liebster Mann.
   (Z)

3. Trennung

Schläfst du, mein Freund, mein lieber?
Ein Vöglein flog vorüber,
Sein Singen störte deinen Traum,
Als sich's gesetzt im Lindenbaum.

Ich war so sanft entschlafen,
Da riefst du, Kind: erwache!
Lieb mag nicht ohne Leiden sein,
Ich folge, Kind, dem Willen dein.

Da fing sie an zu weinen:
Du reitst, lässt mich alleine.
Wann kommst du wieder her zu mir?
All meine Freud nimmst du mit dir.
   (Z)

4. Im Lenz

Hoch oben auf dem Lindenbaum
Da sang ein Vögelein,

Vorm Walde ward es laut – da schwang
Sich auf das Herze mein.
Es flog dahin, wo einst es war,
Wo blühende Rosen stehn,
Die wecken viele Gedanken auf,
Die alle zur Liebsten gehn.
   (Z)

5. Erinnerung

Es dünkt mich wohl tausend Jahre
Dass dem Liebsten im Arm ich lag,
Ach ohne mein Verschulden
Blieb fern er manchen Tag.
Seit ich keine Blumen gesehen,
Nicht hörte der Vöglein Gesang,
Ward kurz mir alle Freude,
Mein Jammer ward allzu lang.
   (Z)

6. Im Frühling

Ahi, nun kommt die schöne Zeit, der kleinen
               Vögelein Gesang,
Es grünet wohl die Linde breit, vergangen ist
               der Winter bang.
Nun sieht man Blumen wohlgetan, an der Heide üben
               sie den Schein,
Davon wird manches Herz erfreut, so sollt auch
               meins getröstet sein.

Oben auf der Linde Zweig sang ein kleines Vögelein,
Vor dem Walde ward es laut, da winkte mir das
               Herze mein

An einen Ort, wo ich einst war: ich sah da
                              Rosenblumen stehn,
Die mahnten der Gedanken mich zu einer
                              Frauen ausersehn.

Ich war dir lange Jahre hold, du meine
                              edle Herrin gut,
Wie war das wohl an dich gewandt! Geadelt hast du
                              mir den Mut.
Was ich gebessert ward durch dich, das müsse mir
                              zum Heil ergehn,
Und machst du noch das Ende gut, so ist mir wohl
                              an dir geschehn.

   (Karl Simrock)

7.

Abschied nahm des Sommers Pracht,
Der war wohl zu preisen;
Was er Leides mir gebracht
Seit ich die ersten weißen
Blumen fand an der Lind' erwacht:
Der Winter mit seiner langen Nacht
Doch alle Schmerzen wieder heilt,
Wenn Lieb' bei Herzensliebe weilt.

Wir han die winterlange Nacht
Mit Freuden wohl empfangen,
Ich und ein Ritter – mein Herze lacht –
Sein Wille, der ist ergangen;
Wie wir es beide ausgedacht,
So hat er's an ein End' gebracht
Mit mancher Freude und Liebe viel
Er ist, wie ihn mein Herze will.

Ich sollte zürnen, hülfe es mir,
So lang' konnt'st du mich meiden!
Seit ich jüngst Abschied nahm von dir
Musst' ich viel Sorgen leiden.
Darnieder lag das Herze mein,
Nun will es wieder voll Freuden sein:
Hab' ich dich gerne nicht gesehen,
So müsse Leides mir geschehen!
    (Franz Weber)

8.

Wie zeigt sich doch der Liebste so,
Dass er mein Weh mitansehn kann?
Wie gerne wär ich wieder froh,
Wenn er mich sähe freundlich an.

Ach, dass mir dies an dem geschieht,
Der meinem Herzen wert und reich.
Was hilft mein Weh? Wenn er mich sieht,
So schwindet Zorn und Trauer gleich.
    (Z)

Spervogel
Um 1150

Ein sonst unbekannter Dichter des zwölften Jahrhunderts, wahrscheinlich bürgerlichen Standes und aus Oberdeutschland gebürtig. Jedoch ist nach den Handschriften und nach der Verschiedenheit der Strophen noch ein jüngerer Dichter von dem altern zu unterscheiden. Ihre Gedichte sind meist Sprüche voll gesunder kernhafter Lebensweisheit, und religiöse

Gesänge, deren Sprache sich manchmal bei aller Einfachheit
bis zur Erhabenheit des Psalms steigert, wie im »Weihnachts-
lied«.

1. Weihnachtslied

Er ist gewaltig und ist stark,
Der zu Weihnacht geboren ward,
Das ist der heilige Christ!
Ihn preiset, was auf Erden ist,
Außer dem Teufel alleine
In seinem großen Übermut;
Dafür die Höll' ihm ward zuteile.

Die Hölle ist voll Not und Qual
Für die Verdammten allzumal!
Es scheint dort nicht die Sonne licht,
Der Mond erhellt ihr Dunkel nicht,
Noch schimmern lichte Sterne:
Der Höllenbürger sieht nur Pein,
Wie wär' im Himmel er so gerne!

Ein hohes Haus im Himmel steht,
Zu dem ein Weg von Golde geht;
Von Marmor ist es aufgeführt,
Von Gott dem Herren ausgeziert
Mit edelem Gesteine;
Doch niemand wird da wohnen je,
Der nicht von allen Sünden reine.

Wer gerne Kirchengehen pflegt
Und keinen Neid im Herzen trägt,
Der mag voll Hoffnung leben:
Der wird dort selig schweben
In heiliger Gemeine.

Wohl ihm, dass er geboren ward!
Das Leben dort im Himmel ist so reine.

Ich habe leider lange
Gedienet jenem Manne,
Der in der Hölle Herrschaft hat,
Der wäget meine Missetat;
Sein Lohn, der ist gar böse:
Hilf mir, o heiliger Geist,
Dass ich aus seiner Haft mich löse!
    (L. Köhler)

2. Tugend das schönste Kleid

Trägt auch ein reines Weib nicht schöner Kleider Zier,
Schmückt sie die Tugend doch, und also ist es mir,
Als strahl' ihr holdes Angesicht,
So wie die goldne Sonne licht,
Wenn sie am Morgen naht mit hellem Scheine:
Bei manchem Prachtgewand ist doch die Ehre kleine.
    (L. Köhler)

3. Unstern

Dass ich in allem Unglück hab', das tut mir weh:
So musst' ich einstens durstig gehn von einem See,
Daraus ein kühler Brunnen floss,
Der große Kräfte in sich schloss;
So mancher stillte seinen Durst und ward da
                    wohl ergötzet:
Doch taucht' ich meinen Becher ein, er wurde
                    nie benetzet.
    (L. Köhler)

4. Lebensregel

Wer einen Freund will suchen, wo ihn
                              niemand minnt,
Und fährt zu Walde, spüren, wenn der
                              Schnee zerrinnt,
Viel Dinge kaufet unbeschaut
Und gar verlornem Spiel vertraut,
Dem kargen Manns Dienst erzeigt, der ohne Lohn
                              muss bleiben,
Dem wird wohl Afterreue kund, will er's die
                              Länge treiben.

   (Karl Simrock)

5. Lebensmut

Es ziemt wohl Helden nach dem Leide froh zu sein,
Kein Unglück war noch je so groß, es war dabei
Ein Glück: drum mag er sich versehn,
Nach Schaden werd' ihm Heil geschehn.
Ein schmähes Gut verloren wir: ihr Helden stolz,
                              lasst fahren,
Verzagt nicht drum, wir wollen uns ein andermal
                              nicht sparen.

   (Karl Simrock)

6. Der gute Wirt

Ein guter Gruß erfreut den Gast, der tritt herein;
So steht es auch in seinem Haus dem Wirte fein,
Dass er in Zucht gebahre froh;
Er biet' es seinem Gaste so,
Dass ihn der Wille gut bedünkt, den er ihm
                              gern bewährte;

Er erwirbt mit wenig Kosten Lob, der einen
                              Fremden ehrte.
   (Karl Simrock)

7. Der Tor

Wer gute Sinne hat, den heiß' ich wohlgeboren:
Was man einem Toren sagt, ist gar verloren.
Man gibt ihm guter Räte viel,
Es ist doch ein verloren Spiel.
Will er nicht alle Kräfte gar auf Sinn und
                              Tugend kehren.
So mag man wilde Bären wohl noch eher
                              Harfen lehren.
   (Karl Simrock)

8. Armut

O weh dir, Armut, du benimmst dem Mann
So Witz als Sinn, sodass er nichts mehr kann.
Die Freunde geben ihm flauen Rat,
Wenn er des Guten nicht mehr hat.
Sie kehren ihm den Rücken zu, grüßen mit
                              trägen Lippen;
Solang im Überfluss er lebt, da hat er holde Sippen.
   (F. Born)

9. Die böse Zeit

Der Alten Rat dünkt jetzt gering den Kinden,
Unbezwungen
Sind die Jungen,
Ohne Recht wir leben.
Untreue hat verschuldet, dass wir finden

In dem Lande
Nichts als Schande.
Statt Freud ist uns gegeben
Schimpf und Schade, leere Hube, wüstes Land.
Wo sonsten man den Wirt in vollen Freuden fand,
Da kräht kein Hahn mehr und kein Huhn, und
                         auch der Pfau ist fort,
Die Weide frisst nicht Geiß, nicht Rind,
                         nicht Ross, noch Schaf,
Und auch die Glocken stören keinen mehr im Schlaf,
Die Kirch ist leer, den Pfaffen sucht an anderm Ort.
   (F. Born)

10. Der Wolf als Mönch

Ein Wolf der Sünd' entfliehen mocht',
In ein Kloster sich zurücke zog,
Er wollte geistlich leben.
Da hieß man ihn der Schafe pflegen,
Doch mocht' er nicht genesen.
Er biss die Schaf' und Schweine tot
Und sprach, des Pfaffen Rüde sei's gewesen.
   (F. Born)

11. Hymnus

Die Würze des Waldes,
Die Erze des Goldes
Und alle Abgründe
Sind dir, o Herr, kunde,
Die stehn in deinen Händen:
Alles himmlische Heer
Es sänge nimmermehr dein Lob zu Ende.
   (F. Born)

12. Ehebruch

Hat eine brave Frau der Mann,
Und schleicht zu einer andern dann,
So gleicht er einem Schweine gar;
Ob jemals etwas ärger war?
Er lässt den Bronn, den klaren,
Und legt sich in den trüben Pfühl.
Bei manchem mocht ich dieses schon gewahren.
    (Z)

13. Freundschaft

Wer lange seinen guten Freund behalten will,
So schelt er vor den Leuten ihn nicht allzu viel.
Beiseite nehm er ihn hernach
Und halt ihm vor, was er verbrach:
Wo es der Fremden keiner hört, da mag er
                    sich beschweren:
Behandl ihn vor den Leuten wohl, das wird ihn
                    immer ehren.

14. Glück und Gunst

Glück geht vor Gunst, so sieht man Mut
                    und Tapferkeit
Oft hinter reichem Feigling gehn in schlechtem Kleid.
Ein Tor, wer am Verdienste spart!
Erfahrung will ergrauten Bart,
Treue macht den Mann nur wert, der Frage
                    folgt Bescheiden,
Liebe bringt den Kauf zu Stand, Verlust mag
                    Freunde scheiden.
    (Karl Simrock)

Der jüngere Spervogel
Um 1165

Sprüche
1.

Als Gott den ersten Menschen schuf,
Da war ihm schon der letzte kund.
Gedanken hört er wie den Ruf,
Die Herzen kennt er aus dem Grund.
Gewahrt er da nur reinen Mut,
Nimmt er den Willen schon für gut,
Ein Tausch, den sonst kein andrer tut.

2.

Zur Hölle gehn der Wege viel,
Vermeiden mag sie leicht wer will;
Nur fürcht ich mich vor dreien breiten Straßen.

Die erste fährt, wer selber sich
Verzweifelnd tötet freventlich:
Das kommt von großen Sünden ohne Maßen.

Die andre, wer da missetut
Und hält sich gleichwohl noch für gut;
Die dritte, wer die Jugend zu genießen
Bekehrung bis ins Alter spart:
Dem mag wohl Unheil sprießen.
    (Karl Simrock)

Heriger
Um 1170

In Herigers Liedern ist uns das Älteste und Eigentümlichste be-
wahrt, was wir von deutscher Didaktik besitzen: die Ähnlich-
keit mit dem eddischen Hawamal ist schlagend und erstreckt
sich selbst auf die Gegenstände; fast möchte man einen äuße-
ren Zusammenhang vermuten. Wenn ich einen Teil der sonst
dem Spervogel beigelegten Strophen dem zu lange unerkannt
gebliebenen Heriger zugeteilt habe, so beruht dies darauf,
dass sich dieser in einer (der fünften Strophe) selber nennt.
(Nach Karl Simrock)

1.

Ich sag euch, lieben Söhne mein,
Es wächst euch weder Korn noch Wein,
Ich weiß euch nicht zu zeigen
Die Lehen noch die Eigen.
Nun gnad euch Gott der gute
Und geb euch Glück und Heil;
    gar wohl gelang dem milden Dänen Frute!

2.

Mich reuet Frute überm Meer
Und von Hausen Walther;
Heinrich von Gibichenstein;
Der Staufer mag der Vierte sein.
Gott gnade Wernharten,
Der auf Steinberg saß:
    der ließ die Werthen nicht vergeblich warten!

3.

Als der gute Wernhart
An diese Welt geboren ward,
Da teilt' er all sein Hab und Gut,
Da gewann er Rüdigers Mut:
Der saß zu Bechelaren
Und pflag der Marke manchen Tag:
    man rühmt um Mild ihn noch nach so viel Jahren.

4.

Steinberg hält daran noch fest,
Dass es sich niemand erben lässt
Als der auf Ehren ist bedacht;
Es hat es nun dahin gebracht,
Es fand nun seinen Erben
Vom werten Stamm der Öttinger:
    der lässt ihm hohen Namen nicht verderben.

5.

Das Alter ringt mich nieder,
Das Herigern nun wieder
Seine Kräfte gar benahm.
Es soll der bartlose Mann
Beraten sich in Zeiten,
Wenn er am Hofe lästig wird,
    wo er zu gewisser Herberg reite.

6.

Wie sich dehnt der reiche Wirt,
Wenn dem Nothaften klirrt

Der Stegereif durch Feld und Tann!
Dass ich nicht zu bauen sann,
Als mir zu entspringen
Zuerst am Kinn begann der Bart,
    das lässt mich nun mit Not und Sorge ringen.

7.

Weißt du wie der Igel sprach?
Gar gut ist eigen Gemach.
Zimmre, Kerling, dir ein Haus,
Da richte deine Sachen aus.
Die Herren alle kargen:
Wer nun nichts daheim besitzt,
    wie mancher guten Dinge muss er darben!

8.

Wie das Wetter auch tu,
Der Gast, der muss reiten fruh;
Der Wirt mag trockenen Fuß
Behalten, wenn der Gast ihm muss
Die Herberge räumen:
Wer im Alter wert will sein,
    der soll in jungen Jahren sich nicht säumen.

9.

Hunger litt ich harten;
Ich stieg in einen Garten:
Obst war darinnen,
Das konnt ich nicht gewinnen.
Das kam von übelm Heile:

Oftmals schüttelt ich den Ast,
  doch wurden mir der Äpfel nicht zuteile.

10.

Korn sät, ein Baumann,
Davon er keine Frucht gewann.
Den Bauer ärgerte das:
Das andre Jahr er sich vermaß,
Er ließ' es ungebrochen.
Er sollt es gütlich geben,
  wer dem andern Lohn für Dienste hat versprochen.

11.

Wer ein gutes Weib gewann,
Und geht zu einer andern dann,
Der tut nicht anders denn ein Schwein:
Wie mögt es immer ärger sein?
Er lässt den lautern Bronnen
Und legt sich in den trüben Pfuhl;
  die Sitte hat doch mancher Mann gewonnen.

12.

Man hört am Hof wohl sagen
Als hätten sich geschlagen
Kerling und Gebhart:
Sie lügen all, bei meinem Bart!
Zwei Brüder, kommts zum Zorne,
Verzäunen ihre Höfe wohl,
  doch lassen sie die Türen ohne Dornen.

13.

Es mag ein Mann so viel vertragen,
Hört ich Kerlingen sagen,
Dass er in Verachtung lebt;
Doch wird wohl Rat für ihn, erhebt
Er zeitig seine Stimme.
Zwei Hunde stritten um ein Bein,
    da trug es hin am Ende der grimme.

14.

Zwei Hunde stritten um ein Bein;
Der feige greint' und ließ es sein.
Was half ihm all sein Greinen?
Das Bein musst er vermeiden.
Der grimmere wagt' es:
Vom Tische trug er's zu der Tür
    und stand vor seinem Angesicht und nagt' es.

15.

Es war ein Wolf, ein grauer,
Und ein alberner Bauer,
Der ließ, in Ruh zu schlafen,
Den Wolf zu seinen Schafen.
Da hielt der so die Rechte,
Dass man ihn des Morgens hing;
    nun muss er stets angähnen sein Geschlechte.

16.

Ein Wolf mit einem klugen Mann
Ein Schachzabelspiel begann.

Als sie nun spielten um das Gut,
Den Wolf sah man seinen Mut
Nach seinem Vater wenden.
Denn als ein Widder kam hinzu,
    da gab er beide Türm um einen Fenden.

17.

Ein Wolf, der Sünde zu entfliehn,
Zog sich in ein Kloster hin,
Wo er nun geistlich sollte leben.
Die Schafe gab man ihm zu pflegen.
Statt Messe nun zu lesen
Biss er Schwein und Schafe tot
    und sprach, des Pfaffen Rüde sei's gewesen.

18.

Er ist gewaltig und stark,
Der Weihnacht geboren ward;
Das ist der heilige Christ.
Ihn lobet alles, was da ist,
Bis auf den Teufel alleine:
Um seinen großen Übermut
    ward ihm die finstre Hölle zuteile.

19.

Der Marter Christus sich ergab,
Er ließ sich legen in ein Grab.
So wurde Gott der Menschen Schild,
Die Christenheit erlöst' er mild
Von der Hölle Gluten.

Er tut es nicht zum andermal:
    daran gedenke Böser so wie Guter.

20.

Am österlichen Tage
Erhob sich Christ vom Grabe,
König aller Kaiser,
Vater aller Waisen,
Sein Handgebild er löste.
In die Hölle schien ein Licht,
    dass er seine lieben Kinder tröste.

21.

Im Himmelreich ein Haus steht,
Zu dem ein Pfad von Golde geht.
Von Marmor sind die Säulen dort,
Die zierte unser Herr und Gott
Mit edelm Gesteine.
Da wird niemand aufgetan,
    er sei von allen Sünden denn gar reine.

22.

In der Höll ist übler Rat:
Wer seine Heimat da hat,
Dem leuchtet nie der Sonne Licht,
Des Mondes Schimmer frommt ihm nicht,
Noch die lichten Sterne.
Ihn martert alles, was er sieht:
    wohl wär er nun im Himmel gar zu gerne!

23.

Wer gerne zu der Kirche geht
Und da lautern Sinnes steht,
Der mag wohl fröhlich leben.
Ihm wird zuletzt gegeben
Der Engel Gemeine.
Wohl ihm, dass er geboren ward!
    Im Himmel ist das Leben schön und reine.

24.

Es hüt' ein Mann der Ehre;
Er soll dabei der Seele
Doch unterweilen pflegen gut,
Dass ihn nie der Übermut
Zu ferne mag verlocken:
Wenn er Urlaub einst begehrt,
    es brächt ihn auf der Reise leicht ins Stocken.

25.

Ich war zu Diensten lange
Leider einem Manne
Der in der Hölle Herberg hat:
Der weiß all meine Missetat.
Sein Lohn, der ist böse:
Hilf mir, Heiliger Geist,
    dass ich aus seinen Banden mich erlöse.

26.

Die Kräuter des Waldes,
Die Erze des Goldes
Im tiefsten Abgrunde,
Du hast davon, Herr, Kunde,
Sie stehn in deinen Händen;
Alles himmlische Heer,
    das sänge nimmer deinen Preis zu Ende.
  (Nach Karl Simrock)

Wernher von Tegernsee
Um 1170

Ein Klostergeistlicher zu Tegernsee in Bayern, lebte um 1170, auch Verfasser einer Legende nach lateinischer Quelle »das Leben der heiligen Jungfrau«.

Liebesreim

Ich bin dein,
Du bist mein,
Des sollst du gewiss sein.
Du bist beschlossen
In meinem Herzen;
Verloren ist das Schlüsselein:
Nun musst du immer
Darinne sein.

Der Burggraf von Regensburg
Um 1170

Dieser und der folgende (von Rietenburg), die in den Handschriften zwar getrennt aufgeführt werden, sind vermutlich ein und dieselbe Person. Heinrich von Stevening und Rietenburg war Burggraf von Regensburg 1161–1176, sein Sohn Friedrich von 1176 bis um 1181; dessen Bruder Heinrich starb 1184. Der Rietenburger hat im Allgemeinen etwas künstlicheren Strophenbau und überschlagende Reime, der Regensburger nur paarweise und er lehnt sich im Bau seiner Verse an die Nibelungenstrophe an.

1. Ergebung

Bin in Treuen fest und gut
Einem Ritter Untertan;
Wie es wohl dem Herzen tut,
Wenn ich ihn umfangen kann.
Wer die Tugend immer nimmt in acht
Und sich aller Welt hat lieb gemacht,
Der darf haben frohen Mut.
    (Z)

2. Klage

Soll ich meinen Ritter meiden,
Ach ich kann es nimmermehr,
Denk ich sein in Lust und Leiden,
Wie ich liebreich lag bisher
Und verstohlen ihm im Arme:
Ach, das macht das Herz mir schwer.
Und ich fühl's in bitterm Harme,

Ach wie schwer,
Ach wie bitter ist das Scheiden.
   (Z)

Der Burggraf von Rietenburg

1. Die Spröde

Ich hörte sagen wohl vor Zeiten,
Und dieses ist mein bester Trost:
Die Minne hätt' nur Seligkeiten
Und niemals bittres Leid erlost.
Wie wär ich gern von Qual befreit,
Wollt sie erhören meine Klagen,
Gott weiß es, jeder zu entsagen,
Wär ich mit Freuden rasch bereit,
Nur nicht der minniglichen Maid –
Ihr bleib ich treu in Ewigkeit!
   (Z)

2. Absage

Will sie, dass ich von ihr scheide,
(Oft schon hat sie so getan,)
Mag sie Jugend, Schönheit, beide
Lassen, und ich geh hindann.
Doch wohin ich mich auch wende,
hüte Gott sie ohne Ende,
Die mir brachte solch Verderben.
Süßer wäre mir das Sterben,

Als ihr widmen meines Herzens Schlag,
Die von Liebe ach! nichts wissen mag.
   (Z)

3. Trost im Winter

Die Nachtigall hat ausgesungen,
Ihr süßer Sang ist längst verklungen.
Den ich so wohllautreich vernommen;
Doch hab' ich hohen Mut bekommen.
Der kam von einer Frau mir her,
Von der ich weiche nimmermehr,
Der biet' ich treue Dienste an,
O dass ich diente ihr fortan!
   (Z)

Meinloh von Sevelingen
Um 1170

Die von Sevelingen (Söflingen bei Ulm) waren Truchsessen der
Grafen von Villingen. Der Dichter ist, wie so manch anderer,
urkundlich noch nicht nachgewiesen. Seine Dichtungen sind
eine Erweiterung der Nibelungenstrophe. Ein jüngerer Mein-
loh wird 1240 erwähnt.

1. Sommerlust

Des Sommers Boten sah ich,
Es waren Blümlein bunt und zier;
Ist dir's noch kund, du Holde,
Wie seine Dienste heimlich dir

Ein Ritter einst entboten?
Nichts war's, was lieber ihm geschah;
Nun ist sein Herz voll Trauer,
Seit er das letzte Mal dich sah.
Drum fülle seine Seele
Mit neuer Lust zur Sommerszeit,
Weil ihm der Frohsinn fehlet,
Bis ihm in deinen Armen
Ein Bettlein wird voll Seligkeit!
   (Z)

2. Treue Liebe

Gar hold wohl bin ich einer,
Und weih, warum ich ihr so gut,
Seitdem ich bin ihr Diener,
Höht ihre Schönheit mir den Mut.
Sie wird mir immer lieber
Von Tag zu Tag in aller Welt,
Sie scheint mir schön und schöner,
Dass sie mir mehr und mehr gefällt.
Sie ist gar reich an Ehren,
Und hohe Tugend fehlt ihr nie,
Würd' sie den Tod mir geben
Und käm' ich neu ins Leben,
Ich würbe wieder gleich um sie!
   (Z)

Heinrich von Veldeke
1173–1194

Ein Ritter, der wohl bei Maastricht im Dorf Spalbecke geboren ward, wo heute noch eine Mühle Veldeke heißt, lebte am Hof zu Cleve, wo er um 1175 seine »Eneite« zu dichten begann, später am Hof des Landgrafen Hermann von Thüringen. Die höfische Kunst beginnt mit ihm, die nun auch in der Lyrik kunstvollere Formen annimmt. Mai und Minne sind die Grundgedanken der wenigen Lieder, die von Heinrich erhalten sind. Als Urheber der höfischen Unnatur in Deutschland wird er von einigen mit Recht getadelt.

1. Tristan

Tristan musste ohne Wahl
Dienen seiner Königinne,
Weil das Gift es ihm befahl
Mehr noch als die Kraft der Minne.
Darum wisse du mir Dank,
Dass ich, Liebste, niemals trank
Solchen Wein, und doch dich minne
Mehr als er, und kann es sein,
Makellose
Tugendrose,
Lass mich werden dein,
Und sei du auch mein.
    (Z)

2. Winters Leid

Da der Sonne heller Schein
Sich zur Winterkälte neiget,
Und der Sang der Vögelein

Überall im Walde schweiget,
Fühlet auch mein Herz Beschwerden,
Denn es will nun Winter werden,
Dass er seine Macht uns zeiget,
Wie man's an den Blümlein sieht,
Die versalben
Allenthalben,
Dass mir Leid geschieht
Und die Lust mich flieht.
    (Z)

3. Graues Haar

Man sagte mir fürwahr
Schon vor so manchem Jahr:
Die Weiber hassen graues Haar.
Das schmerzt mich gar,
Denn die verdient kein Preisen,
Die da aus Freundeskreisen
Narren wählt statt der Weisen.

Der Grund liegt nur darin,
Dass ich gealtert bin:
Ich hass am Weibe kranken Sinn,
Der neues Zinn
Mehr liebt als altes Gold,
Und jungem Blut ist hold
Aus Lust am Minnesold.
    (Z)

4. Rechter Minne Verlust

Da man noch rechter Minne pflag,
Hielt Ehre man in Ehren,

Nun aber will man Nacht und Tag
Nur arge Sitten lehren.
Wer jenes sah und dies danach,
Wohl bitter drüber klagen mag,
Dass sich die Zucht will kehren.
　　(Z)

5. Minnelied

All meine Gedanken
Des Herzens vereine
Ich ohne Wanken
Getreu auf das Eine:
Wie ich bescheine,
Dass ich schon lange
Mit Sange
Sie meine;
Mit treuem Mute,
Die Reine,
Die Gute.

Euch dank ich, ihr Sinne,
Die freundliche Lehre,
Dass ich sie minne,
Die Glut mir mehre
Und Liebchens Ehre
Durch neue Weisen
Zu preisen
Begehre.
Ja, ich bekröne
Die Hehre,
Die Schöne.

O sagt, wer die Stunden
Der Wonne beschriebe,

Dass sie empfunden
Die sehnenden Triebe,
Und mein wär' und bliebe.
Wie sie von Leiden
Zu Freuden
Mich hübe,
Zur Himmelsreine!
Die Liebe,
Die Eine!
    (Z)

6.

Wer mir schadet bei meiner Frauen
Dem wünsche ich die Weide*,
Daran die Diebe finden ihr Ende;
Doch wer mir schaffet ihr Vertrauen,
Dem wünsch' ich ew'ge Freude,
Und falt' für ihn die Hände.
Fragt jemand, wer sie sei,
Der bekenne dabei,
So schön wie sie sei keine.
Gnade, Fraue, mir:
Die Sonne gönn' ich dir.
Auf dass der Mond mir scheine!
    (Franz Weber)

7.

Lieber möcht' ich mit ihr teilen
Tausend Mark, wo ich nur wollte,
Und einen Schrein von Golde,

---

* Weide, d. h. ein Weidenstrang, mit dem Diebe erdrosselt wurden.

Als dass je von ihr ich sollte
Ferne, siech und arm verweilen.
Das soll sie glauben mir gewiss,
Dass die reine Wahrheit dies!
   (Franz Weber)

8.

Gott führ' ihr's so zu Mute,
Dass mein sie denk', die Gute,
Da ich vor Sorg' nie ruhte,
Dass ja nichts ihr zuleide
Ich sagt' und nichts uns scheide.
Mich binden fest die Eide:
Minne und Treue, beide;
So fürcht' ich sie, als wie das Kind die Rute.
   (Franz Weber)

9. Trost

So lieblich ist sie ohne Fragen,
Sie, der ich diene manches Jahr,
Sollt' ich zu Rom die Krone tragen,
Ihr setzt' ich sie aufs Haupt fürwahr.
Mancher spräche: Seht, welch Narr!
Darum dürft' sie Dank mir sagen.
Denn ich tät, wohl weiß ich wie,
Doch verlassen muss ich sie –
Nun ist sie dort und ich bin hie.

Sie war, da wir zu holdem Bunde
Vereint, so lieb und ach so gut,
Dass ich seither so manche Stunde
Gedenk an sie mit frohem Mut.

Seit ich sie mit leichtem Blut
Überlisten sah die Hut
Wie der Hase oft den Wind,
Keine Not ich mehr empfind
Um meines Sohnes Tochterkind.
    (Z)

10. Rechte Minne

In des Jahres schönen Zeiten,
Wo die Tage werden lang,
Wo die lauen Lüfte gleiten,
Üben froh von allen Seiten
Amseln wieder ihren Sang,
Die uns Freuden viel bereiten.
Darum sage Gott nun Dank,
Wer da rechte Minne
Ohne Leiden trägt und Wank.

Froh ward ich durch meine Hehre,
Die so Liebes mir getan,
Dass ich nun des Leids entbehre,
Das mich drückte sonst mit Schwere,
Aber mir entfloh fortan,
Dass ich reich bin und voll Ehre,
Seit ich durfte sie umfahn,
Die mir rechte Minne
Schenkte ohne Wank und Wahn.

Mag mich jemand drum beneiden,
Dass mir Liebes jetzt geschieht,
Tun wie jene, die sich weiden
Nicht an Frohsinn – will ich's leiden
Und die Lust, die mich durchzieht,
Ihretwegen niemals meiden,

Da mich die doch gerne sieht,
Die mir rechte Minne
Als verdienten Lohn beschied.
        (Z)

Friedrich von Hausen
Um 1175

Ein tapferer Ritter aus der Gegend von Trier, zog mit Friedrich
Barbarossa nach dem Morgenland, wo er vor Philomelium in
Kleinasien 1190 fiel, wenige Tage vor des Kaisers Tod. Das
ganze Heer erhob Klage um den Helden. Seine Lieder bezie-
hen sich zumeist auf seine Kreuzfahrt und tragen das unver-
kennbare Gepräge wahrer Empfindungen.

1. Sie ist so schön

Sie darf mich des beschulden nicht,
Mein Herz vergesse Minnepflicht,
Sie möge selbst die Wahrheit an mir sehen:
Ich will es gern gestehen:
Wie oft ich kam in also große Not,
Dass ich den Leuten guten Morgen bot,
Als dunkelte die Nacht;
Ich hab' so ganz allein an sie gedacht,
Dass ich für andres nicht Gedanken fand,
Und keinen Gruß, den man mir bot, verstand.

Mein Herz so lang und bang
In schwerem Streite rang,
Wohl mit dem allerbesten Weib,
Dem stets mein Leib

Zu eigen, wo ich weilen mag;
Selbst im Gebet, bei Nacht und Tag
Denk' ich an sie allein!
Des wolle Gott mir gnädig sein!
Wenn ich's als Sünde büßen soll,
Warum schuf er sie so von Schönheit voll?

Mit Sorgen hab' ich und Bedacht
Mein Herz vor Weibesblick bewacht:
Da war mein Leben allezeit
Voll Traurigkeit.
Drauf wandt' ich mich der Minne zu:
Doch hab' ich um verlorne Ruh'
Nun schwer zu klagen.
Doch will an Gott ich nicht verzagen;
Er kann uns helfen aus der Not.
Wer weiß, wie nah ihm ist der Tod?

Der Herrin war ich Untertan,
Und ob ich niemals Lohn empfahn,
Doch preis' ich sie zu jeder Frist,
Nur dass sie ist
Gar zu unmilde gegen mich gewesen:
Von allen Nöten glaubt' ich mich genesen,
Als ganz und gar
Ich ihrer Gnade bracht' mein Herze dar,
Von der ich leider keinen Teil gewann.
Nun will ich dienen dem, der lohnen kann.

Die Minne brachte mir viel Leid,
Wie sonst ich trug zu keiner Zeit;
Doch welchen Schaden ich gewann,
Niemand ist, der sagen kann,
Ich spräche Gutes nicht von ihr,
Und dass ich Frauen preisen will nicht für und für.
Doch klag' ich das,

Dass ich so lange Gott vergaß,
Und will es stets vor allen Dingen klagen
Und will entgegen ihm mein Herze tragen.
   (L. Köhler)

2. Zwiespalt

Mein Herze und mein Leib, die wollen scheiden.
Die doch der Eintracht lange Zeit gepflegt:
Der Leib will gerne kämpfen mit den Heiden,
Indes mein Herz der Minne Bande trägt;
Das macht mir Pein und bringt mir Herzeleid,
Dass beide sich nicht wollen lassen einen.
Ich habe viel darüber müssen weinen:
Gott möge schlichten endlich doch den Streit.

Da ich, mein Herz, den Sinn dir nicht kann wenden,
Da du mich lassest traurig und bedrängt,
So bitt' ich Gott, dass er dich möge senden
An einen Ort, wo man dich wohl empfängt.
O weh, wie wird es Armen dir ergehn!
Wie magst du dich in solche Nöte wagen?
Wer soll dir deine Sorgen helfen tragen
Mit solcher Treu, als es bisher geschehn?

Ich glaubte ledig mich von Kümmernissen,
Als ich das Kreuz zu Gottes Ehren nahm;
Und also hätt' es wohl geschehen müssen,
Dass meine Treu' zu ihrem Lohne kam;
Mir hätte wohl des Herzens Dank gebührt,
Weil seinen tör'gen Willen ich gewendet;
Doch fragt es nicht, wie sich mein Leid noch endet,
Bei meinem Kummer bleibt es ungerührt.

Es darf mir niemand das zum Schlimmen deuten,
Dass ich die hasse, die ich minnte eh:
Wie sehr ich sie auch bat, zu allen Zeiten
Hat sie getan, als ob sie's nicht versteh'.
Ihr Wort, so will mich dünken, gleiche sehr
Dem Trierer Sommer; und ein Tor zu nennen
Wär' ich, wollt' ich den Unverstand erkennen
Als gut – nein, nie und nimmermehr!
(L. Köhler)

3. Gottes Fahrt

Mein Herz in solchem Glauben steht,
Dürfte wer daheim verblieben sein
Um Minne, die zu bleiben rät,
So wär' ich heute noch am Rhein,
Da auch mir das Scheiden nahe geht,
Das ich von lieben Freunden mein
Getan; doch wie's darum ergeht,
Himmel, auf die Gnade dein
Befehl' ich dir die Eine gern,
Die ich verließ um Gott den Herrn.

Ich gönnt' es guten Frauen nicht,
Dass jemals käme solch ein Tag,
Da sie den liebten, der uns Treue bricht:
All ihren Ehren wär's ein Schlag.
Wie hielte der der Minne Pflicht,
Der vor Gottes Fahrt erschrak?
Auch send' ich ihnen dies Gedicht
Und grüße sie, so gut ich mag.
Säh' sie mein Auge nimmermehr,
Ihre Schande fiele doch mir schwer.
(Karl Simrock)

Kaiser Heinrich der Sechste
1184–1190

Einer der fürstlichen Minnesänger, geboren 1165 als Sohn Friedrich Barbarossas, folgte 1191 seinem Vater in der Kaiserwürde und starb am 28. Sept. 1197 zu Messina, vielleicht an Gift. Von ihm sind noch zwei Lieder vorhanden, die sich durch Zartheit und Innigkeit auszeichnen.

Gruß an die Geliebte

Ich grüße mit Gesang die Süße,
Die ich nicht lassen kann und mag.
Seit ich von Mund zu Mund sie grüße,
Ach leider her ist's manchen Tag.
Wer dieses Lied nun singt vor ihr,
Die ich mit Schmerz vermisse hier,
Sei's Weib, sei's Mann, der grüße sie damit von mir.

Mein sind die Länder in der Runde,
Wenn ich der Holden nahe bin,
Doch wenn mir schlägt der Trennung Stunde,
Ist all mein Macht und Reichtum hin.
Nur Schmerz und Leid ist dann mein Hab,
In mir steigt Freude auf und ab,
Und dieser Wechsel, glaub ich, dauert bis ans Grab.

Da ich sie nun herzinnig minne
Und sie getreu zu jeder Zeit
Im Herzen trage und im Sinne,
Wenn manchmal auch mit Sehnsuchtsleid;
Was gibt die Liebe mir zum Lohn?
So holder Dank ward mir wohl schon,
Eh ich sie ließ, viel eher ließ ich selbst die Kron.

Der sündigt schwer, der mir's nicht glaubte.
Ich säh mit ihr manch frohen Tag
Auch ohne Krone auf dem Haupte;
Nicht anders ja ich leben mag.
Verlör ich *sie*, was hätt ich dann?
Wär kein Gesell für Weib noch Mann,
Mir läge ja mein liebster Trost in Acht und Bann.
      (Z)

Hartwig von Raute
Um 1188

Ein Hartuvic de Route erscheint im Tegernseer Salbuch unter
Abt Konrad (1135–55), im Salbuch von Weihenstephan unter
Abt Günther (1147–56), in dem von St. Peter in Salzburg un-
ter Abt Balderich († 1147), im Formbacher Salbuch um 1140,
und im Salbuch von Naumburg um 1150. Es ist ein Dichter,
dem die Huld seiner Geliebten höher steht als seine Leiden-
schaft. (Vgl. Goedeke I, 50) Er dichtete um dieselbe Zeit wie
Fenis, Horheim und Rugge.

1.

Wenn ich sehe das beste Weib,
Kaum bänd'ge die Sehnsucht ich,
Dass ich umfange den teuren Leib
Und drücke ihn an mich.
Oft steh' ich am Sprung, als wollt' ich's tun,
Wenn reizend sie vor mir hält;
Um alle Welt auch nicht ließ' ich's ruhn,
Wenn der Minne Wut mich befällt,
Nicht länger hielt' ich an,

Der Sprung, er würde getan –
Fürchtet' ich nicht, dass die Holde mich täte in Acht
und in Bann!
  (Franz Weber)

2. Herrendienst und Frauendienst

Klar seh ich's nun, in eins ist nicht zu fassen,
Dass man dem Kaiser diene und der Fraue,
Drum will den Kaiser ich gesegnet lassen:
Weil seinethalb ich sie so selten schaue!
  (Z)

Graf Rudolf von Fenis
Um 1188

Graf Rudolf von Fenis, Rudolf der Zweite, der in Urkunden von 1158–1192 erscheint und vor dem 30. August 1196 starb, war ein Schweizer aus Neuenburg. Er bildete seine Gedichte den Provenzalen Peire Vidal und Folquet (Folko) von Marseille nach, deren Lieder ihm bald nach der Abfassung bekannt geworden sein müssen. Die letzte Strophe nachfolgenden Gedichtes ist zum Beispiel dem Folko nachgebildet.

Die Motte ums Licht

Mich wundert's, dass die Holde mir mag zwingen,
Wenn ich ihr fern, zu ihr nur Herz und Sinn.
Dann fühl' ich frohe Hoffnung mich beschwingen:
Wärst du bei ihr jetzt, wär' dein Leid dahin.
Bin ich bei ihr dann – ach wie froh ich bin,

Ich fühle: nun muss alles dir gelingen –
Doch ach! Mir wird erst recht nicht solch Gewinn.

Bin ich bei ihr, fühl' ich mein Leid sich mehren,
Gleich dem, der nahetritt der Feuersglut
Und sich an ihrem Brande muss versehren;
So auch ihr süßer Reiz mir wehe tut.
Bin ich bei ihr, so schwindet all mein Mut,
Doch scheint mir's bittrer Tod, von ihr zu kehren,
Denn sie zu sehn, scheint mir nur recht und gut.

Ihr süßer Leib, wenn ich es recht erkannte,
Er lockt mich wie die Motte strebt zum Licht,
Bis sie die zarten Flüglein dran verbrannte:
So ihrer Schönheit Glanz mein Aug' besticht.
Mich zwingt mein töricht Herz zu strenger Pflicht,
Und weil ich immer neu zu ihr mich wandte,
Ist's recht, dass mir's so geht und anders nicht!
    (Z)

Bernger von Horheim
Um 1190

Wahrscheinlich ein Württemberger aus dem Enzgau, wo es
Herren von Horheim gab (doch auch in Bayern), der mit dem
Heere Heinrichs nach Apulien zog. Von ihm stammt ein Lied
nach Art der späteren sogenannten Lügenlieder. Er zeigt fran-
zösischen Einfluss in Gedanken und Form, da er eine Strophe
des Gace Brülé (abab – baa – ba) nachbildet. (Vgl. Goedeke
1. 51)

Gelogen!

Mir ist so zumute, als flög ich dahin
Durch die Welt, die zu eigen mir sei.
Wohin ich mich sehne, dahin fliegt mein Sinn,
Und das Fernste bringt Sehnsucht herbei.
So schnell ist, so stark und an Kräften so frei
Mein Geist, und schnell eil ich von hinnen.
Kein Tier kann im Wald mir entrinnen –
Doch es ist nur gelogen, gelogen:
Ich bin ja so schwer wie Blei!

Rasen vor Freuden möcht ich gar bald,
Weil von Liebe mir Liebes geschehn.
Wär weit und breit mir zu eigen ein Wald,
Ich wollt mich drin köstlich ergehn.
Dort sollt unter Bäumen man fröhlich mich sehn,
Doch muss ich die Freude bezwingen.
Ich kann ja nicht dichten, nicht singen,
Denn es ist nur gelogen, gelogen:
Mein Herzleid muss ich gestehn.

Den Spähern und Merkern vergeht wohl ihr Mut,
Neid gönne ich ihnen und Hass.
War meine Fraue so reich doch und gut,
Dass statt Leiden ich Freuden besaß.
Ein Herzeleid, das ich niemals vergaß,
Das hab ich gottlob! überwunden,
Die Sorgen sind alle verschwunden –
Doch es ist nur gelogen, gelogen:
Voll ist meiner Schmerzen Maß!

Mir wird nun gelingen, was nie mir gelang,
Bei der Süßen Huld sei's gesagt.
Nun mach es die Merker verzweifelt und bang,
Wenn nie mehr mein Mund sich beklagt.

Mein Herzeleid hat ja die Traute verjagt,
Nun darf ich zu Freuden mich wenden,
Mein Traum gottlob! wird nun enden –
Doch es ist nur gelogen, gelogen:
Am Herzen die Trauer mir nagt!
   (Z)

Heinrich von Rugge
Um 1190

Eine zwischen 1175–1178 vom Abt Eberhard von Blaubeuern ausgestellte Urkunde nennt einen Henr. mil. de Rugge als Zeugen (Pfeiffer, Germ. 7, 110). Er ermahnt im Spätjahr 1191 zur Beteiligung am Kreuzzug in einem Leich mit reinen Reimen, während seine Lieder noch Assonanzen zeigen. Er ist nüchtern und zum Lehrhaften geneigt. (Goedeke I, 50)

Aufforderung zur Kreuzfahrt

Ich hab schon vielemal
Für Gott den Leib gewagt,
Und wär ein töricht Mann,
Hielt ich's für schlechten Mut.

Er trug ja Wund und Qual
Für uns so unverzagt,
Dass wer ihm lohnen kann
Ein selig Werk wohl tut!

Wir streben nur nach Gut;
Lasst tausend Land mein eigen sein,
Eh ich erkannt die Menge,

Wär lang sie nicht mehr mein,
Und sieben Fuß an Länge
Wär Erdenreich mir zum Gewinn.
Nach besserm Lohne dränge
Sich drum mein Herz und Sinn!
    (Z)

Herr Bligger von Steinach
Um 1193

Das Geschlecht des Dichters saß auf den Burgen zu Neckar-
steinach in der Rheinpfalz. Seit 1165 kommt er in Urkunden
vor und er dichtete schon vor 1193, da er Saladin, der am
3. März 1193 starb, als lebend nennt; 1194 war er mit Hein-
rich dem Sechsten in Piacenza, 1196 erscheint er in Worms in
einer Urkunde des Kaisers. Nur weniges seiner lyrischen Ge-
dichte ist erhalten: er erklärt den für unwert, den niemand has-
se, und schätzt die Geliebte tausendmal höher als Saladin
sein Damaskus. Dieses Gedicht ist (besonders gegen den
Schluss, der nur fragmentarisch erhalten ist) in freier Fassung
hier wiedergegeben. Gottfried von Straßburg im *Tristan* (um
1207) und Rudolf von Ems in Willehalm und Alexander prei-
sen ihn hoch als Dichter des Umbhanc (Wandteppichs), eines
umfangreichen Gedichtes, das wohl novellenartige Erzählun-
gen in sich vereinigte. Die drei erhaltenen Lieder bestätigen
den Ruhm bei den Zeitgenossen. Wahrscheinlich machte Blig-
ger den dritten Kreuzzug mit.

Es fände guten Kauf an meinen Jahren,
Der ohne Freude wollte werden alt,
Weil sie mir leider nie beschieden waren.
Um eins, das fröhlich mir verlief, gäb bald
Drei Jahr ich hin: so fürcht ich ihre Zahl.

So muss ich's tun' wie soll sich der gebaren,
Dem rechtlos man so seine Treu vergalt?

Hielt mich was schadlos für die große Qual,
Die längst mir wühlt im Herzen wie ein Messer,
So wär es als ein steter Dienst, mir besser,
Ich unterließ ihn ein- für allemal.
– –
Wer aller Fraun bei einer will entbehren,
Den soll man, rat ich, daran nicht verwehren.

Wohl find ich noch die Schöne an dem Rheine,
Durch deren Schuld das Herz mir ist so wund,
Viel wunder, als es manchem wohl erscheine
– –
– – – – Ach! Würde ihr mein Herzleid kund,
Ihr, die mein Herz tausendmal höher ehrt,
Als Saladin hält sein Damaskus wert.
    (Z)

Reinmar der Alte
(von Hagenau)
Um 1194–1207

Lebte am Hof Herzogs Leopold des Vierten von Österreich, mit
dem er am Kreuzzug von 1190 teilgenommen zu haben
scheint. Man hält ihn für den von Hagenau, den Gottfried von
Straßburg im *Tristan* als den trefflichsten Liederdichter vor Wal-
ther von der Vogelweide nennt. Dieser selbst rühmt ihn als sei-
nen Meister und beklagt in einem Gedicht seinen Tod. Mit Aus-
nahme einiger lehrhafter Sprüche dichtete er meist Minnelie-
der (in Form von Zwiegesängen oder Selbstgesprächen) und

zeichnete sich vor seinen Vorgängern durch feine Empfindung, treffenden Ausdruck, ruhiges Ebenmaß und Fruchtbarkeit aus, sodass ihn Gottfried wohl mit Recht »die Leitfraue des Nachtigallenheeres« nennen durfte. Eines seiner schönsten Lieder ist das nachfolgende Klagelied auf den Tod des Herzogs Leopold, das er einer liebenden Frau in den Mund legt.

1. Klage um Leopold den Sechsten von Österreich

Der Sommer kam, so sagen sie,
Die Wonne sei gekommen;
Nun sollt ich freun mich wie vorher,
So sprecht und ratet mir doch: wie?
Der Tod hat mir genommen,
Was ich verschmerze nimmermehr.
Was sollen alle Wonnen mir,
Seit Leopold im Grabe ruht,
Er aller Freuden Preis und Zier,
Den ich doch niemals traurig sah.
Verloren hat an ihm die Welt,
Wie ihr an einem Manne nie
So großer Schaden noch geschah.

Mir armem Weibe ward's zu wohl,
Wenn ich an ihn gedachte,
Und wie mein Heil in ihm nur lag.
Nun ich das nicht mehr haben soll,
Ist mir's, als ob mir nachte
Die Zeit, die ich noch leben mag.
Der Spiegel meiner Wonnen sprang,
Den ich zur Augenweide mir
Erwählte für mein Leben lang,
Und muss nun des verlustig sein!
Als man mir sagte, er sei tot,

Da drang alsbald mir alles Blut
Vom Herzen in die Seele ein.

Es ließ mir alle Lust vergehn
Des lieben Herren Sterben,
Sodass ich stets sie missen soll.
Da es nicht anders kann geschehn,
Als Kummer zu erwerben,
So ist mein Herz der Klage voll.
Muss weinen stets an seinem Grab
Um ihn, weil mir der selge Mann
Nur schönste Lebensfreude gab,
Doch er ist fort, was soll ich hier?
Sei gnädig ihm, o Herr und Gott,
Ein tugendreichrer Gast als er
Kam nie in dein Gefolge dir.
    (Z)

2. Lenzlied

Ich sah in hellem Kleide stehn
Die Heide mit den Blumen rot,
Hold war das Veilchen anzusehn,
Die Nachtigall hat auch die Not
Schon überstanden, die sie zwang;
Weil rings verging der Winter lang,
Drum tönt ihr Sang.

Und als ich grüne Blätter sah,
Zerging auch mein betrübter Sinn,
Seit mir von einer Frau geschah,
Dass ich so voller Wonne bin
Fortan, und so vergnügt im Mut,
Dass mir vor allem dünket gut,
Was sie mir tut.

Denn alle Sorgen nahm sie mir,
Dass nie mehr Trauer mich beschleicht.
Vieltausend andre außer ihr,
Die hätten all dies nicht erreicht!
Vor ihrer Güte schmilzt mein Leid,
Sie ist mir Freundin jederzeit,
Trotz allem Neid.

Kein Ungemach soll hemmen mich,
Des will ich ohne Ängste sein,
Und fügt's nach meinem Willen sich,
Sie lag wohl in den Armen mein.
Hätt von der Schönsten ich nur dies,
Mehr Freude als das Paradies
Mir das verhieß!

Dass ich ihr hold im Herzen bin,
Verzeiht mir nicht der andern Neid,
Doch darum schreckt's nicht meinen Sinn,
Verloren ist nur Müh und Zeit.
Was hilft denn alle böse List?
Man weiß nicht, was geschehen ist
In kurzer Frist.
　　(Z)

3. Botenlied

Sprich, es soll dir Lohn auch tragen,
Sahst du den geliebten Herrn?
Lebt er, wie sie alle sagen,
Und so, wie ich's höre gern?
»Er lebt froh im fernen Land,
Euch sein Herz ist zugewandt.«

Ich verbiet ihm Freuden nimmer,
Nur von einem schweig er still:
Darum bitt ich heut und immer,
Weil ich's nie erlauben will.
»Frau, o seid nicht kummervoll;
Kommen muss, sagt er, was soll!«

Hat gelobt er, sprich Geselle,
Nie zu singen mehr ein Lied,
Auch wenn ich den Wunsch nicht stelle?
»Ja, er schwur es, als ich schied,
Und ihr habt's auch wohl vernommen.« –
O weh, draus mag Schaden kommen.

Will ich's nicht, wär's mir zum Leide,
Weil um alles Glück ich käm,
Und man zürnt, weil ich die Freude
Durch sein Lied den andern nahm.
Das ist meine Sorge nun:
Soll ich's lassen? Soll ich's tun?

Frauen mögen nicht gewinnen
Nur durch Rede Freundes Herz;
Mich verdrießts, ich will nicht minnen,
Treuem Weib macht Untreu Schmerz.
Wär ich wank, wie ich's nicht bin,
Gäb ich, ließ er mich, ihn hin!
    (Z)

4. Freude des Wiedersehens

Ich glaub', dass Liebes mir geschehen will
Mein Herz hebt sich zu Wonnespiel,
Zu Freuden schwinget sich mein Mut,
Gleich wie der Falk' im Fluge tut

Und der Aar im Schweben.
Daheim wir Freunde leben;

Wohl mir, find' ich sie einst zur Stund,
So wie ich sie verließ, gesund.
O herrlich ist es, bei ihr sein;
Gib mir, o Gott, den Segen dein,
Dass ich sie möge sehen,
Die Sorgen ihr verwehen,

Wenn sie daheim in Sorgen ist,
Dass ich sie mildere und sie
Die meinigen zu gleicher Frist;
So mögen Freude wir genießen:
O wohl mir dann der langen Nacht!
Wie könnt' sie mich verdrießen?
    (Köhler)

5.

»Er hat zu lange mich gemieden,
Den ich in Treue niemals mied,
Von Freude hat er mich geschieden
Wie mich noch nichts von Freude schied.
Es strebt mein Leib
Nach seinem Leibe,
Ich bin ein Weib,
Dass ihm vom Weibe
Mehr Liebes nie geschah!
Was mir von ihm geschähe –
Mein Auge ihn nie lieber sah
Als es ihn heute sähe!«

»Mir ist viel Liebe nun geschehen,
Dass solche Lieb' mir nie geschah!

So gerne hab' ich sie gesehen
Dass ich sie lieber noch nie sah!
Ich bring' Frohmut
Ihr ins Gemüte,
Sie ist so gut,
Ich will mit Güte
Ihr lohnen, wenn ich kann,
Wie ich so gern es könnte!
Mehr Freuden gönn' ich ihrer Bahn,
Als ich mir selber gönnte.«
  (Franz Weber)

6. Liebesklage

Mich freut, was lange mich erfreuen soll,
Dass meine Rede nie ein Weib verletzt;
Sprach jemand nicht von Frauen gut
                und ehrfurchtvoll,
Hab' ich's als eine Schuld ihm angesetzt.
Kein Mann ist, der so unwert ihnen wäre,
Und der so gern ihr Lob doch hört, dem teuer
                ihre Ehre:
Doch haben sie die Dienste mein;
Denn all mein Trost und all mein Leben,
Das muss an einem Weibe sein.

Wie mag mir irgend lieb nur etwas sein,
Dem ich so lange unwert bin?
Leid' ich die Liebe mit dem Willen mein,
So hab' ich nicht zu guten Sinn.
Geschieht es aber, dass ich's nicht kann wenden,
So möcht' ein Weib mir raten und mir Hilfe senden
Und mich verderben lassen nicht.
Ich hab' noch einen Trost, wie klein er immer sei:
Das, was geschehen soll, geschicht.

In diesen bösen, ungetreuen Tagen
Hab' ich mich nimmer wohl befunden;
Nur dass ich standhaft Leides kann ertragen,
Das mochte man an mir erkunden.
Tät' ich nach dem, was Leides ich empfahen,
Verließen sie mich wohl, die sonst mich gerne sahen
Und hold und gütig mir gewest:
So muss ich Freude heucheln noch,
Damit die Welt mich nicht verlässt.

Wer je der Welt sich freute mehr als ich,
Der müsse glücklich leben;
Der tu's auch noch, wenn sie verdrießet mich.
Mir hat mein Reden nicht Gewinn gegeben;
Ich diente ihr, doch musste Lohn ich meiden:
Das trug ich so verschwiegen, dass niemand sah
                mein Leiden
Und dass ich niemals von ihr schied:
Ja, wenn es also ihr Befehl,
So würd' ich singen nimmermehr ein Lied.

Ich sah sie, wär' es leid der Welt zumal,
Die ich mit Sorgen doch gesehen.
Wohl mir der minniglichen Mühesal!
Mir konnte nimmer Besseres geschehen.
Darauf ist Leides mir viel widerfahren;
Ich schied, dass wohl bei keinem Scheiden so viel
                Schmerzen waren
Und so viel Weh mir immer noch geschah:
Weh mir, dass ich da musste gehn,
Ach, wie ich todbetrübt da um mich sah.

Weh mir, dass ich zu sprechen da vergaß!
Das machet heut und immer Reue mir;
Als sie da ohne Hüter vor mir saß,
Warum konnt' ich nicht reden mehr zu ihr?

Ich war so froh der schönen Stunde,
Wo ich die Gute sehen durft', dass meinem Munde
Vor Liebe jeglich Wort entschwand.
Doch möchte dieses manchem sein geschehn,
Der so im Schauen vor ihr stand.
   (L. Köhler)

7. Gnade gefunden

Hoch wie die Tonne steht das Herze mein:
Das kommt von einer Frauen, die weiß stät zu sein!
Ihre Gnade, wo sie sei,
Die machet mich von allem Leide frei.

Ich hab' ihr nichts zu geben als den eignen Leib,
Der ist ihr eigen: immer gibt das schöne Weib
Freude mir und hohen Mut,
Wenn ich gedenke dran, wie sie mir tut.

Wohl mir des, dass ich sie so beständig fand!
Wo sie wohnt, die eine macht mir lieb das Land.
Führ' sie über die wilde See,
So führ' ich mit, nach ihr ist mir so weh.

Mir ward nie volle Seligkeit, als nur von ihr;
Was ich ihr Gutes wünschen kann, das gönnt sie mir.
Seliglich es mir erging,
Dass die Schöne mich in ihre Gnade fing.

Hätt' ich tausend Männer Sinn, so weiß ich wohl,
Dass ich Sie behielte, der ich dienen soll.
Schön und wohl sie das verwehrt,
Dass mir von ihr nichts Leides widerfährt.
   (Karl Simrock)

8. Lebensmut

Gewann ich jemals einen Mut,
Der hoch mir stand, den hab' ich noch.
Es dünket mich mein Leben gut,
Und ist es nicht, so wähn' ich's doch,
Es tut mir wohl, was will ich mehr?
Ich fürcht' unrechten Spott nicht sehr,
Und kann wohl leiden bösen Hass!
Wie lang ich's treiben soll, ich wünsch' es
                              nimmer bass.

    (Friedrich Rückert)

9. Auf Händen tragen

Ein Herz erkennen soll die Welt,
Das stets der Freude gönnt die Statt.
Wahre Freude mir gefällt:
Ich neide niemand, der sie hat.
Wer also wendet seinen Mut,
Dass er das Beste gerne tut,
Ich will euch meinen Willen sagen:
Eh' der nur unsanft sollte gehn, ich wollt' ihn
                              auf Händen tragen.

    (Karl Simrock)

10. Wie alt ist sie?

Ein Wort der Leute kränkt mich schwer:
Ich kann nicht wohl geduldiglich dazu gebaren.
Nun sagen sie es desto mehr
Und fragen immerdar nach meiner Frauen Jahren.

Sie sprechen, jung sei sie wohl nicht:
Ich wahr' ihr ja so lange schon der Treue Pflicht.
Mich mögen solche Worte wohl verdrießen.
Lass du nun, allerbeste Frau, so ungezogner Rede
                    mich genießen.

(Karl Simrock)

Hartmann von Aue
1198–1205

Über seine Lebensumstände ist wenig bekannt, er scheint dem
adligen Geschlecht der Herren von Wesperspül im Thurgau
angehört zu haben (Bodensee). Er ward geboren um 1170,
besaß eine gewisse Klosterschulgelehrsamkeit, und scheint
sich eine Zeit lang in Franken aufgehalten und dann am Kreuz-
zug Kaisers Heinrich des Sechsten 1195 teilgenommen zu ha-
ben. Seine lyrischen Gedichte, die bereits die ganze Form-
vollendung und reiche Sprache der ausgebildeten höfischen
Poesie haben, ziehen besonders an durch die tatkräftige
männliche Gesinnung, die es verschmäht zu seufzen oder zu
girren. Vortrefflich sind seine Kreuzlieder. Er ist der Verfasser
des bekannten Gedichtes *Vom armen Heinrich*.

1. Kreuzlied

Dem Kreuze ziemt ein reiner Mut
Und keuscher Brauch,
Dann mag man Heil und alles Gut
Erwerben auch.
Es bietet nicht geringen Schutz
Dem jungen Mann,
Der seinen wilden Sinnen Trutz

Nicht bieten kann.
Und will uns lösen nicht
Von guter Werte Pflicht,
Was nützt es auf dem Kleid,
Wenn's nicht im Herzen allezeit?

Nun gebt, Herr Ritter, euer Blut
Und euern Sinn
Dem, der euch Leben gab und Gut,
Auch willig hin.
Wer nur um hohen Lohn der Welt
Die Waffe trug,
Und sie jetzt Gott in Dienst nicht stellt,
Ist wenig klug.
Doch wer berufen ward
Zur heil'gen Kreuzesfahrt,
Erwirbt ein zwiefach Teil,
Der Menschen Lob, der Seele Heil.

Der Weltlust nach ich manchen Tag
Gelaufen bin,
Wo keiner Treue finden mag,
Da lief ich hin.
Sie lachte trügerisch mich an
Und winkte mir,
Und unbesonnen war ich dann
Geeilt zu ihr.
Nun hilf mir, Herrechrist,
Der du mein Führer bist,
Dass ich der Welt entsag,
Wo ich dein Kreuzeszeichen trag.

Seitdem der Tod geraubt mir hat
Den lieben Herrn,
Dreh, wie sie mag, die Welt ihr Rad –
Ich bleib ihr fern.

Denn meiner Freuden besten Teil
Nahm er dahin,
Zu fördern meiner Seele Heil,
Drauf steht mein Sinn.
Mag denn die Kreuzfahrt mein
Auch ihm zum Wohle sein,
Was *mir* davon Gewinn,
Gäb *ihm* ich gern zur Hälfte hin!
   (Z)

2. Klage über die vornehmen Frauen

Mancher sagt zu mir wohl so,
Wenig macht solch Gruß mich froh:
»Hartmann, komm zu schauen
Ritterliche Frauen.«

Meinetwegen mag's geschehn,
Soll er doch zu ihnen gehn.
Kann drin keine Freude sehn,
Muss mich dort nur müde stehn.

Zu Edelfraun steht so mein Sinn,
Dass wie sie mir ich ihnen bin.
Mehr kann mir's gelingen,
Treib' ich's mit geringen.

Wohin ich komm sind deren viel,
Da find' ich die, die mich auch will,
Die ist auch meines Herzens Spiel,
Was taugt mir ein zu hohes Ziel?

Ich ging einst meiner Torheit nach,
Zu einer hohen Frau ich sprach:

»Ich wandte meine Sinne,
Herrin auf eure Minne.«

Da ward ich scheel nur angesehn,
Drum soll mein Sinn, ich will's gestehn,
Nach Frauen solcherart nur gehn,
Wo mir das nicht mehr kann geschehn.
    (Z)

3. Die selige Stunde

Recht ist's, wenn immer den Tag ich nun minne,
Wo ich das erste Mal schaute die Teure,
Reizend an Sitten, echt weiblich im Sinne,
Wohl mir, dass stets sich mein Herz ihr erneure.
Ihr tut's nicht Abbruch, doch mir bringt's Gewinn,
Weil ich zu Gott und zur Welt nun forthin
Ihrethalb heißer mein Fühlen nur kehre,
Hoffend, dass dadurch mein Glück sich mir mehre.

Konnte beim Abschied ihr Kunde nicht geben,
Wie ich's im Herzen so treulich doch meine,
Bis mir die wonnigste Stunde im Leben
Huldreich verlieh, sie zu treffen alleine.
Als ich so milde die Liebliche fand,
Als ihr mein Mund alle Sehnsucht gestand,
War sie so gnädig, dass Gott ihr's gedenke,
Der sie mir selber gemacht zum Geschenke.

Mag nun mein Leib von der Guten sich scheiden,
Muss doch mein Wille und Herz ihr gehören,
Kann sie mir Leben und Lust auch verleiden,
Kann sie doch mir auch mein Herzleid zerstören.
Beides entquillt ihr, die Liebe, das Leid,
Was sie verlangen mag, ich bin bereit.

Was mich je freute, ich dank's ihrer Güte,
Dass ihr Gott Ehre und Leben behüte!
(Z)

4.

Wenn man mit Lügen zum Himmel fährt,
Dann weiß ich einen, der heilig ist,
Da er mir oft Meineide schwört;
Mich überwand er schlau mit List,
Dass ich ihn wählt' zum Freunde gar.
Ich wähnt' ihn treu und wohlgezogen,
Doch nun leg' ich der Welt es dar
Wie ich mich selbst betrogen:
Er ist so aller Falschheit bar
Als wie das Meer der Wogen.

Warum auch sucht' ich fremden Rat,
Da mich mein eignes Herz betrog,
Das mich zu dem verleitet hat,
Der mir, wie jedermann noch, log.
Es ist ein kleiner Mannespreis
Den er gewinnt bei Weiben:
Süßer Worte ist er so weis',
Dass man sie möcht' aufschreiben.
Dem folgte ich nun auf das Eis,
Der Schaden muss mir bleiben.

Würf' Hass ich nun auf jeden Mann,
Von einem einz'gen kam' es her;
Was hätten sie für Schuld daran?
Lohnt' mancher besser doch als er.
Die jetzt durch ihre Schönheit ihn
Gelockt in ihr Bereiche,
Die lacht nun, wenn ich traurig bin.

Wir alten da ungleiche:
Zum Leid schlug um der Lust Beginn
Das ändre Gott der Reiche!
  (Franz Weber)

5. Wahre Minne

Ich scheid' in Frieden von euch, Herren
                          und Verwandte.
Was ich verlasse, all gesegnet sei!
Fragt nicht: wohin die Fahrt, nach welchem Lande?
Ich sage meiner Reise Ziel euch frei.
Gefangen hat die Lieb' mein Herz im Streit
Und hat geboten mir die Kreuzesfahrt;
Nun muss gehorchen ich nach Ritterart;
Wie könnt' ich brechen meine Treu' und meinen Eid!

So mancher rühmt sich des, was er getan aus Minne;
Die Worte hör' ich wohl, die Werke seh' ich nicht;
Doch hätt' ich gern, er brächte mir zu Sinne,
Dass er der Herrin dient, wie man ihr dienen soll.
Der minnet, der aus Minne selber sich verbannt,
Wie mich die Minne treibet übers Meer:
Herr Saladin mit seinem ganzen Heer
Brächt' nimmer mich aus meinem Frankenland.

Ihr Minnesinger, euch muss es misslingen,
Weil ihr nur Wahn besingt und leeren Schein:
Ich kann mich rühmen, dass ich darf von
                          Minne singen.
Weil ich der Minne bin und sie ist mein.
Seht, was ich will, das will auch haben mich:
Bis ihr den Wahn aufgebt, schweigt von der
                          Minne still;

Ihr ringt um Liebe, die euch nimmer will:
Wann mögt ihr solche Minne minnen, so wie ich!
   (L. Köhler)

6. Freier Mann

Mich trog die Welt mit argem Wahn,
Dass mir der Mut
Nicht mehr nach ihr sich sehnen kann:
Nun ist mir gut.

Viel große Huld mir Gott erwies,
'S ist so bestellt,
Dass mich die Sorge ganz verließ,
Die manchen hält

Gebunden an dem Fuß,
Dass er da bleiben muss,
Derweil in Christi Schar
Mit Freuden ich von hinnen fahr'.
   (Watterich)

Graf Otto von Botenlauben
Um 1200

Dieser Dichter, dessen Lebensgeschichte vielfach unrichtig an-
gegeben wird, gehörte zum Geschlecht der Grafen von Hen-
neberg (er war der zweite seines Namens), nannte sich aber
meist nach seinem Wohnsitz, der Burg Botenlauben bei Kissin-
gen in Franken, die er vielleicht selbst erbaut hat. Er unter-
nahm 1207, sich den Spaltungen und Wirren Deutschlands
entziehend, eine Pilgerfahrt nach dem Morgenland, von wo er

seine Gattin in die Heimat führte: Beatrix, eine Nichte des Kö-
nigs Almerich von Jerusalem. Beide stifteten im Jahre 1230
das Nonnenkloster Frauenrode bei Kissingen, in das wahr-
scheinlich Beatrix selbst als Nonne eintrat. Otto starb 1244. Er
gehört zu den gemütvollsten Dichtern seiner Zeit. Gefühlsäu-
ßerungen froher Minnegegenwart, Kummer und Sehnen der
Liebe in allen Farbentönen zarter Lyrik wiederklingend, Erge-
bung endlich in ein Geschick, das, wie es scheint, Trennung
hieß: das sind Elemente seines Gesangs.

1. Liebeskummer

Ich hab' erwählt mir selber süßen Kummer,
Den will ich hegen statt der Blumen Schein.
Der ist nicht weise, der mir spricht: du Dummer!
Herzleid war stets und wird auch immer sein.
Um die Liebe trag' ich diese Pein,
Die ich mir wählte; darum sei sie mein:
Tu wie du willst mir, Fraue, die Gewalt ist dein.

Ich mahn' die Süße, Reine ihrer Treue,
Die sie versprach, es ist ohnmaßen lang.
Könnt' ich zu ihr, weg wäre Schmerz und Reue;
Doch kann ich nicht, drum ist mein Leben krank.
Nach der mein Herz stets mit Verlangen rang,
Mir geschieht's von ihrer Minne sonder Wank
Als wie der Nachtigall, die sitzet tot, ob ihrer
                    Freuden Sang.

Sollt' ich denn sterben vor so großen Leiden,
Das wäre mir wohl bittre Herzensnot.
Wer das verschulde, will ich euch bescheiden:
Das ist ihr minniglicher Mund so rot.
Bleib ich ihr lang noch fern, so ist's mein Tod!

Auch wurden ihr die lichten Augen rot,
Als ich Urlaub nahm und mich in ihre Gnade bot.
  (F. Born)

2. Willkommen

Sei mir willkommen, Augentrost, viellieber Mann,
Du meines Herzens Freude, teurer Herre mein!
Gott hat erlöst mich aus der Sorgen Bann;
Er sei gelobt, auch dank' ich es der Tugend und
                  der Treue dein.
Darüber ich mit Zweifeln lag im Streit:
Du hättest mein vergessen, ach! so lange Zeit.
Was hälfe mir die Schönheit und des Namens Ehre,
Wenn ich von dir vergessen wäre?

Nun aber ist mein Herze wieder leicht und froh,
Seit ich umfangen deinen lieben Leib.
Nun sage, lieber Mann, ist deine Lieb auch so?
Du sagtest mir, ich wär' dir lieb vor jedem Weib.
Ich gab für deine Treu' und deine Tugend
Meiner Freuden Krone, Blume, blühende Jugend.
Wie manchen Abend hab' ich Leid empfunden,
Das mit dem frühen Morgen erst entschwunden.
  (L. Köhler)

3. Abschied

Wäre Christus Lohn nicht also süße,
So ließ ich nicht die liebe Herrin mein,
Die ich oft in meinem Herzen grüße;
Sie mag gar wohl ein Himmelreich mir sein,
Wo nur die Gute wohn' all um den Rhein:

Herr Gott, so sende deiner Hilfe Schein,
Auf dass ich mir und ihr erwerbe noch die Gnade dein.

»Da er sagt, ich sei sein Himmelreiche,
So hab' ich ihn zum Gotte mir erkorn,
Dass er keinen Schritt von mir entweiche!
O Herre Gott, lass dir's nicht sein zum Zorn.
Er ist mir in den Augen ja kein Dorn,
Der mir hier zu Freuden ward geborn.
Kommt er mir nicht wieder, alle meine Freude
                              ist verlorn.«

(F. Born)

Freidank

Um 1200

Als Kaiser Friedrich der Zweite im Jahre 1228 seinen Kreuz-
zug unternahm, befand sich unter seinem Gefolge ein höfi-
scher Dichter, den die Sehnsucht, das heilige Grab zu sehen,
vielleicht auch Vasallenpflicht bewogen hatte, sich anzuschlie-
ßen. Der Kaiser schloss schnell und unerwartet einen günsti-
gen Frieden, und während er nach Jerusalem eilte, um sich die
neuerworbene Krone aufs Haupt zu setzen, verfasste der zu
Ackers (Ptolemais) zurückgebliebene Dichter, der sich selbst
Freidank nennt, ein Gedicht, dem er den Titel Bescheidenheit
gab, ein Wort, das damals so viel als richtige Einsicht und Be-
urteilung der Dinge bedeutete. Freidank gedenkt darin der his-
torischen Ereignisse, von denen er selbst Zeuge war, er schil-
dert Syrien, spricht über Rom auf eine Weise, die eigene An-
schauung verrät, der Hauptteil des Gedichtes ist indessen eine
Betrachtung über die geistigen Zustände seiner Zeit, ein Welt-
spiegel, in dem die verschiedenen Stände vom Papst und Kai-
ser bis herab zu den Knechten, die öffentlichen und häuslichen

Verhältnisse, die Sitten der Menschen, der religiöse Glaube, Tugenden und Laster, in mannigfaltiger Abwechselung berührt und dargestellt werden. Es sind kurze Sprüche voller Kraft und Wahrheit, frisch und lebendig, frei und geistreich, oft mit Anmut, Zierlichkeit und einem Anhauch lyrischer Empfindung ausgedrückt; zum großen Teil auch Sprichwörter des Volks, denen der Dichter jedoch das Siegel des eigenen Geistes aufgedrückt hat. Das Gedicht, die Krone aller Lehrdichtung des mittelhochdeutschen Zeitraums, wurde schnell berühmt und sein Ansehen hat sich in zahlreichen Handschriften durch die folgenden Jahrhunderte erhalten. Der Name Freidank mag leicht ein angenommener sein; nicht unbegründete, von W. Grimm aufgestellte Vermutungen führen dahin, dass darunter Walther von der Vogelweide verborgen sei. Teilweise Übersetzungen von Karl Simrock, Bacmeister u. a.

Aus Freidanks »Bescheidenheit«

Gott dienen ohne Wank
Ist aller Weisheit Anfang.

Wer um diese kurze Zeit
Verliert die ewige Seligkeit,
Der hat sich selber arg betrogen
Und zimmert auf den Regenbogen.

Wer die Seele will bewahren,
Muss sich selber lassen fahren.

Wer Gott liebet, als man soll,
Des Herz ist aller Tugend voll.

Gott erschuf nie Halm so schwachen,
Den jemand könnte machen:

Engel, Teufel, noch irgendein Mann
Einen Floh erschaffen kann.

Das Maß, nach dem es müsse leben,
Hat Gott in jedes Ding gegeben.

Was Gott mit seinem Geschöpfe tut,
Das soll uns allen dünken gut.
Was kann der Topf doch sprechen,
Will ihn sein Meister zerbrechen?

Gott ist verborgen nichts allwärts,
Vor Gott liegt offen jedes Herz.
Es sei übel oder gut,
Was im Geheimen jemand tut
Und was im Herzen wird erdacht,
Von Gott wird alles ans Licht gebracht.

Nach den Sternen sieht ein mancher wohl
Und meldet was geschehen soll,
Der sage mir, was näher ist,
Was Kraut in seinem Garten sprießt;
Sagt er mir da das rechte Wort,
So will ich ihm auch glauben dort!

Man sagt, Gott habe der Welt gegeben
Groß Herrlichkeit und sanftes Leben;
Doch ist die Sänfte nie so groß,
Unsanfte ist ihr Hausgenoss.
Wenn einen guten Tag ich sah,
So waren dreißig böse da.

Wie manchen Dienst der Tor verschmäht,
Den Gott mit Freuden doch empfäht;
Die Bröslein sind vor Gott noch wert,
Die niemand mehr am Tisch begehrt.

Gott hörte Mosis Flehen an.
Der doch den Mund nicht aufgetan;
Was heut ein reines Herz begehrt,
Das wird ihm ohne Wort gewährt.

Der Sonne Schein geht überweit,
Die allen Dingen Licht verleiht;
Doch hat sie darum weniger nicht,
Weil alles zehrt von ihrem Licht.
Dem Würmlein auch gehört ihr Schein
Und bleibet darum dennoch rein.
Die Sonne scheint den Teufel an
Und wandelt rein auf ihrer Bahn.

Ich weiß wohl, dass die Göttlichkeit
So hoch und tief ist, lang und breit,
Dass kein Gedank noch Mundes Schall
Mag fassen ihre Wunder all.

Gott ist so gar geschöpfereich
Und keins dem andern schafft er gleich.
Am Weib und an dem Manne
Findst du nicht eine Spanne
Von gleicher Art und gleichem Schein.
Wie kann ein größer Wunder sein?
Ein Wunder sind die Stimmen all,
Eine jede hat besondern Hall.
Viel hundert Blumen im Felde stehn
Und andre Farb' lässt jede sehn.
Es gleicht kein Grün sogar
Dem andern völlig: – nimm es wahr!

Man sagt, es sei der Seele leid,
Wenn sie der Leib mit Gott entzweit;
Doch wär' die Seele ohne Schuld,
Verlöre sie nicht Gottes Huld.

Mir ist gesagt von manchem Mann,
Er nähm' sich großer Heiligkeit an:
Als ich ihn sah, so deuchte mich,
Er wär' ein Mensch grad so als ich.

So schön ist niemand noch so wert,
Dass er nicht werde, dass sein niemand begehrt.

Der Mensch aus schwachem Samen wird,
Mit Not die Mutter ihn gebiert;
Sein Leben ist Beschwerlichkeit;
Gewisser Tod ist ihm bereit.
Wie wird er jemals frohgemut?
Er ist ein Stroh in Feuersglut.

Wer bedächte drei Dinge,
Gottes Strafe der wohl entginge:
Was er war, und was er ist,
Und was er wird in kurzer Frist.

Es sprechen, die da sind begraben,
Wohl zu den Alten wie zu den Knaben:
Was ihr da seid, das waren wir;
Was wir nun sind, das werdet ihr.

Gedanken und Träume die sind frei,
Und schwer genug sind oft die zwei.

Es will nicht glauben mancher Mann,
Dass jemand auferstehen kann;
Gott schuf den Mann, mehr ist das wohl,
Als dass er auferstehen soll.

Gott hat drei Leben geschaffen:
Bauern, Ritter und Pfaffen,
Das vierte schuf des Teufels List

Das dieser dreier Meister ist.
Das Leben ist Wucher genannt,
Das verschlinget Leute und Land.

Der Wuchrer treib' es wie er's mag,
Es kommt zuletzt der letzte Tag.
Leib, Seel' und Gut, die teilet man
Zu dritt, und keiner ficht es an.
Den Würmern ist der Leib beschert,
Die Seele zu dem Teufel fährt,
Das Gut, das nehmen die Herren frei,
Fragt keiner, wo die Seele sei.
Und wenn die Teilung so geschicht,
Da gäbe der Erben keiner nicht
Um zwei der besten Teile
Den seinen, wären sie feile.
Der Teufel richtet seinen Mut
Nicht auf den Leib, nicht auf das Gut;
Dem Herren ist sein Teil so wert,
Dass er nicht Leib und Seel' begehrt;
Die Würmer greifen wacker zu,
Und lassen Gut und Seel' in Ruh';
Also teilt des Teufels List,
Dass jedem seins das Liebste ist.

Des Teufels Liebstes ist allezeit
Hoffart, Buhlerei und Neid;
Demut aber, Geduld und Treue
Die sind des Teufels größte Reue.

Hoffart verdirbet alle Tugend,
Doch zieret Zucht die edle Jugend.

Die Hoffart geht in Hahnenweise
Einher, dass man sie seh' und preise;

Sie sieht sich selten auf den Fuß,
Darum sie oftmals fallen muss.

Die Süßigkeit der Welt ist gar
Der Seele Gift, das nehmet wahr.

Wer die Welt behalten kann
Und Gott, das ist ein sel'ger Mann.

Auf Erden mag nichts Schönres sein
Als ein Wort, das heißet Mein.

Wer in der Welt das Rechte tut,
Der dünkt auch Gott im Himmel gut;
Doch ist der Welt hier mancher wert,
Des Gott zum Freunde nicht begehrt.

An mir wächst das ganze Jahr
Sünde, Nägel und das Haar.

Wahre Reue ist der Sünden Tod,
Sie nur erlöst aus aller Not.

Wär' noch so groß die Missetat,
Gott dennoch größre Gnade hat.

Niemand ist unrein
Als von Sünden allein.

Wer eigner Sünden nähme wahr,
Schwiege wohl der fremden gar.
Der rügt des andern Missetat,
Der hundertfach so große hat.

Wer von Sünden feiern mag,
Der hat den besten Feiertag.

Wenn das Wasser steigt bergan,
So wird der Sünder Gnad' empfahn:
Ich meine jenes, das verborgen
Zu den Augen steigt aus Herzenssorgen,
Dies Wasser hat gar leisen Gang;
Doch hört es Gott durch der Engel Gesang.

Die Träne, die vom Herzen rann,
Gar manche Sünde löschen kann,
Die weder der Mund mag sprechen
Noch darf der Teufel rächen.

Ich seh, und es tut mir gar nicht leid,
Viele Reiche dumm und Arme gescheit.

Dem Armen ist nichts weiter gegeben
Als gute Hoffnung und schlechtes Leben.

Almosen bittet für den Mann,
Der selber nicht mehr bitten kann.
Wasser löschet Feuerglut,
Almosengeben gleiches tut.

Wer sich zu einem reichen Mann
Gesellet, der verliert daran:
Die Armen wie die Reichen
Die suchen ihresgleichen.

Die Geizigen und die Reichen
Mag man dem Meer vergleichen:
Wie viel des Wassers geh' zum Meer,
Doch hätt' es Wassers gerne mehr.

Die Tränen bald getrocknet sind,
Die des reichen Mannes Kind
Weint an seines Vaters Grab:

Es wischt den kurzen Tau wohl ab.
Jedoch des armen Mannes Kind
Tröstet sich nicht so geschwind:
Des Tränen fließen lange
Mit Jammer über die Wange.

Dürftigkeit bei frohem Mut,
Das ist Reichtum ohne Gut.

Manch armer Mann hat frommen Sinn,
Wird er reich, so lässt er ihn.

Das Meer noch niemals größer ward,
Weil eine Gans das Wasser spart.

Wenn geringe Leute zu reichen werden,
So unerträglich ist nichts auf Erden.

Untreu erscheinet mir der Mann,
Der, Groll im Herzen, lachen kann.

Man sieht nun leider selten
Treue mit Treue vergelten.

Ob einer viel des Guten tu'
Und eine Missetat dazu,
Der Guttat wird vergessen,
Die Missetat gemessen.

Bei wem man findet arge List,
Bei dem noch mehr des Bösen ist.

Hat einer einen Dieb verhohlen,
Wer von den zwein hat mehr gestohlen?

Was zu zwölfen wird gestohlen,
Das bleibt nicht leicht ein Jahr verhohlen.

Dass Krummes mir grade scheinen sollte,
Und dass ich Unrecht für Recht halten wollte,
Verbannte man mich immer,
Das glaub' ich dennoch nimmer.

Und schlüpfte der Knecht in Zobelbalg,
Er bleibt darinne doch ein Schalk.

Die Horcher sind den Herren lieb
Und sind doch ihrer Ehre Dieb.

Wir wünschen Alters alle Tage,
Und kommt es, hört man nichts als Klage.

Die Jugend immer nach Freuden strebt,
Verstand und Alter in Sorgen lebt.

Singen, springen soll die Jugend:
Die Alten walten alter Tugend.

So jung ist niemand noch so alt,
Der sich selbst habe in Gewalt.

Das Alter sehnt sich nach der Jugend:
Die Jungen wünschen Alters Tugend.

Wer seinen Mund hat in Gewalt,
Der kann mit Ehren werden alt.

Wer dem bösen Willen widersteht,
Die Tugend über alle Tugend geht.

Wer Tugend hat, ist wohlgeborn,
Ohne Tugend Adel gar verlorn.

Die Furcht macht den Löwen zahm,
Die Ehrenrute das ist die Scham.

Mit den Augen sieht mancher nicht,
In seinem Herzen ist es licht.

Dem Blinden ist im Traume wohl,
Wachend ist er Leides voll.

Das Gute nur heiße gut,
Womit man Gutes tut.

Dem Mann das Herrschen nicht geziemt,
Der sich sein Gut zum Herren nimmt;
Denn wer da ist des Gutes Knecht,
Steht immer unter fremdem Recht.

Man ehrt das Gut' an manchem Mann,
Der Ehr' und Tugend nie gewann.

Man soll nach Gute werben,
Als gält' es nie zu sterben,
Und es in Fülle hingeben,
Als bliebe man nicht eine Woche leben.

Wer mit Not zu seinem Gut ist kommen,
Dem wird es so leicht nicht abgenommen.

Der Rost frisst Stahl und Eisen,
Die Sorge frisst den Weisen.

Ohne Sorge niemand mag
Leben einen ganzen Tag.

Mich grüßen immer Sorgen
Zuerst an jedem Morgen.

Es bekommt dem Siechen selten wohl,
Wenn ihn der Arzt beerben soll.

Dem Arzt, der durch die Leut' könnt' sehen,
Dem wollt' ich Meisterschaft zugestehen.

Enthaltsamkeit ist der beste Fund,
Den uns die Ärzte noch taten kund.

Dem Leibe helf' ich Tag um Tag,
Dem doch niemand helfen mag;
Die Seele lass ich unterwegen,
Es frommte, wollt' ich ihrer pflegen.

Man lobt im Tode manchen Mann,
Der lebend selten Lob gewann.

Will einer wissen, wer er sei,
Der schelte seiner Nachbar drei:
Wenn ihm zweie das ertragen,
Der dritte wird es ihm wohl sagen.

Ob es aus Wahrheit, aus Neid nun sei,
Wenn man einen lobt, es ist ein Aber dabei.

Ich schelte das an manchem Mann,
Was ich selber nicht vermeiden kann.

Ich schelte nicht, was einer tut,
Macht er nur das Ende gut.

Des Herzens Aug' ist ohne Bande,
Es sieht ins Meer, durch alle Lande:

Durch den Himmel und durch die Hölle nieder
Sieht es, und kehrt doch eilig wieder.

Des Mannes Witz zu Ende geht,
Wenn er in großen Zorn gerät.

Im Zorne redet leicht ein Mann
Das Schlimmste, das er reden kann.

Drei Straßen in die Hölle gehn,
Die alle Zeiten offen stehn;
Die erste, der Verzweiflung Not –
Des Mannes Seel' ist ewig tot;
Die zweite, wer da übel tut
Und achtet dennoch sich für gut;
Die dritte breit und solcher Art,
Dass alle Welt dieselbe fahrt.

Der Teufel kehrt nicht seine List
Auf den, der schon sein eigen ist:
Die seiner Bosheit sich nicht fügen,
Die sucht er listig zu betrügen.

Die uns gutes Beispiel sollten geben,
Die machen trüglich ihr eignes Leben.
Die Höchsten zeigen ein Beispiel insgemein,
Was uns verleitet in den Kot hinein.

Wem kann der lautres Wasser geben,
Den man sieht in der Pfütze schweben?

Drei Dinge nichts ersättigen kann:
Hölle, Feuer und geizigen Mann,
Das vierte sprach noch nie: »Genug!«
Wie viel man ihm auch bracht' und trug.

Wer rußig ist, der wasche sich,
Und komme dann und wasche mich.

Wer ein Engel will sein fürwahr,
Der tu's auch durch Werke offenbar.

Wenn ich des Weges irre gehe
Und tausend Blinde stehen sehe,
Und steht ein Sehender dabei,
Den frag' ich, wo die Straße sei.

Die Kerze der Welt das Licht gebiert,
Bis dass sie selbst zur Asche wird;
Wie viele die besten Lehren geben,
Und führen doch ein böses Leben.

Land und Leute geirret sind,
Wo der König ist ein Kind,
Und die Fürsten sich befleißen,
Früh zu trinken und zu speisen.

Der Fürsten Herz und auch ihr Leben
Erkenn' ich an den Ratgeben:
Der Weise suchet weisen Rat,
Der Tor nur Toren um sich hat.

Die Fürsten haben Eselsart,
Nichts tun sie, wenn man den Stecken spart.

Ich weiß der Fürsten nirgend drei,
Deren einer durch Gott Fürste sei.

Wenn der Wolf nach Mäusen tappet,
Und der Falke nach Käfern schnappet,
Und der König baut Burgen zum Schutz,
Dann ist ihre Ehre wenig nutz.

Könnt' ich haben den Willen mein,
Ich ließe den Kaiser Kaiser sein.

Sollt' es auch der Kaiser schwören,
Der Mücken kann er sich nicht erwehren.
Was hilft ihm Herrschaft und List,
Wo ein Floh sein Meister ist?

Von dem ich's Beste höre sagen,
Dessen Waffen wollt' ich gerne tragen.

Sagt' ich die Wahrheit allezeit,
So fänd' ich manchen Widerstreit.
Drum muss ich schweigen dann und wann,
Weil man des Wahren zu viel sagen kann.
Wollt' ich das Halbe, was ich weiß, sagen.
Man würde mich aus dem Lande jagen.

Wer die Wahrheit predigte
Und sich ihrer so recht entledigte,
Die Höchsten ließen ihn schlagen tot;
Die brechen, was ihnen Gott gebot.

Was auch jemand Gutes bringt an Tag,
Womit sich die Christenheit bessern mag,
Die Höchsten und die Hehrsten
Handeln dawider am ersten.

Die Fürsten unterwerfen ihrer Gewalt
Feld, Steine, Wasser und Wald,
Und nebenbei noch Wild und Zahm:
Sie machten's mit der Luft gleichsam,
Doch *die* muss uns gemein noch sein.
Könnten sie uns den Sonnenschein
Verbieten, Wind und Regen,
Man müsst' ihnen Zins mit Gold erlegen.

Doch könnten sie sich's zum Beispiel nehmen,
Dass Fliegen, Mücken, Flöhe, Bremen
Sie plagen wie einen armen Mann,
Der nie Geld noch Land gewann.
Ihre Herrschaft dünkt mich leicht wie Wind,
Seit böse Würm' ihre Meister sind.

Wie ich die Welt erkennen kann,
So weiß ich keinen reichen Mann,
Dass mich nach seinem Gut und Mut
Gelüstet, seh ich, was er tut.

Wo die Halme sich einen Herrn erwählen
Und ihre höchste Abkunft hererzählen,
Da kann wohl sein der Strohwisch froh,
Er ist mehr wert als ein andres Stroh.

Frage und weise Lehre,
Die bringen große Ehre.

Niemand hat weisen Mut,
Als wer Gottes Willen tut.

Gott hat den Weisen Harm gegeben,
Dazu den Toren frohes Leben.

Soviel der Weise Witz verleiht,
Er wird doch reicher alle Zeit.

Ich nähme weisen Mannes Mut
Für zweier reichen Toren Gut.

An der Rede erkenn' ich den Toren,
Den Esel an den Ohren.

So einer, der viel reden kann,
Weiß, was er redet, – wohl dem Mann!

Wie fern ich ritt oder ging von hinnen,
Einem Toren könnt' ich nie entrinnen.

Wie großen Schatz ein Tor noch fand,
Er kam doch in der Weisen Hand.

Weisheit steht einsam allezeit,
Die Narrheit hat ein groß Geleit.

Die Toren sind voll Übermut,
Sie nehmen vor niemand ab den Hut;
Die Esel machen es desgleichen,
Keinem sie aus dem Wege weichen.

Wer mit der Welt will gedeihn,
Der muss bisweilen töricht sein.

Wenn der Tor seinen Brei nur hat,
Was kümmert ihn dann Kirch' und Staat.

Wähnt einer, dass er weise sei,
Da wohnt ein Narr gar nahe bei.

Ein Tor nähme des Kuckucks Sang
Lieber als süßen Harfenklang.

Wir gefallen all uns selber wohl,
Drum ist das Land der Toren voll.

Den Toren dünkt es selten gut,
Was ein weiser Mann auch tut.

Wer seine Torheit überwunden,
Der hat gelebet gute Stunden.

Freigebigkeit macht werte Hand:
Am Obste wird der Baum erkannt.

Ich weiß wohl, dass ein milder Mann,
Genug zu geben nie gewann.

Dem Bösen oft zu teile ward,
Was man vor dem Frommen spart.

Wie argen Mut der Karge trug,
Er deuchte sich doch mild genug.

Hab' ich den Bösen mich wert gemacht,
So hab' ich etwas Böses vollbracht.

Wer die Leute ungern essen sieht,
Weh, wie oft dem weh geschieht!
Wie möcht' ihm weher wohl geschehen?
Er muss sich selber essen sehen.

Noch besser ist der Bösen Hass,
Als ihre Freundschaft, merket das.

Dem Kargen ein Herzeleid geschieht,
Wenn er geben muss und geben sieht;
Hingegen der Freigebige beklagt,
Wenn er einem etwas versagt.

Ein Mann um Ehre werben soll.
Wenn er will, er lässt sie wohl;
Gewinnt er aber Schande viel,
Die lässt er nicht so, wenn er will.

Ohne Mühe niemand Ehre erhält,
Das ist anjetzt der Lauf der Welt.

Ein Mann soll nach Lob und Ehre jagen
Und doch Gott im Herzen tragen.

Trunkenheit ist selten gut:
Sie tobt und fälscht den weisen Mut,
Sie raubt uns alle Tugend gar;
Sie gleicht dem Tode: nehmt es wahr.

Trunkenheit ist selten frei,
Sünd', Schand' und Schaden ist dabei.

Das Vieh, dem Gott nicht Sinn beschied,
Wenn es zum Dorf vom Felde zieht,
So erkennt doch jedes wohl
Haus und Hof, dahin es soll;
Doch leider trinket mancher Mann,
Dass er Hof und Haus nicht finden kann.

Es trinken tausend eher den Tod,
Als einer sterb' in Durstesnot.

Gewisser Freund, versuchtes Schwert
Sind in der Not wohl Goldes wert.

Ein selbsterworbner Freund bleibt fest,
Wenn der Verwandte dich verlässt.

Der meint es mit dem Freund nicht gut,
Der alles lobt, was er auch tut.

Freunde habe ich immerhin,
Bis ich ihrer bedürftig bin.

Fremd unter Freunden ist der Mann,
Der daheim sich Leids nicht erwehren kann;
Wem Glück und Ehre ist beschert,
Der ist daheim, wohin er fährt.

Wie streng ein Weib gehütet sei,
Ihre Gedanken sind doch frei.
Keine Hut ist so gut,
Als die ein Weib sich selber tut.

Die Frauen haben langes Haar
Und kurz Gemüte, das ist wahr.

Der Liebe niemand pflegen mag
So heimlich ein ganzen Tag,
So haben's viere schon gesehn,
Vielleicht gar sechse, eh's geschehn.

Ein Weib wird vor sich selber wert,
Wenn sie der Besten einer begehrt;
Gleich wie der Mann sich höher trägt,
Der einer hohen Liebe pflegt.

Besser eines Igels Haut
In dem Bett, als falsche Braut.

Tut ein Weib eine Missetat,
Wie sie der Mann zu tausend hat,
Der tausend rühmet sich der Mann, –
Um *ihre* Ehre ist's getan.
Das heiß' ich nicht ein gleiches Spiel.
Von solchem Rechte Gott nichts wissen will.

Der Mann trägt seine Schmach allein
Und dessen darf er fröhlich sein;

Kommt aber ein Weib zu Falle,
Gleich schmähen sie alle.

Wenn ich denn alles sagen soll,
Es ist auf Erden keinem wohl,
Als wer ein Weib hat, lieb und traut,
Und fest auf ihre Treue baut.

Wer ein liebes Weib sich hat gewählt,
Meint, es sei die Beste von der Welt.

Von Freude sind die Frauen genannt,
Ihre Freud' erfreuet jedes Land.
Der hat die Freude wohl gekannt,
Der sie zuerst hat Frauen genannt!

Wer sich selber erkennen kann,
Wie's sein muss, ist ein weiser Mann.

Wer nach meinem Willen tut,
Dem trag' ich immer holden Mut.

Mich ärgert, wie recht auch jemand tut,
Dass es der Fünfte nicht hält für gut.

Wem gram geworden sind die Sterne,
Dem leuchtet auch der Mond nicht gerne;
Ich fürchte nicht des Mondes Schein,
Will mir die Sonne gnädig sein.

Die Gabe ist zweier Gaben wert,
Die gegeben wird, eh' man begehrt.

Wer mehr verspricht als er mag geben,
Will ohne Not in Schanden leben.

Wer in sein Herze blicket, spricht
Von einem andern Böses nicht.

Reines Herz und reiner Mut
Sind in jedem Kleide gut.

Möcht' ich mich selber nur besiegen,
Alle meine Not wär' überstiegen.

Ein Mann soll guten Willen hegen,
Kann er nicht guter Werke pflegen.

In Kraut und Stein und Menschenwort,
Da liegt von Kraft ein großer Hort.

Wer sich selber Feind ist,
Der sei mein Freund zu keiner Frist.

Glück ist beschaffen wie ein Ball:
Wer steigt, soll fürchten seinen Fall.

Böte solches Tuch man feil,
Das der Seele brächte Heil,
Die Elle, mein' ich, käme hoch,
Eine Spanne davon, die kauft' ich doch.

Lasst euch die Zeit gefallen wohl,
Da noch viel schlimmre kommen soll.

Es dünket manchen törichten Mann
Die Kunst die beste, die er kann.

Wer zurück kann halten, und kann geben,
Je nach Maß – der möge leben!

Die Bande kann niemand finden,
Die meine Gedanken könnten binden.

Wer zwei Ding' auf einmal tut,
Die geraten selten beide gut.

Man mag wohl fangen Weib und Mann,
Gedanken niemand fangen kann.

Mich dünkt, wo ich alleine bin,
Als hätt' ich tausend Männer Sinn;
Doch komm' ich wo die Leute sind,
So bin ich dümmer als ein Kind.

Zu manchem Dinge hab' ich Eile,
Und reuet mich nach kurzer Weile.

Die Klette und der Hagedorn
Bringt hitzige Leute leicht in Zorn.

Sieh in den Spiegel alle Stund',
Dir selber wirst du doch nicht kund.

Darum sind Gedanken frei,
Dass die Welt nicht müßig sei.

Ist eine Wiese gemein,
Deren Gras ist gerne klein.

Wer seine Schande decken will
Mit meiner Schmach, das ist zu viel.

Mich dünkt, so glatt kann niemand scheren,
Als wenn der Bauer wird zum Herren;
Kein Wunder, dass er scheren kann,
Man hat's ihm vorher auch getan.

Wer Perlen schüttet vor die Schweine,
Die bleiben nicht lange reine.

Ich missfalle manchem Mann,
Der mir auch nicht wohlgefallen kann.

Ich gäbe meinen freien Mut
Um keinerlei Hab' und Gut.

Ein Kind nimmt ein gefärbtes Ei
Für ungefärbter Eier drei.

Wird von einem geredet schlimm,
Verdoppelt wird's erzählet ihm;
Doch wird im Guten sein gedacht,
Das wird ihm nicht halb zu Ohren gebracht.

Die Mühle und das Harfenspiel
Nicht zueinander stimmen will.

Der zweite Keil den ersten zwängt,
Bis er ihn von der Stelle drängt;
Dem ersten Übel muss ein zweites
Nachdrücken, oft dann weichet beides.

Des Falken Flug, des Schiffes Fluss,
Der Schlange Gang, des Blitzes Schuss,
Und wie geraten wird ein Kind –
Die fünf uns alle fremde sind.

Ein Auge, wenn es möglich wär',
Im Nacken noch, das wünscht' ich sehr.

Manches Weib und mancher Mann
Wenig Gutes reden kann,

Doch von schlimmen Dingen
Können sie sagen und singen.

Besser zweimal gemessen,
Als einmal vergessen.

Es wird nicht reich des Brunnens Fluss,
Dem man das Wasser tragen muss;
Nur die eigne Einsicht führt den Mann
Auf der Tugend und der Ehre Bahn.

Das mag wohl sein eine heilige Zeit,
Wenn der Wolf den Schafen Frieden leiht.

Der Welt satt werden und das Meer
Durchwaten – das ist allzu schwer.

Die größte Freude, die da hat ein Mann,
Ist gute Hoffnung und ein lieber Wahn.

Böse Kunde, die gehet weit,
Gute bleibt liegen in kurzer Zeit.

Nie war ein Mann so hartgemut,
Er handelte doch manchmal gut.

Wer da lobt der Schnecke Springen
Und des Ochsen Singen,
Der kam nie, wo der Leopard sprang
Und wo die Nachtigall sang.

Die Frösche tun sich selber Schaden,
Wenn sie den Storch zu Gaste laden.

Wer sich Rat vom Wolf lässt geben,
Dessen Schafen geht's ans Leben.

Kommt der Ochs in fremdes Land,
Er wird doch als Rind erkannt.

Sei er noch so sehr ein Schalk,
Es verrät den Fuchs der Balg.

Dem Löwen wollt' ich Frieden geben,
Ließen mich nur die Fliegen leben.

Pfennigsalbe Wunder tut,
Sie erweichet manchen harten Mut.

Das schlimmste Glied, das Menschen tragen,
Ist die Zunge, hör' ich sagen.
Die Zunge stiftet manchen Streit
Und argen, langwährenden Neid.
Was wir Übles je vernommen,
Das ist zumeist von ihr gekommen.
Die Zunge reizet manchen Zorn,
Dass Leib und Seele wird verlorn.
Die Zunge stiftet manche Not,
Die niemand wendet als der Tod.
Die Zunge manchen schändet,
Verstümmelt und verblendet.
Die Zunge hat kein Bein
Und bricht doch Bein und Stein.
Die Zunge störet manches Land
Und reizet auf zu Raub und Brand.
Wer eine böse Zunge hat,
Der übet manche Missetat.
Sie ist's, die Treue scheidet,
Der Liebe die Lieb' verleidet.
Die Zunge viel' entehret,
Die Zunge Recht verkehrt.
Ginge es nach dem Willen mein:
Manche Zunge müsste kürzer sein.

Wo ist das Volk, das Rom besaß?
In ihren Palästen wächset Gras.
Den Fürsten das ein Beispiel gebe,
Wie lang ihr Lob nach dem Tode lebe.

Wo man den Esel krönet,
Da wird das Land verhöhnet!

Wer da lobt der Schnecke Springen
Und des Ochsen Singen,
Sah nicht, wie der Pardel sprang,
Noch hört' er Nachtigallensang.

Die Käfer unbesonnen fliegen,
Drum sieht man sie im Schmutz oft liegen.
Zu hoch emporgeflogen,
Heißt: selbst betrogen!

Eine Semmel ist besser auf dem Tisch,
Als im Strom ein großer Fisch!

Hab' manches Mannes Wunsch vernommen,
Der sprach: Wär' ich nach Ackers kommen,
Das heil'ge Land zu sehen, ich wollte
Dann gerne sterben, wenn ich sollte.
Doch seh' ich ihrer gnug noch leben
Und heim nach ihrem Lande streben.

An Seuchen reich ist Akkas Land,
Der Tod ist dort so gut bekannt,
Und stürben tausend alle Tage,
Es hörte niemand eine Klage.

Wenn einer wünscht nicht lang zu leben,
Dem rat' ich Ackers zuzustreben.
Zu Ackers ist mir wohl bekannt

Die Speise, Luft, das Volk und Land;
Die tragen all den Deutschen Hass.
Da schleicht sich mancher unters Gras
Zum Friedhof, diesem sel'gen Wirt,
Dem mancher Gast zuteile wird;
Der tut das Allerbeste,
Er herbergt alle Gäste.

Lügen, Trügen ist ein Pflug,
Der hat Ackerleute genug.

Wie je die Leute warben,
Sie sorgten, bis sie starben,
Und wie sie jetzt noch werben,
Sie sorgen, bis sie sterben.

Was ich bis heut gelobet hier,
Das dünket lauter Sünde mir,
Ein kleiner Teil gefällt mir wohl –
Der, den ich noch erleben soll;
Es tröstet mich der Morgen mehr
Als das, was ich gelebt bisher.

Wie wohl ich sterben lerne,
Ich tu' es doch nicht gerne.
Solang ich noch vermag zu leben,
Will ich dem Tod entgegenstreben.

Wie mancher doch dem Tode winkt,
Der, ohne dass ihn durstet, trinkt.

Der Tod ein Liebes vom andern schält,
Bis er uns alle hingezählt.

Gar mancher eilet so zum Grabe,
Als ob er sich verspätet habe,

Die Eile täte wenig not,
Er käme ganz bequem zum Tod.

Gott, lass dir in die Gnade dein
Die Christenheit befohlen sein;
Sie sei lebendig oder tot,
Hilf ihnen allen aus der Not.

Volkslieder
aus dem 12. Jahrhundert

1.

Wär' die Welt nun alle mein
Von dem Meer bis an den Rhein,
Des wollt' ich gerne darben,
Wenn die Königin von Engelland*
Läg' in meinen Armen.

2.

Komm, o komm, Geselle mein,
Ach, ich harre schmerzlich dein,
Ach, ich harre schmerzlich dein,
Komm, o komm, Geselle mein.
Süßer rosenfarbner Mund,
Komm und mache mich gesund,

* Gemeint ist wohl die wegen ihrer Schönheit berühmte Eleonore
  von Poitou (geb. 1124), 1154–1204 Gemahlin Heinrichs des Zwei-
  ten von England.

Komm und mache mich gesund,
Süßer, rosenfarbner Mund.

3.

Ich hab' im Herzen sehnlich Leid,
Das tut mir gar so weh:
Daran ist Schuld der Winter,
Dazu der weiße Schnee.
Kommt erst die lichte Sommerszeit,
Dann will ich zieren meinen Leib
Um ein wunderschönes Weib.

4.

Die Brünnlein, die da fließen, die soll man trinken,
Wer einen Buhlen hat, der soll ihm winken,
Ja winken mit den Augen und treten auf den Fuß:
Es ist ein harter Orden, wer seinen Buhlen
                          meiden muss.

5.

Der Winter zeigt die Meisterschaft
Den Blumen und der Weide,
Zergangen ist all ihre Kraft,
Darüber klagt die Heide;
Weh tut ihr Reif und kalter Schnee,
Davon so salbt der grüne Klee.
Die Vöglein schweigen von der Not,
Sie leben all in Sorgen,
Weil ihnen Frost und Kälte droht,
So liegen sie verborgen.

6.

Floret silva nobilis,
Floribus et foliis,
Überall grünt's jetzt im Wald;
Floret silva undique,
Nach meinem Liebsten ist mir weh.
Ubi est antiquus
Meus amicus?
Kommt mein Liebster denn nicht bald?
Hinc equitavit:
Er ritt von hinnen –
Eia, quis me amabis?
O weh, wer soll mich minnen?

7.

Stetit puella
Unter einem Baume,
Scripsit amorem
Nieder auf dem Laube.

Venus da herbeikam
Caritatem magnam,
Viel hohe Minne
Bot sie ihrem Manne.

Die beiden Lieder Nr. 6 und 7 stammen aus der nach ihrem Fundort Benediktbeuern *Carmina Burana* genannten Sammlung lateinischer Gedichte mit eingestreuten deutschen Versen. Sie enthalten Trink-, Spiel- und Liebeslieder, die von fahrenden Schülern (Vaganten, *clerici*) gedichtet sind.

8.

Heimliche Liebe, die ist gut,
Sie kann geben frohen Mut,
Darum soll man sie hegen.
Wer sie nicht mit Treuen pflegt,
Tadele man deswegen.

9.

Es scheint mir nichts so trefflich,
So löblich kann nichts sein,
Als eine lichte Rose
Und die Liebe des Liebsten mein.
Die kleinen Vögelein,
Die singen all im Walde,
Drum schlägt mir das Herz in der Brust:
Kommt nicht mein Trautgeselle,
Fehlt mir des Sommers Lust!

10.

Trauerzeit, nun schweige still,
Auf die Wiese gehn ich will,
Kommt, Gespielen, mit zu gehn,
Wo die bunten Blumen stehn.
Ich sage dir, ich sage dir:
Mein Gesell, komm du mit mir!

Süße Minne, werde mein,
Mache mir ein Kränzelein.
Das soll tragen ein stolzer Mann,
Der wohl Frauen dienen kann.

Ich sage dir, ich sage dir:
Mein Gesell, komm du mit mir!

11.

Ich wollte gerne singen,
Der Welt wohl Freude bringen,
Wollt mir's bei ihr gelingen,
Der ich dien all mein Tage,
Zur Minne sie zu zwingen:
Im Herzen ich sie trage,
Hoffnung tut mich beschwingen.

12.

Schon seh ich den Morgenstern stehen,
Nun lass dich, Liebster, nicht sehen,
Das ist mein treuer Rat.
Wer heimlicher Liebe pfleget,
Sei klug, dass ihm nicht verleget
Nachstellung den heimlichen Pfad.

13.

In lichtem Glanze prangt der Wald,
Der Vöglein Lieder tönen,
Die Lust ringsum ist mannigfalt,
Des Maien Pracht will krönen
Der Liebe Glück. Wer wär da alt,
Wo sich die Tage verschönen?
Drum preisen wir den Mai alsbald
Und wollen den Winter verhöhnen.

14.

Ich sah noch nie des Sommers Zier
So wunderschön erscheinen mir.
Die Heide trägt ein prächtig Kleid.
Von bunten Blumen weit und breit
Von Liedern ist der Wald so voll:
Die Zeit, die tut den kleinen Vögeln wohl!

15.

Grünbesponnen steht der Wald,
Heil der wonnereichen Zeit!
Sorgenledig bin ich bald,
Liebste du, sei benedeit,
Denn du machst mich Kummers frei,
Forderst, dass ich fröhlich sei!

Ja, sie winkte hold mir zu,
Als ich jüngstens zu ihr kam.
Wie beglückte mich's im Nu,
Da ich so ihr Wort vernahm:
Liebster Freund, sei wohlgemut! –
Ach, das tut dem Herzen gut!

Träumen will ich nun von dir,
Sagte drauf zu mir die Maid.
Nun, so komm auch bald zu mir,
Tröste mich im Herzeleid.
Wie du forderst, will ich sein,
Aber lach nur, Mägdelein!
    (Z)

16.

Ich bin dein, du bist mein,
Des sollst du gewiss sein.
Du bist beschlossen
In meinem Herzen;
Verloren ist das Schlüsselein:
So musst du stets darinnen sein*.

17.

Floret silva undique:
Nach meinem Gesellen ist mir weh.
Der Wald grünt allenthalben:
Wo ist mein Gesell so lange?
Der ist geritten hinnen:
O weh, wer soll mich minnen?**

18.

Die Nachtigall, die sang so wohl,
Dass man ihr's immer danken soll,
Und andre kleine Vögelein.
Da dacht ich an die Fraue mein:
Meines Herzens Köngin soll sie sein.

---

* Dieses Liedchen wird von einigen dem Klostergeistlichen Wernher von Tegernsee (um 1170) zugeschrieben. Vgl. eine ähnliche Fassung dieses Liedes auf Seite 43.
** Vgl. eine andere Fassung unter Nr. 6 auf Seite 114.

19.

Zergangen ist der Winter kalt,
Der mich so lange mühte,
Gelaubet steht der grüne Wald,
Des freut sich mein Gemüte.
Niemand kann nun werden alt,
Freude hab ich mannigfalt
Von eines Weibes Güte.

20.

Ich ersah den Sommer nie noch so schön
                und wonniglich:
Mit manchen Blumen wohlgetan gezieret hat
                die Heide sich.
Sanges ist der Wald so voll,
Die Zeit tut auch den kleinen Vöglein wohl.

21.

Ich hab ersehen, was mir sanft an meinem Herzen tut:
Des grünen Laubes bin ich worden wohlgemut.
Die Heid erblühte wonniglich:
Dass sie der schönen Blumen hat soviel, des freu
                ich mich.

22.

Springen wir den Reihen
Nun, Fraue mein,
Und freun uns auf den Maien,
Uns kommt sein Schein.

Der Winter schuf der Heide Not;
Der ist nun zergangen,
Sie ist wonniglich befangen
Von Blumen rot.

23.

Edle Herrin mein,
An Gnade mahn ich dich:
Dein wonniglicher Schein
Will gar verderben mich.
Erkenne, Süße, dich:
Du bist mir allzu wonniglich.

Refrain

Nach dir ist mir Not,
Süße Fraue, Gnade, ich bin tot.

24.

Ich will den Sommer grüßen   so gut ich immer kann.
Der Winter hat mir heuer   Leides viel getan.
Darum will ich ihn rufen   in der Frauen Bann;
Ich seh in lichter Farbe den grünen Heideplan.
So gehn wir mit Verlangen
Den Sommer zu empfangen;
Beginnen will ich selbst den Tanz, tragt Ihr
                              darnach Verlangen.

25.

In lichter Farbe steht der Wald,
Der Vögel Sang ertönet,

Die Luft ist worden mannigfalt;
Des Maien Schönheit krönet
Des Herzens Wunsch: wer wär noch alt,
Da sich die Zeit verschönet?
Herr Mai, euch wird der Preis alsbald,
Der Winter sei gehöhnet.

26.

Nun lasst uns all nach Freuden gehn,
Die Zeit mit Sange wohl begehn:
Wie sehen lichte Blumen stehn,
Die Heid ist wonniglich und schön.
Tanzen, Reihen, Springen mit Freuden und
                                mit Schalle,
Das üben gute Kinder wie man soll,
Und Werfen mit dem Balle.
Mein Lieb ist aller Tugend voll;
Sagt, wie sie euch gefalle?

27.

Sollt ich nun in Sorgen immer leben
Und andre Leute wären froh?
Guten Trost will ich mir selber geben
Und mein Gemüte tragen so
Wie mit Recht ein sel'ger Mann:
Sie sagen alle, Trauern steh mir allzu kläglich an.

28.

Trauern sei nun abgetan:
Gehn wir auf den Heideplan,

Wonnige Gespielen mein,
Da sehen wir der Blumen Schein.
Ich sage dir, ich sage dir,
Mein Geselle, komm mit mir.
Süße Minne, warte mein,
Mache mir ein Kränzelein:
Tragen soll's ein stolzer Mann,
Der wohl Frauen dienen kann.*

29.

Frau, ich bin dir untertan:
Lass mir Heil ersprießen:
Ich diene dir soviel ich kann:
Soll dich das verdrießen?
Nun willst du meine Sinne
In meine Macht beschließen;
Ich sollte deiner Minne,
Süße Minne, nun genießen.
Viel reines Weib,
Dein süßer Leib
Will mich zu heftig schießen.
Ich komme nicht aus deinem Dienst,
    ob alle Fraun mich's hießen.

30.

Ich hab alleine sehnlich Leid,   das tut mir also weh:
Daran ist schuld der Winter kalt,   dazu der
                weiße Schnee.

* Eine abweichende Fassung von Nr. 10, Seite 115.

Käme mir die Sommerzeit,   so wollt ich zieren
                    meinen Leib
Um ein wunderschönes Weib.

31.

Wovon man sagt, dass Minne es sei.
Da ist viel Falsches oftmals dabei;
Nur das ist rechte Minne:
Zwei Herzen in einem Sinne.
Zwei Lieb ein Lieb und dieses so,
Dass beide ihres Glückes froh,
Zwei Leid im Leiden sei,
Kein Unterschied dabei.
Wo dies ist zu erkennen,
Mag man es *rechte* Minne nennen!

32.

Uns kommt die lichte Sommerzeit,
Die Heide prangt in grünem Kleid,
Gras, Blumen, Klee sie viel verleiht,
Die wachsen all im Widerstreit.

Refrain
Wer nach Freuden werben will,
Der habe Mut und Sinne viel.
    (Karl Simrock)

Der von Johannsdorf

1201–1209

Albrecht von Johannsdorf ist der eigentliche Vertreter des höfischen Minnesangs in seiner Blütezeit. Formvollendung, Wohllaut, kunstvoller Strophenbau, geistreiche Anpassung bei häufigem Mangel an Innerlichkeit kennzeichnen seine Gedichte, die mehr der Ausdruck herrschender Galanterie als wahrer Leidenschaft sind. Er war ein Ministeriale (Dienstmann) der Bischöfe Wolfger und Manegold von Passau, und nahm vermutlich auch am Kreuzzug (1189) teil.

1. Bitte um Gnade

Der allen Wesen Freude schafft,
Der tröste mein Gemüte;
Die Schöne hält mein Herz in Haft,
Für die es heiß erglühte.
O Frau, entscheide diesen Streit,
Der meinem Herzen bringt solch Leid
Mit hehrer Frauengüte.

Bekehr, o Schönste, deinen Mut,
In Gnaden mich zu heilen,
Bedenk, wie mir es wehe tut,
Von dir so fern zu weilen.
Lass gegen mich den bösen Hass,
Dann kann ein größres Glück als das
Mir einst nur Gott erteilen.

Und sollt mir jemals das erblühn,
Dass ich sie einst umfinge,
In Freuden sollt mein Herz erglühn,
Wenn ich solch Glück erringe.
Dann wär ich aller Sorgen frei,

Ach Gottes Gnade steh mir bei,
Wenn sie mir das verhinge.

All Erdenwonne krönet mich
In meiner süßen Minne,
Allewiglich drum ehr ich dich,
Vielwerte Königinne.
Wenn ich bei meiner Liebsten bin,
Dann eilt all Ungemach dahin,
Sie ist der Güte Zinne.

Bewirkt hat es ihr roter Mund,
Dass sich mein Glück so mehre,
Und immer wird mir Freude kund,
Wohin ich Landes kehre.
Also hat sie gelohnet mir,
Geschieden hat mich nicht von ihr
Frau Zucht mit weiser Lehre!
    (Z)

2. Zwiegespräch

Wie entstehn mag Minne, weiß ich wohl,
Wie sie aber endet, weiß ich nicht;
Wenn ich's jemals inne werden soll,
Wie zwei Herzen Minne hold umflicht,
Gott bewahr mich dann vor Trennungsnot –
Die wohl gar bitter ist,
Solch Kummer brächte mir den Tod.

Wo zwei Liebende gefunden sich,
Und ihr Herz in treuer Minne brennt,
Die soll niemand scheiden, dünket mich,
Bis der Tod sie voneinander trennt.
Sollte ich's erfahren, tät ich so:

Verlör ich meinen Freund,
So würd' ich nimmer wieder froh.
    (Z)

3. Alles um ihretwillen

Sagte jemand mir, er sei von ihr gekommen,
Wär er auch mein Feind, würd ich des nicht denken.
Hätt er mir auch alles Gut genommen,
Seiner Botschaft halb würd ich's gern ihm schenken.
Wer sie mir genannt,
Hab zum Freund fürwahr
Mich ein ganzes Jahr:
Hätt er mir auch Haus und Hof verbrannt.

4. Bitte an Gott

Ich nahm das Kreuz zu Gottes Ehre,
Und zieh um meine Missetat dahin.
Nun helf er mir, auf dass ich wiederkehre
Und die, so um mich Leidens hat Gewinn,
Auch wiederfinde noch in Ehren!
Gott, lass die Bitte mir geschehn,
Doch lebte sie nicht mehr in Ehren,
Dann, Herrgott, lass mich untergehn!
    (Z)

Wolfram von Eschenbach

1203–1215

Der erste Kunstdichter seiner Zeit, entstammte dem fränki-
schen, bei Ansbach gelegenen Städtchen Eschenbach und ge-
hörte dem dortigen alten Adelsgeschlechte der Herren von
Eschenbach und Pleienfelden an. Er erhielt zu Matzfeld bei
Meiningen am Hof des Grafen von Henneberg den Ritter-
schlag, dann scheint er ein Wanderleben geführt zu haben.
Am meisten (etwa seit 1204) verweilte er am Hof des gebil-
deten und freigebigen Landgrafen Hermann von Thüringen,
der in den letzten Jahren des 12. und im Anfang des 13. Jahr-
hunderts der Mittelpunkt höfischer Ritterlichkeit und Poesie
war. Die Wartburg bei Eisenach ist die Stätte, wo er seine Lie-
der sang, seinen *Parzival* dichtete, und wo er unter den Sän-
gern des Wartburgkrieges glänzte. Nach des Landgrafen Tod
(1215) zog er sich vermutlich auf seine Stammburg zurück
und starb dort zwischen 1220 und 1230. Seine Geburt fiel in
die Regierungszeit Kaiser Barbarossas ungefähr in das letzte
Drittel des 12. Jahrhunderts (1165–1175). In seinen lyrischen
Gedichten zeichnet er sich durch hohen Schwung, Energie
und Kühnheit der Gedanken, kräftige Sprache, plastische Bil-
der und mannigfaltige Formen aus. Seine Lieder bestehen
meist aus den sogenannten Wächterliedern und Tageweisen
(siehe Nr. 3), eine Gattung, für deren Erfinder er selbst gilt und
darin er mit das Beste geleistet hat, der er jedoch später aus
sittlichem Antriebe selbst den Laufpass gab. Als größter Epiker
des deutschen Mittelalters ist er allein dem großen Dante zu
vergleichen.

1. Minnewerbung

Blumen sprießen, Knospen springen,
Und die Mailuft weckt den Vöglein alter Lieder Ton.
Doch ich kann auch Neues singen,

Wenn noch Winters Reif liegt, wie auch bei
                    versagtem Lohn,
Während der Waldvöglein Sang
Schon nach halbverrauschtem Sommer niemand
mehr im Ohre klang.

Wie die Blumen sich verschönten
Unterm Silbertau, der funkelnd sprüht
                    im Sonnenschein.
Als die Vogelstimmen tönten,
Wiegten sie im Mai die Jungen unter Liedern ein.
Da schlief nicht die Nachtigall,
So auch wache ich und sing durch Berg
                    und Täler überall.

Magst du mir nun Gnade schenken
Für mein Lieb, du Gute! Hilf mir, da mir Hilfe not.
Mag dein Lohn des Dienstes denken,
Den ich stets dir bot und bieten will bis an den Tod.
Gib den Trost mir, holde Frau,
Dass ich jetzt von meinen langen Klagen die
                    Erlösung schau!

Lässt sich's, Gute, denn nicht finden,
Dass dein Wille hilf- und trostreich Freude
                    mir beschert?
Dass mein Trauern muss verschwinden
Und ein gutes Ende findet, was mein Wunsch begehrt?
Teure, deine süße Güte,
Und dein minnigliches Zürnen hemmt der
                    Freuden Lauf.

Willst du trösten mein Gemüte?
Ach ein Trostwort deines Mundes richtet sanft
                    mich auf.
Nimm mein Trauern von mir hin,

Dass, solang ich noch mag leben, wieder frohen
Mutes bin.
(Z)

2. In eigener Sache

Wohl mag ein Weib erlauben mir,
Dass sein ich nehm in Treuen wahr,
Und meine Blicke hin zu ihr
Begierig sende immerdar.
Fürwahr, ich bin von Eulenart,
Dass sie mein Herz bei Nacht gewahrt.

Sie spendet trostreich ihren Gruß,
Der reich an Freuden machen kann,
Dafür ich treu ihr dienen muss.
Vielleicht kommt noch der Tag heran,
Dass es zum Heil mir mag ergehn,
Schon größre Wunder sind geschehn.

Vielminder als ein Storch der Saat,
Den Frauen ich wohl Schaden bring;
Ich stehe gern in ihrer Gnad,
Die sich so schwer an mir verging.
Ich trag's nicht nach – sei's immerhin,
Es bleibe voller Zucht mein Sinn.
(Z)

3. Wächterlied

Der Wächter

Seine Klauen
Durch die Wolken sind geschlagen,
Aufsteigt er mit großer Kraft.

Seh ihn grauen
Täglich, wenn er pflegt zu tagen,
Der da bittre Trennung schafft,
Und berauben will den Mann,
Den zum Lieb ich sorgend ließ.
Bring ihn doch von hinnen, wenn ich kann,
Da mich's seine hohe Tugend hieß.

Die Frau

Ach, du singest,
Wächter, was mir Freuden nimmt
Und vermehrt des Herzens Klage.
Kunde bringest
Du mir, die mein Herz verstimmt
Alle Morgen noch vor Tage.
Dass du lieber schwiegest gar,
Will ich bei der Treue dein,
Und ich lohn's nach Kräften dir fürwahr,
Lassest du den Freund noch bei mir sein.

Der Wächter

Nein, von hinnen
Muss er, und kein Säumen frommt,
Gib ihm Urlaub, süßes Weib.
Lass ihn minnen,
Wenn er heimlich wiederkommt,
Dass er wahre Ehr und Leib.
Meiner Treu er trauen muss,
Ging er sicher sonst hindann?
Schon ist Tag! Nacht war's, als er dir Kuss
Und Umarmung heimlich abgewann.

Die Frau

Nach Gefallen,
Wächter, sing, doch lass ihn hier,
Minne bracht er und empfing.

Durch dein Schallen
Allzu oft erschraken wir,
Eh empor der Frühstern ging
Ihm, der her zur Minne kam,
Eh noch schien des Tages Licht.
Ach dein Ruf mir ihn zu oft entnahm
Weißem Arm, doch heißem Herzen nicht.

* * *

Von dem Scheine,
Der durchs Fenster drang so klar,
Und vor Wächters Warnungssang,
Schrak die Reine
Seinethalb, der bei ihr war,
Und sein Herz an ihres zwang.
Und er schlang um sie den Arm
Bis ihn rief des Hornes Ton –
Urlaub nahm von ihr er voller Harm,
Kuss um Kuss ward ihm als Minnelohn.
    (Z)

4. Abschied vom Wächterlied

Verstohlner Minne Klage
Stets sangst du vor dem Tage,
Das Saure nach dem Süßen.
Wer weiblich Minnegrüßen
Also empfing,
Dass sie sich mussten scheiden,
Was du da rietest beiden,
Als höher ging
Der Morgenstern,
Schweig, Wächter, schweig, nicht gern
Davon uns sing!

Wem Glück es zuerteilt,
Dass er beim Liebchen weilt,
Den Spähern wohlverborgen,
Der braucht nicht vor dem Morgen
Hinweg zu streben:
Er kann den Tag verpassen,
Muss nicht bewachen lassen
Sein armes Leben.
Ein offenkundig süß Gemahl
Kann solche Minne geben.
    (Z)

5.

Mancher klagt um die schöne Zeit
Und die lichten Tage,
Ich aber klag', was ein Weib mir tut,
Das zur Sorg' mir schenket Leid.
O weh dieser Klage!
Was ist für mein sehnend Trauern gut?
Aller Vöglein Singen, aller Blumen Schein,
Alle Weiber und Weibeskind
Die am Leben sind,
Trösten mich nicht, muss das so sein!

Mich hat Leid in Trau'r gebracht
Und eine schwere Klage,
Die mich nur Trauern lehren kann;
Mich hat nicht mit Lohn bedacht,
Der ich meine Tage
Gedienet hab' seit ich ein Mann.
Wer soll mir nun lohnen, liegt sie tot?
Geschieht das nicht, stürb' aber ich,
Fraue mein, o sprich,
Wem vererbe ich diese Not?

Hilf, hilf, edles Weib! Lass sehen
Ob der Sorgen Band
Du magst brechen, der Freude Bann;
Heil soll mir von dir geschehen,
Du nahmst mich in Pfand,
Deine Güte nun fleh' ich an!
Mannesdienst und Weibeslohn hielt sonst die Wag',
Nur bei dir nicht, sel'ges Weib!
Gram zerstört den Leib
Mir die Zeit her Nacht und Tag.
   (Franz Weber)

6. Er muss scheiden

Des Morgens Schein bei Wächters Sang ersah
Die Frau, die traut geborgen
In holden Freundes Armen lag.
Ihr ging der süßen Freuden Ende nah;
Es wurden nass von bangen Sorgen
Die Augen ihr. – Weh, rief sie, Tag,
Wild und zahm erfreut sich dein,
Und sieht dich gerne,
Nur nicht ich. Wie wird es mir ergehn?
Ich darf den Freund nicht länger bei mir sehn.
Ihn scheucht von dannen dein lichter Schein!

Der Tag gewaltig durch die Fenster drang;
Die Läden sie verschlossen:
Umsonst. Da ward ihr Kummer wach.
Die Freundin inniger den Freund umschlang;
Ihre Tränen, die begossen
Beider Wangen, und sie sprach:
»Zwei Herzen und ein Leib sind wir
Ganz ungeschieden.
Unsre Treu geht Hand in Hand. Vor Lust

Wogt mir die Brust, sich unsrer Lieb' bewusst,
Wenn so du kommest und ich zu dir.«
   (F. Born)

7. Taglied

»Es ist nun Tag,
Sodass ich mag
Mit Wahrheit sagen:
Ich darf nicht länger weilen.
Die finstre Nacht
Hat nun gebracht
Zu meinem Leide
Den Morgen; ich muss eilen.«

»Weh, muss er scheiden nun von hie,
Die Sorge, Freund, kommt mir zu früh,
Zu früh gewiss auch ihm, ich weiß es,
Den gern ich bergen möcht' in meinen Augen,
Könnt' ich so ihn mir behalten.
Mein Gram will sich erweitern;
Weh, wie kann ich lassen ihn?
Des Höchsten Fried' ihn mög' zurück in meinen
                    Arm geleiten.«

Das gute Weib
Ihres Freundes Leib
Herzlich umfing:
So sank er süß in Schlaf.
Da es geschah,
Dass er ersah
Den graunden Tag –
Das war's, was hart ihn traf.

An seinen Busen drückt' er sie,
Und sprach zu ihr: »Mir kam noch nie
Ein traurig Scheiden, ach, so schnell;
Es floh die Nacht uns allzu bald von hinnen.
Wer hat sie so kurz gemessen?
Der Tag will nicht verschwinden.
Kann die Liebe schaffen Glück,
So helfe sie, dass ich dich darf mit Freuden
                        wiederfinden.«

Sie beide lüst'te,
Dass er küsste
Sie genug.
Gefluchet ward dem Tage.
Drauf Urlaub nimmt
Er, wie sich's ziemt;
Nun merket, wie
Sich mischte Lust und Klage.

Sie hatten beide gleichen Mut,
Dass sie so nahe sich geruht,
Als Liebe heischt zu ihrem Preis.
Und stünden Sonnen drei zumal am Himmel, –
Sie schienen doch nicht zwischen beide.
Er sprach: »Nun muss ich reiten.
Deine Lieb' erhalte mir;
Sie sei mein Schild heut hin und her, und stets
                        zu allen Zeiten.«

Ihr Aug' ward mehr
Von Tränen schwer,
Und er auch seufzte:
Er müsse fort von ihr.
Sie sprach: »Nun scheiden
Von meinen Freuden

Ach, muss ich ganz;
Sie alle fliehn von mir,

Wenn mir versaget ist dein Kuss,
Ich deinen Mund entbehren muss,
Der manchen lieben Gruß mir bot,
Wie deines Herzens hohe Güt' ihn lehrte,
Und die Gesellin dein, die Treue.
Wem willst mich überlassen?
Kehr' o bald zu meinem Trost!
O weh', wie soll ich sonst mich bei so schweren
                         Sorgen fassen?«

(San Marte)

Gottfried von Straßburg
1204–1215

Einer der glänzendsten Dichter des Mittelalters, stammte aus bürgerlichem Stand, soll in Straßburg das in jener Zeit wichtige Amt eines Stadtschreibers bekleidet haben. Er war ein entschiedener Gegner Wolframs von Eschenbach und scheint jung verstorben zu sein, da er sein episches Gedicht *Tristan und Isolt*, das er sicher in der Blüte seiner Jahre verfasst hatte, unvollendet hinterließ. Über seinem sonstigen Leben waltet tiefes Dunkel. Seinen Tristan zeichnet Meisterschaft des Vortrags und hohe Formvollendung aus. Da findet sich nichts von der unbeholfenen Darstellung anderer Dichter, nichts von der schwierigen Diktion und dem oft dunkeln Gedankengang Wolframs. Klar und glänzend wie flüssiges Gold strömt der Fluss seiner Erzählung, verwebt mit anmutigen Betrachtungen, in süßem Wohllaut glatt und leicht dahin, den Sinn und das Ohr zugleich erfüllend. Seine lyrischen Gedichte bestehen in einem Minnelied, einem mystisch-sanft gehaltenen

Lied zum Preis der freiwilligen Armut und einigen, lehrhaften
Strophen.

1. Maiengruß

Die Zeit ist wonniglich,
Wenn der April zum Maien
Mit süßer Freude strebt.
Zu Wonnen steigert sich
Dann Erd und Luft; zu zweien,
Was geht und fliegt, dann lebt.
Soll ich allein nur sein?
Nie werd ich mir erringen ja,
Die treulich wohnt im Herzen mein,
Und süß im Munde jede Stunde
Wohnet, ach so nah.

O Weibesherrlichkeit,
Wie schuf im Weltenrahmen
Der Herr dich also hehr!
Wer sich der Minne weiht,
Weiß der als Weibes Namen
Auf Erden Süßres mehr?
Gibt's Liebres als ein Weib?
Ach wie so tief im Herzen ruht
Mir Weibes Name, Weibes Leib,
Sind beide reine, wenn auch eine
Mir so wehe tut.

Ich unbedachter Mann,
Wo lass ich Wort und Sinne,
Wenn ich beim Liebchen bin,
Dass ich nichts reden kann?
So stumm macht mich die Minne,
Dass ich ganz ohne Sinn.

Wo mir zu sprechen not,
Wird mir nur wenig zum Gewinn,
Ich werde schüchtern, schamhaft-rot,
Doch kommt mir jede treffliche Rede,
Wenn ich fern ihr bin.

Was hilft mir, was ich sag?
Weiß sie mir doch zu schließen
Den Mund mit einem Wort.
Soll ich da werden zag?
Wer dies sich lässt verdrießen,
Trägt nie Gewinn hinfort.
Will mich versuchen mehr
Und ferner ihr zu Diensten stehn,
Um ihre Huld sei nichts mir schwer:
Nach Babylone, so sie mir's lohne,
Will sogar ich gehn.

Der Sommer sei so gut,
Dass er mit reicher Wonne
Sie lasse selig sein.
Was wohl den Augen tut
Hier unter dieser Sonne,
Soll ihr das Glück verleihn.
Was grün in Blüten steh,
Beträufelt von des Taues Guss,
Das Laub, die Blumen in dem Klee,
Der Vöglein Singen soll ihr bringen
Süßen Gruß und Kuss.

Ihr rosenfarbner Mund,
Die schönen lichten Augen,
Ihr reizgeschaffner Leib,
Die lassen manche Stund
Mein Herz zur Wonne taugen,
Bedenk's, o schönes Weib!

Mach leicht mir schweren Sinn,
Und reich mir bald die weiße Hand,
Dass ich nicht mehr in Sorgen bin;
Dass ich die Treue dir stets erneue,
Löse mir das Band!
     (Z)

2. Lob Mariä

Ihr reichen Himmel neigt euch dar,
Und nehmt des holden Lobes wahr,
Dass jetzt sich klar
Ihr heilig Bild enthülle.
Die sich uns vorgebildet hat
In reiner Zucht auf keuschem Pfad,
Auf deren Rat
Das Herz fühlt Trostesfülle.
O sieh mit Gnaden nun darein,
Wenn ich ein Loblied singe,
O Herr, der lieben Mutter dein,
Dass sie gesegnet möge sein,
Sie ist allein
Ein Schatz voll guter Dinge.

Du Rosental, du Veilchenfeld,
Das unser Herz mit Freuden schwellt,
Du Blumenzelt
In lichter Himmelszone;
Du glanzerfülltes Morgenrot,
Du treuste Freundin aller Not,
Lebendig Brot
Gebarst du, uns zum Lohne,
Das manches Herz, sonst tot und kalt,
Erweckt zu hellem Brande
Mit süßer Minne mannigfalt,

Denn stark ist seine Allgewalt,
Darum erschallt
Dein Lob von Land zu Lande.

Du Rosenblüte, Lilienblatt,
Du Königin in Gottes Staat,
Den nie betrat
Ein Weib wie du, du Hehre.
Du Herzenstrost für alles Leid,
Du Süßigkeit in Bitterkeit,
Dir sei geweiht
In Wort und Sang die Ehre.
Des ewigen Gottes Zelle war
Dein Leib einst, Hort der Wonne,
So wie durchs Glas die Sonne klar
Hindurchflammt, bot sich süß dir dar
Und gern fürwahr
Christus, die höchste Sonne.

Du minniglicher Blumenglanz,
Du aller Jungfraun Tugendkranz,
Wie bist du ganz
Von Himmelsruhm umfangen.
Du bist das blühende Himmelsreis,
Du blühst und leuchtest jederweis,
Denn Gottes Fleiß
Ist in dir aufgegangen.
Drum wird dir hoher Lobgesang
Aus liebster Brust gesungen,
Und manche Seele heiß durchdrang
Zu deinem Preise süßer Klang,
Der ihm entsprang,
So ganz hast du's bezwungen.

Du Blumenschein im grünen Klee,
Du blühend Holz der Aloe,

Du Gnadensee,
Der wonnig zu befahren.
Du glückumhegend Freudendach,
Das nie durchbricht ein Regenbach,
Du Lustgemach,
Stets gastlich zu gewahren.
Du, hilfbereiter Kraft ein Turm,
Du wirst vorm Feind zum Schilde,
An dir zerbricht sich jeder Sturm,
Ob ihn berennt der Hölle Wurm
In Saus und Surm
Und andrer Drachen Gilde.

Du aller Süße süßer Schein,
Du süßer als der reinste Wein,
Die Süße dein
Sei mir zum Heil verliehen.
Du bist der selige Minnetrank,
Den Gottes Liebe selbst durchdrang,
Sirenensang
Ist süßer nie gediehen.
Du gehst durch Ohr und Auge ein
In Herzen und in Sinne,
Dort zeugst du Wonnen hehr und rein,
Vertreibst der Seele Not und Pein
Und führst hinein
Die wahre Gottesminne.
     (Z)

3. Glück und Glas

Im Glücke geht ein wunderliches Walten,
Viel leichter magst du's finden als behalten;
Es wankt, noch eh man irgend es besorgt.
Leid bringt es dem, den anfangs es bedenkt,

Nimmt stets zu früh zurück, was es geschenkt;
Den blendet's, der zuviel von ihm geborgt.
Freude gibt Schmerzen:
Eh uns von Schmerz frei wären Leib und Herzen,
Eh findet man: »Das gläserne Glücke
Hat schwache Stütze.«
Spiegelt sich's dem Blick und scheinet Wunders nütze,
Dann grade bricht es leicht in tausend Stücke!
   (Z)

4. Die Gottesminne
(Eingang zum »Lobgesang«)

Wer Gottes Minne will erjagen,
Der muss ein jagendes Herze tragen,
Das nicht verzagen
Mag auf der jagenden Weide.
Er muss auch Heldeskräfte han,
Will er die reine Minne fahn
Und feste stahn;
Ringen, Streiten – die beide
Die muss er haben Nacht und Tag
Nach der geweihten Minne.
Schlafend sie keiner fangen mag,
Man muss sie zwingen in den Hag,
Kräftig strak
Mit reinem stetem Sinne.

Die Gottesminne ist hochgemut,
Dabei demütiglich und gut;
Wer anders tut,
Als sich geziemt der Minne –
Dem wird sie nimmer gänzlich kund,
Noch minniglicher Wunden wund
Zu keiner Stund

Wird er in seinem Sinne.
Sie ist so königlich gemut,
Dass sie will ohn' Bedinge
Sein in dem Herzen das höchste Gut,
Das allerliebste Herzensblut;
Wer das nicht tut,
Der ist ihr zu geringe.

Die fremd der Gottesminne sind,
Die sind mit lichten Augen blind;
Dieselben Kind'
Die heißen Kind' der Erde.
Die aber Gottesminne hant,
Die Kind' sind Gottes Kind' genannt
Über alle Land
Mit minniglichem Werte,
Ihre schwellende Frucht tränkt milder Regen
Und Himmelstaues Süße.
Auf ihnen ruhet Gottes Segen,
Der sie beschatten mag und pflegen,
Der sie erregen
Zu höchsten Wonnen müsse.

Wen Gottesminne nie bezwang,
Der nie in hohen Freuden rang;
Sein Herz ist bang,
Nichts Gutes wohnt ihm inne.
Wer Gottesminne niemals fand,
Ist wie ein Schatten an der Wand,
Ihm unerkannt
Ist Leben, Wissen und Sinne.
Wen Gottesminne nie besaß
Den Sinn noch das Gemüte,
Der ist der Gnaden ein leeres Fass,
Blind seines Herzens Spiegelglas,

Sein Leib ist lass
Gegen alles Heiles Blüte.

Dass ich nun von der Minne sage,
Und ihrer doch so wenig trage,
Das ist meine Klage
Und meine Not, viel große.
Erfüllte sie mir meinen Mut,
Wie sie den reinen Herzen tut,
Die treu und gut
Sind und ganz tadellose:
Dann wollt' ich um so besser sagen
Von der geweihten Minne;
So muss ich an der Red' verzagen,
Da ihrer leider ich hab' getragen
In meinen Tagen
So wenig in dem Sinne.

Und wände Klagen mir das Leid,
Ich klagte allen weit und breit
Die Trauerzeit,
Da ich verschmäht die Minne,
Mit der ich sollt' geworben han,
Die Lieb', die nimmer kann vergahn;
Mich trog der Wahn,
Der manchem nimmt die Sinne.
Ich wähnte und wollte wissen nicht,
Ein armer Wähner bin ich,
Der innen ist blind und außen ficht,
Wie allen Toren das geschicht;
Drum Freude nicht
Noch Frieden mehr gewinn' ich.

Getreuer Gott, erbarme dich
In deiner Gnade über mich,
Der Gnaden ich

Bedarf von ganzem Herzen;
Denn meiner Sünden der sind meh
Als Wogen in dem Bodensee,
Des ist mir weh,
Drob duld' ich bittre Schmerzen.
Ich hab' dich wenig meine Tage
Geminnt mit frommem Willen,
Ach, ich bekenn' es, Herr, und klage,
Ich war in deiner Liebe ein Zage,
Davon ich trage
Ein wundes Herz im Stillen.

Und wo eine Seel' ist gut und rein,
Die nun vernimmt mein Klageschrein,
Dies wolle mein
Um Gott zu Gott gedenken,
Und flehn die süße Mutter sein:
Dass sie dem dürren Herzen mein
Den Lebenswein
Der wahren Reu' mag schenken.
Das bitt' ich bei dem hehren Blut,
Das er vergoss uns Armen:
Seid mir zu seiner Minne gut,
Die dürres Herz aufblühen tut,
Dass mir der Mut
In Reue mög' erwarmen.
    (F. Born)

5. Von der Armut

Kind, und wolle dich das Glück auch meiden,
Also dass Gott Armut gebe dir an Leib und Gute,
Mit Geduld sollst du das gerne leiden
Und kein Trauern sollst du darum hegen in dem Mute,
Sollst es Gnade sagen ihm mit Herzen und Gedenken,

Lass es nimmer deine Treue kränken:
Sieh, *so* wahr wird er dir dort die ew'ge
                Freude schenken!

Kind, die Armut, – merk' es, traut Geselle –
Jeden, der sie willig hat, das magst du
                wahrlich glauben,
Den bewahrt sie vor der tiefen Hölle,
Leib und Seele kann aus aller Sündenmacht
                sie rauben.
Armut ist vor Gottes Zorn die höchste Sühnerinne,
Zwischen Gott und uns fügt sie die Minne,
Die kein Engel fügen kann, das nimm in deine Sinne!

Kind, die Armut minnete der Hehrste
Und der Erste, der je war und ewig ist ohn' Ende.
Armut war sein Anfang, war das Erste,
Da die süße Mutter ihn gebar in dies Elende!
Armut litt er Tag und Nacht, arm schied er dann
                von hinnen,
Musst' in Armut wieder uns gewinnen:
Sieh, auch du musst minnen sie, willst du der
                Höll' entrinnen.

Kind, lass nimmer dich vom Wahn betrügen,
Dass du nicht um Gott die Armut minnest in
                dem Herzen;
Musst dich sonst zur bittern Hölle fügen,
Wo du endlos dulden musst die ewig
                heißen Schmerzen.
Selbst der eignen Mutter nicht gab Gott
                zwei Himmelreiche,
Bittre Armut litt die Minnereiche,
Der von Menschen war, – von Engeln nimmer
                eine Gleiche.

Kind, Gott sprach's mit seinem eignen Munde,
Dass das Reich der Himmel sei der
                    williglichen Armen.
Das nimm dir zu Herzen alle Stunde
Und lass nie den Mut nach eitlem Gute dir erwarmen.
Maßlos Gut ist Schaden an dem ew'gen Heile,
Es verleitet gar in manchem Teile:
Weg denn, Herz, gewandt! Willst du dich freun
                    nach dieser Weile.

Liebes Kind, ins Herz sei dir's geschrieben,
Warum eitel Gut nur schadet, hält man's nicht
                    mit Maße:
Selten lässt es Gott von Herzen lieben,
Hat viel manche Seel' ihm abgewandt von
                    seiner Straße.
Hoffart bringt es, Übermut und Gottes viel Vergessen,
Wollust will's und Wein und süßes Essen, –
Mancher muss davon hinab den Weg zur
                    Hölle messen.

Kind, vernimm noch mehr der treuen Lehre,
Welcher Schaden reichem Mann vor Gott und
                    Welt beschieden:
Manchen trügt's, als ob zu hoch er wäre,
Sodass keinem sein verblendet Herz mag
                    Ehr' erbieten.
Also ist des Gutes Art, – wem's immer wohl ergehe,
Dass die Demut er sogleich verschmähe,
Drob er wahrlich Gott sich fernt und naht dem
                    ew'gen Wehe.

Kind, nun will ich dich noch mehr bescheiden,
Warum Gut viel Schaden bringt in allen
                    heil'gen Dingen:
Geistlich Leben kann es sehr verleiden,

Strenge kann es wenden und ein weichlich
                  Leben bringen:
Aus dem Herzen treibt's alsbald die süße Gottesminne:
»Wo dein Hort ist, da sind deine Sinne«, –
Sprach Gott selbst, dies Wort bedenk' zu deines
                  Heils Gewinne.

Kind, noch mehr will ich dich unterweisen,
Warum Gut so gar zurückhält von dem Himmelschore:
Ach, es bringt dazu so manchen Greisen,
Dass er, guter Werke bloß, sich schließt die
                  sel'gen Tore.
Denn sein üppig Herze wird so träge von dem Gute,
Dass er Gott vertreibet aus dem Mute,
Der ihn an dem Kreuz erlöst mit seines Herzens Blute.

Kind, bist du verachtet und vertrieben,
Weil du Gut nicht hast, ach, lass dich's nicht so
                  sehr beschweren:
Gott will traulicher darum dich lieben
In der Stund, da viele Reichen die Verwerfung hören!
Nimm entweder hier dein Wohl und dort dein
                  Weh ohn' Ende,
Oder hier dein Weh, dass dann sich's wende
Ins verheißne ew'ge Wohl nach dieser Welt Elende.

Kind, so lieb war nichts Gott je, so wohlgefällig,
Als die Herzen, die vor ihm die rechte Demut tragen;
Und hinwieder war ihm nichts so missgefällig,
Als Hoffart, die ihre Kinder kann zur Hölle jagen.
Und du siehst sie nirgends mehr, als auf der
                  Reichen Wegen,
Die sich ihr zu Dienste bieten mögen
Nacht und Tag: drum sollst des Reichtums du
                  mit Maße pflegen.

Kind, fünf Dingen sollst du hegen Minne,
Willst du, dass dereinst Gott deine Armut dir vergüte:
Reinigkeit die nimm in deine Sinne,
Keuschheit in das Herze dein und Milde ins Gemüte,
Tag und Nacht musst du die Demut dir vor
                              Augen halten,
Mit Geduld des Heils der Brüder walten:
So nur fliehst du einst des strengen Spruchs Gewalten.
   (Watterich)

6. Mein und Dein

Leut' und Land, die möchten wohl in Frieden sein,
Doch zwei gar kleine Wörtchen »Mein« und »Dein«
Die schaffen schlimme Wunder auf der Erde.
Wie fahren sie so wütend überall
Und treiben all die Welt umher wie einen Ball!
Ich wähne, ihres Krieges nie ein Ende werde.
Die verdammte Gierde
Verschlingt noch alle Menschen, seit den ersten
                              sie verführte,
Und irret alle Herzen, alle Reiche.
Weder Hand noch Zunge
Meint und minnet andres noch, als Falsch
                              und Änderungen:
Darin sich Meister wohl und Schüler gleichen.
   (Watterich)

Heinrich der Schreiber
(der Tugendhafte)
1206–1228

Auch der *tugendhafte Schreiber* genannt, ein adliger Sänger, der am Hof des Landgrafen Hermann von Thüringen lebte und auch am Sängerkrieg teilnahm.

1. Lied

In den Wald nur ist's gesungen,
Dass um ihr Huld ich klage,
Die mein Herz mir hat bezwungen
Und noch zwinget alle Tage.
Mir geht's wie der Nachtigall,
Die so oft vergeblich singet,
Und der doch am Ende bringet
Nichts als Schmerz ihr süßer Schall.

Denn was nützt in Waldeswilde
Kleiner Vöglein Lustgesang,
Ihrer Töne zart Gebilde,
Wer sagt ihrer Kunst denn Dank?
Schweigsam liegt der wilde Wald
Und die Waldestiere ziehen,
Hören nicht den Ton im Fliehen,
Der so ohne Dank verhallt.

Weib, von allen hohen Weiben,
Lass mich deine Hulde han!
Bei dir möchte froh ich bleiben,
Stünd' es deinem Willen an.
Gib mir, Fraue, hohen Mut
Und besänft'ge sehn'de Schmerzen,

Die ich duld' in meinem Herzen,
Ach, wie wohl die Minne tut!

Die so liebe, doch nicht milde,
Die zur Herrin ich erhob,
Bat ich, dass mein Leid sie stillte;
Immer grollt' sie mir darob,
Und sie spottet meiner Klage.
Ei, dürft' ich nur auch sie schelten,*
Wunder wollt' ich von ihr melden;
Zucht verbietet, dass ich's sage.
    (Str. 1, 2: Z; Str. 3, 4: Franz Weber)

2. Frauenmacht
(Variante der dritten Strophe
des vorstehenden Liedes)

Frau, von allen hohen Frauen,
Deren Gnade ist mein Ziel,
Lass bei dir mich fröhlich schauen,
Wenn es deiner Huld gefiel.

Gib mir, Fraue, hohen Mut
Und besänftige bittre Schmerzen,
Die ich dulde tief im Herzen,
Ach wie wohl die Minne tut.
    (Z)

3. Tödliches Leid

Wohl ihm, dem es lieb von Liebe geht!
Mich hat Herzelieb' in Herzeleid gebracht.
Die, an welcher meine Freude steht,

* schelten = beschelten, Schlimmes berichten, nachsagen.

Hat nicht andres gegen mich als Leid gedacht.
Lieb' und Leiden, diesen beiden
Dank' ich meinen Schaden;
Dieser beider bin ich leider
Überladen.

Dass die Minne Sinne blenden kann,
Seh' ich wohl in meinem Sinn, denn er ist blind;
Wie hat mir ein kluges Kind getan,
Dass ich Mann bin gegen sie ein dummes Kind!
Sie will enden nicht, noch wenden
Eine Sorge mir;
Heil erwerben oder sterben
Muss ich ihr.

Meine beste Freude stirbt in Pein,
Scheidet sie nicht bald vom Herzeleide mich.
Wird die Not nicht ganz ein Sterben sein,
Not ist's doch, der außerm Tode keine glich.
Nun behüte sie mit Güte
Mich vor dieser Not,
Die nicht tötet, aber nötet
Mehr als Tod.
    (Friedrich Rückert)

4. Die Macht der Frauen

Gute Frauen, seid geehret!
Wo ihr euch mit Güt' hin kehret,
Da ist nichts wie ihr so gut.
Nun ist not, dass eure Güte
Vor Unfreuden uns behüte,
Ohn' euch sind wir unbehut.
Denn die Sorge krieget,
Und der Kummer sieget,

Wollen unsre Lust verheeren;
Das soll eure Güte wehren.

O ihr wohlgemuten Frauen,
Lasset uns ein Grüßen schauen,
Lachet guten Freunden so,
Dass sie mit euch lachen müssen.
Euer lachentliches Grüßen
Machet kranke Herzen froh.
Wie die Aue lachet,
Wann der Mai erwachet,
Also mag ein sel'ger Mann
Lachen, den ihr lachet an.

Euer Grüßen, euer Lachen,
Vor dem Blöden, vor dem Schwachen,
Sollt ihr bergen, ist mein Rat.
Frommt der Sonne Schein dem Blinden?
Taugt dem Toren Gold zu finden,
Der genug am Flitter hat?
Aber lachet, Holde,
Dem, der eurem Golde,
Dem, der eurem Sonnenschein
Kann den rechten Wert verleihn.

O der Lust, die der empfindet,
Den mit Lust ein Weib umwindet,
Die in Wahrheit ist ein Weib!
Wohl tut mir davon die Märe;
Sprechet, wie mir selber wäre,
Fühlt' ich es an meinem Leib!
Lieb', auf deine Güte
Hoffet mein Gemüte,
Wie die kleinen Vögelein
Hoffen auf den Morgenschein.
    (Friedrich Rückert)

Ulrich von Singenberg, Truchsässe von St. Gallen
1209–1228

Ein lieblicher Dichter, Schüler und Freund Walthers von der Vo-
gelweide, stammte aus dem Thurgau und war Erbtruchsess von
St. Gallen; blühte im ersten Drittel des 13. Jahrhunderts. Seine
Gedichte, meist Minnelieder, gehören zu den besten Erschei-
nungen ihrer Art, indem sie durch schöne Form sowohl wie
durch Wahrheit der Empfindung und lebendigen Ausdruck
Wohlgefallen erregen.

1.

Fraue, ich wäre gerne froh,
Helft Ihr nicht, so kann's nicht sein!
»Weh, wie wäre Euch denn so?
Da sucht bei andern, nicht bei mir, ein Tröstelein!«
Außer Gott kann nichts mich trösten – Ihr allein.
»Lasst den Spott; fürwahr ich achte nicht auf Euer
Schwatzen, nein!«

Nein, viel liebe Fraue, nein!
Treuem Freund soll niemand widersagen.
»Kamen wir denn überein,
Dass ich Euern Jammer wollte helfen tragen?«
Wisset, dass ich sterbe dran, wird er mir durch
                    Euch nicht ringer.
»Ich sagt' Euch schon, um solche Not verlör' ich nicht
                    den kleinen Finger.«

Lasset solches Spotten ruhn,
Ernst hat mir den Spaß genommen.
»Nun, was soll man Euch denn tun,

Das Euch mag für Herzensschwere frommen?«
Das kann ich Euch weisen wohl, nehmt Ihr
                              meine guten Räte.
»Ach, ich fürcht', bedenk' ich sie, folg' ich Euren
                              Räten späte.«

Dass mein Rat und meine Klagen
Euch nichts dünken, tut mir weh.
»Zürnet Ihr, muss ich's versagen,
Dass Ihr zu mir kommet je.«
Für dies Zürnen will ich gerne büßen Eurer Güte!
»Geschworen hab' ich, dass ich mich vor loser
                              Männer Tücke hüte.«

Böse Tücke ist mir nicht kund,
Hab' gedient Euch ohne Trug und Wank.
»Wär' es wahr, was Euer Mund
Zu mir spricht, dann sagt' ich gern' Euch Dank!«
Hülfe es, ich schwört' Euch, dass ich geh' auf
                              graden Wegen!
»So sollt Ihr verzweifeln nicht, und mögt gute
                              Hoffnung hegen!«

    (Franz Weber)

2.

Ich will meinem Vater gerne raten wohl,[*]
Dass er fortan Sanges sich beschränke,
Es ist billig, dass ich ihn vertreten soll
Und er meine eig'ne Kunst bedenke.
Ich will für ihn dienen schönen Frauen,

---

[*] Zwiesprach des Dichters mit seinem Sohn Rüdelin (Rudolf), der ihn auffordert, den Frauendienst jüngeren Sängern zu überlassen.

Ihm genüg' sein Heim – uns Junge lass' er
                    Abenteuer schauen.

»Rüdelin, du bist ein junger Plappen-Plapp,
Musst schon deinen Vater lassen singen,
Er will Rittersinn behalten bis ins Grab,
Da mühst du dich mit verlor'nen Dingen!
Er will selber dienen seiner Frauen,
Du bist ein vierschröt'ger Bau'r, drum musst du Holz
                    an einem Raine hauen!

   (Franz Weber)

3. Stille Ruhmredigkeit

Eine Klag' und keine mehr
Klag' ich, Liebe, deiner Güte,
Dass du wendest, was so schwer
Hat beschweret mein Gemüte.
Wenn ich auf der Straße fahr'
In der Lustgesellen Schar,
Rühmet jeder sich so sehr,
Ohne dass er seiner Zungen hüte.

Jeder rühmet hier und dort,
Was ihm Liebes mocht' ergehen;
Und ich hatt' an keinem Ort
Irgend solches zu bestehen.
Liebe, nun so füg' es du,
Wenn ich ihnen höre zu,
Dass ich zwar nicht sag' ein Wort,
Aber denke: das ist mir geschehen.

   (Friedrich Rückert)

4. Leidiger Vorzug

Von ganzem Herzen freu' ich mich,
Wenn ich die Freudenreiche sehe;
Jedoch darunter zwinget mich
Ein Leid; dass ich's nur eingestehe:
Ist sie schön und ist sie gut,
Desto schlimmer ihr Versagen;
Wär' sie alt und ungemut,
Möcht' ich leicht mich ihr entschlagen.
    (Friedrich Rückert)

5. Das Ende vom Liede

Die Freude freut unlange Zeit,
Die diese Welt zum Besten gibt.
Wem Leben jeden Wunsch verleiht,
O seht wie all das schnell zerstiebt!
Der heut in hohen Freuden schwebt an allen Sachen,
Der wird vielleicht am nächsten Morgen nicht
                    mehr lachen.
Das ist die Not ob aller Not,
Dass wir daran nicht denken:
Die jüngste Märe lautet doch nur: er ist tot.
    (Friedrich Rückert)

Der Herzog von Anhalt
1212–1251

Mit diesem Herzog Heinrich dem Ersten beginnt die eigentliche Geschichte Anhalts als eines selbstständigen, reichsunmittelbaren Territoriums. Heinrich hinterließ sieben Söhne, von denen vier in den geistlichen Stand traten, die andern drei sich aber in die väterlichen Lande teilten, wodurch Heinrich der Zweite Aschersleben und den Harz, Bernhard der Erste Bernburg und Ballenstedt, Siegfried der Erste Dessau, Köthen. Koswig und Rosslau erhielt. Es entstanden so die Ascherslebensche, die ältere Bernburger und die ältere Zerbster Linie.

Wölfisches Betragen

Ich will den Winter empfahn mit Gesange,
Da geschwiegen nun sind die kleinen Vögelein.
So wehe noch wurde mir nie von seinem Zwange,
Dass ich die Freuden der Minne ließe sein.
Das dank ich der lieben Frauen allein,
Ihrem roten Mund, ihrer lichten Wange.
Ihre Güte, dazu ihr minniglicher Schein
Zierten ein Land wohl allum den Rhein.

Wohl mir, ja wohl, mir ist wohl zu Mute,
Dass die argen Schälke mir tragen Hass.
Sie entehren sich nur, und ich minne die Gute,
Da Gott mich nicht zu beraten vergaß:
Er erschuf mir, nun merket euch alle, was:
Ein Weib, die mich so zu empfangen geruhte,
Dass zu leben mich freuen muss besser als bass;
Des seh ich an schalkhaftem Volke nicht das.

Möchten sie dem Walde zu lauben verbieten,
Und der Heide zu blühen, sie würden es wagen.

Möchten sie's raten, wie gern sie das rieten!
Dass man aller guten Freude müsst entsagen.
Wie die Wölfe sollten die Leute sich betragen.
Ich will mich vor guter Freude nicht hüten:
Freude und Ehre, die lasst euch behagen,
So hört' ich die Gute, die Liebliche sagen.
    (Karl Simrock)

Friedrich der Knecht
Um 1213

Ein Zeitgenosse Herrn Geltars, der ihn beschuldigt, mit Alram und Ruprecht die Herren von Megersdorf in Österreich u. d. Ens zu äffen.

1.

Nun soll wieder der kleinen Vöglein Singen
    – Das ist wahr –
Hier nicht länger sein,
Also will der leide Winter zwingen
        Alle Jahr
Lichter Blumen Schein,
Ich kann in dem Wald nicht mehr
Ein grünes Kränzet finden,
Womit soll meiner Freuden Trost ihr blondes
Haar umwinden?
Reiz und Güte ist um sie her!

Als die Blicke sie zuerst ersahen
    – Wohl der Zeit! –
Bei mir im Gemach,

Da konnt' ich ihr ohne Hüter nahen;
    Mir zum Leid
Seither dran's gebrach!
Wie sie heiße, fragte ich;
Sie sprach in sanftem Tone
Und sagt: »Je länger, je lieber« mir; dass Gott
ihr's immer lohne!
    Also hat sie genennet sich.

Eh dass sie einem andern holder wäre
    Als wie mir,
Lieber wär ich tot!
Hab ich auch nur banger Herzensschwere
    Viel von ihr
Und der sehn'den Not.
Ich bin ihr je länger so
Je leider vor Gesicht
O weh, dass ihre Güte mich in Huld erkennet nicht!
    Drum werd' Lohn's ich selten froh.

Wie ich auch mich mag gebärden,
    Ihr ist Spott
Alles, was ich sage;
»Ihre Ehr' woll' ich gefährden.«
    Nun, um Gott,
Höret meine Klage,
Sie will, dass ich fern ihr sei,
Doch an sie in Treuen sinne,
Das begehrt sie wohl für sich – doch meiner nicht zur
Minne.
    Wacht' ich nur einmal dabei!
    (Franz Weber)

2.

Die so Minnigliche, die ich meine,*
Verloren hab' ich bei ihr manchen Eid,
Und ich schwör' doch nicht bei einem Steine;
Besser wär' erspart mir dieses Leid.
Eins nur glaubt sie mir fürwahr, dass wenn ich hinge,
Gern ich auf der Erde frei und ledig ginge.
    Um welche Schuld
    Miss' ich ihre Huld?
Ich weiß wohl, die Schöne damit sündigt,
Dass ihr Spotten mich nicht machet froh;
Gnade hört' ich gern mir angekündigt,
Weiß es Gott! Es ist nach ihr mir so
Weh im Ernst, dass nimmermehr ich schlafe, wenn ich
wache,
Dass ich selten werde froh, wenn ich nicht herzlich
lache.
    Meine Tage
    Schwinden so mit Klage!
    (Franz Weber)

* Ironisierendes Lied auf die schmachtenden Minner und ihre Kla-
gen über die Hartherzigkeit ihrer Schönen.

Herr Geltar

Um 1213

Wahrscheinlich ein Österreicher nach einer Bezeichnung in einem seiner Lieder. Der Name Geltâr ist wohl mittelhochdeutsch, geltaere, Schuldner, Gläubiger, ein Beiname, wie sie im dreizehnten Jahrhundert häufiger werden. Er ist ein Nachahmer Neidharts und dem höfischen Minnesang durchaus abgeneigt. Ein Bild zeigt ihn auf der Jagd befindlich, das Hifthorn am Mund. Ein von ihm am Seil geführter Hund jagt einem Hasen bergan nach, ein andrer Hund überfällt einen Fuchs. (Vgl. Dr. Friedrich Pfaff a. a. O. I, 199 und Goedeke I, 153)

Wider die Minnesinger!

Es klingt von Minneliedern laut in Haus und Hof
        der Schall:
Doch mir tut not ein ander Kleid, als dass ich
        Frauen sänge.
Vier Mäntel sind mir lieber als ein Kranz auf
        jeden Fall,
Und lieber wär ein Wallach mir aus meines
        Wirtes Stall,
Als dass ich wie ein Flämling mich geziert vor
        Frauen dränge.
Beim Wirte und bei dem Gesind vernehm ich
        bessere Klänge,
Ich frag nicht nach des Hofes Gunst, ich flöte
        nicht und schmachte,
Wie andre, die trotz Liebesnot ich als zu feist erachte.
Auf! Lasst die Minnesinger uns, um ihren Stolz
        zu zügeln,
Derweil sie flüstern mit den Fraun, auf! Lasst uns
        sie verprügeln!

(Z)

Bruder Wernher
1217–1245

Ungeachtet der Bezeichnung »Bruder« ein Laie und wandernder Sänger; lebte um 1220–60 in Steyer, Österreich und Bayern. Seine Lieder mahnen zu Kreuzzügen oder fordern, einen lehrhaften Ton anschlagend, Bereitung zum heilsamen Leben.

1. Wär' ich ein Herr!

Ich weiß so manchen Herrn, und hätt' ich dessen Gut,
So wollt' ich mehr als er vor Schande stehn in Hut,
So wollt' ich meine Seele vor Teufels Banden schützen.
Ich wollte mein Vermögen zu Gottes Ehren nützen,
Auf falsche Eide wollt' ich nimmermehr mich stützen,
Geduldig gegen Freunde sein und gegen Feinde
                hochgemut.
Ich wollte recht nach guter Sitte leben,
Nicht wandeln falsche Bahn,
Des Unrechts wollt' ich mich für immerdar begeben!
Mich dünkt, das alles wäre wohlgetan.
Ich würd' auch meiden bösen Rat, womit ein Schalk
                das Ohr betört;
Dann würde besser von den Herren gesprochen,
                als man je gehört.

    (L. Köhler)

2. Falschheit der Welt

Weh dir, o Welt, weh jedem, der dir folgen muss!
Dein Lohn ist schlecht, du lassest bitter jede
                Freude büßen,
Untreu' und Falschheit trägst auf deinem Rücken
                du empor.

Ich hab' auf deinem Weg gesetzet meinen Fuß;
Verhütet es nicht Gott, werd' ich dir folgen müssen;
Du ziehest mir den Halm wie einem Kätzlein vor.
Dein Lohn ist wie ein reicher Traum,
Der nach dem Schlafe schwindet;
Du hast in meinen Mund befestigt deinen Zaum,
In deiner Lehre ist mein Aug' erblindet.
Ich ward geboren nackt und scheide wieder nackt
                    von dir:
Ein leinen Tuch ins Grab gibst du allein zu Lohne mir.
(L. Köhler)

Neidhart (der Reuenthaler)
1217–1230

Ein bayerischer Ritter, von seinem Dorf Reuenthal auch der
Reuenthaler genannt, nahm am Kreuzzug des Herzogs Leo-
pold des Siebenten von Österreich 1217–1219 teil. Durch
Umtriebe eines Gegners verlor er 1230 die Huld des Herzogs
von Bayern und musste Freunde und Lehen verlassen; da nahm
ihn Friedrich der Streitbare in Österreich wohlwollend auf. Er
starb noch vor 1240 zu Wien. Neidharts Lieder bilden eine ei-
gentümliche Kehrseite des ritterlichen Minnegesanges. Sie
schildern in grotesken Zügen das frohe, lebendigderbe Trei-
ben der Bauern, die an Schlägereien gleiche Freude wie an
Tanz und Ballspiel haben; die Ausgelassenheit mutwilliger Al-
ten, der Zwist zwischen Mutter und Tochter, die nicht zum Tanz
gehen soll, die Sommerlust, die ins Freie lockt, den Winter, der
alle Freuden tilgt und das häusliche Leben verbittert usw. Von
allen Lyrikern seiner Zeit ist Neidhart wohl der fruchtbarste ge-
wesen; er selbst gibt über vierhundert Weisen an, die er ge-
dichtet hat.

1. Maienlust

Auf dem Berge und im Tal
Singen Vögel allzumal;
Jetzt wie eh
Grünt der Klee,
Geh drum, Winter, du tust weh.

Bäume, die da kahl und weiß,
Prangen jetzt in neuem Reis,
Vögelein
Wohnen drein,
Alles zollt mit Lust dem Main.

Ein alt Weib, die Nacht und Tag
Mit dem Tode ringend lag,
Sprang im Kreis
Gleich der Geiß,
Stieß zu Boden Kind und Greis.
    (Z)

2. Maientanz

Es starrt in jedem Reise
Der Wald von Schnee und Eise,
Nun ist er farbig ganz und gar.
Nehmt das wahr,
Tanzt geschwind,
Wo die schönen Blumen sind.

Auf manchem grünen Reise
Vernahm ich süße Weise
Der muntern kleinen Vögelein.
Blümlein fein

Ich da fand,
Heide trägt ein Brautgewand.

So hold bin ich dem Maien,
Weil nun getanzt im Freien
Mein Liebchen bei der Linde hat.
Zweig und Blatt
Schützte gut
Liebchen vor des Sommers Glut.
  (Z)

3. Die tanzlustige Alte

Eine Alte begann zu springen
Wie ein Kitzlein hoch empor,
Sie wollte Blumen bringen:
»Tochter, reich mir mein Gewand,
Ich muss an des Knappen Hand,
Der von Reuenthal genannt –
Traranuretum traranuriruntundeie!«

Mutter, hütet eure Sinne,
Er ist ein Knappe so gemut,
Er pflegt nicht treuer Minne.
»Tochter, lass mich ohne Not,
Ich weiß wohl, was er mir entbot,
Nach seiner Minne bin ich tot –
Traranuretum traranuriruntundeie!«

Ein Altweib sprach in Lust und Eile:
»Traut Gespiel, wohlauf mit mir!
Es geschieht uns wohl zum Heile,
Komme, wir wollen nach Blumen gehn:
Soll ich hier noch länger stehn,

Da wir soviel Gefährten sehn?
Traranuretum traranuriruntundeie!«
(Z nach F. Born)

4. Der Bauernbursch

Ein bäurischer Kumpane freit
Um eines Dörfers Muhmen:
»Nun ist zu manchem Spaß die Zeit,
Auf! Gehn wir in die Blumen,
Und brechen Rosen uns zum Kranz,
Den wir nun tragen wollen
Im Mai beim frohen Tanz.«
    Mezzel, wie gefall ich dir?
    Auf dein Wort, das sage mir.

»Nun pfeift uns auf, Herr Spielmann, ihr,
Dass Gott euch's müsse lohnen,
Auf reiche Gabe hofft von mir:
Ein Schüsselein voll Bohnen,
Die steht sogleich euch frei:
Wo Ehre gut bezahlt wird,
Da bin ich stets dabei.«
    Mezzel, wie gefall ich dir?
    Auf dein Wort, das sage mir.

Der pfiff auf dem Holunderholz
Und dem war froh zu Mute,
Nahm an die Hand Frau Jutten stolz,
Frau Else und Frau Trute.
Den Eisenbuckel er sich band
Aufs Haupt, und Blechhandschuhe
Stülpt er sich auf die Hand.
    Mezzel, wie gefall ich dir?
    Auf dein Wort, das sage mir.

Sein Schwert, das heißt »der grimme Tod«,
Damit kann er wohl reiten.
Er hat erlitten manche Not
In vielen harten Streiten.
Die kämpft er aus mit freier Hand,
Dass ihrer sechsunddreißig
Hinstürzten auf den Sand.
    Mezzel, wie gefall ich dir?
    Auf dein Wort, das sage mir.

Die Sporen schnallt er um den Fuß,
Die hingen voller Schellen,
Frau Adelheid bot er den Gruß,
Herrn Schweinhild und Herrn Kellen.
Da tanzten sie den Huppeldei,
Sie sprach: »Mein lieber Künzel,
Mein Trauern ist vorbei.«
    Mezzel, wie gefall ich dir?
    Auf dein Wort, das sage mir.

Geringelt ist sein Haar und rot,
Bei Nacht wird's wohlgeschnüret –
Die Füße alle leiden Not,
Wo er den Neigen führet
Mit manchem zieren Trippeltritt;
Doch für die schöne Mezzel
Macht er die Mode mit.
    Mezzel, wie gefall ich dir?
    Auf dein Wort, das sage mir.

Lang trägt die Haubenschnüre er,
Woran Muskat gebunden –
Fegt er im Bogen sie umher,
So schlägt er ringsum Wunden
Den schönen Mägdlein bei dem Tanz,
Wenn in die Höhe hüpfet

Der plumpe Tölpelhans.
    Mezzel, wie gefall ich dir?
    Auf dein Wort, das sage mir.

Ich kam gegangen an den Ort,
Wo Jut und Mezzel waren,
Und stellte hinterm Zaun mich dort,
Ihr Plaudern zu erfahren.
Die Jute sprach: nun sage mir,
Was sitzest du hier, Mezzel?
Sie sprach: ich sag es dir.
    Mezzel, wie gefall ich dir?
    Auf dein Wort, das sage mir.

Muskaten, die dem Künzel drin
In seinen Schnüren liegen,
Die trafen heftig mich vorhin,
Weil so weithin sie fliegen
Um seinen Kragen ringsumher.
Es sind ja Kieselsteine –
So sagt mir Isenber.
    Mezzel, wie gefall ich dir?
    Auf dein Wort, das sage mir.
    (Z)

5.

Horch' nur, wie die Vöglein wieder tönen
Und den neuen Mai mit Sange krönen,
Ich meine, dieser Winter nun dem Ende naht;
Wigerat,
Singe so, dass ich dir's immer lohne,
Neues Laub die Linde hat!

Also schön den Anger nie wir sahen
Seit die Sommerwonn' uns wollte nahen,
Die Blumen sind entsprossen unterm Klee
Heuer wie eh,
Die Au' hat ihren Rosenschmuck erhalten,
Die Vöglein singen mehr als je.

Mutter, in den Wiesen will es tauen,
Wunder mögt in dieser Zeit Ihr schauen!
Die Blumen sprossen auf im Klee,
Schöner als je
Steht die grüne Wiese, buntbesprenkelt,
Zergangen ist der kalte Schnee.

Ich will mir nach einem Friedel schauen,
Da die Rosen blühen in den Auen;
Hab' gewunden ein Kränzlein mir
Draus zur Zier,
So will ich im Sommer reihen
Mit einem stolzen Ritter hier.

»Töchterlein, lass du dich's nicht gelüsten.
Willst du dich mit jungen Herren brüsten,
Deren keiner kann dein Mann ja sein;
Töchterlein,
Leicht wirst du dabei zu Schaden kommen;
Nimm den jungen Meier, der denkt dein!«

»Mag der Meier meine Wege räumen,
Ich lieb' einen Ritter im Geheimen,
Was soll mir Engelbert als Mann?
Nimmer kann
Er mich, wie ich's gerne möchte, herzen.
Ein andrer hat mir's angetan!«

»Töchterlein, ich kann dich nicht behüten;
Willst du gen dich selber töricht wüten,
Mir und allen Sippen ist dies leid;
Manchen Eid
Schwurst du mir, allein jetzt ist's am Tage,
Fort willst du von mir in alle Weit'!«

»Mutter, Euer Schelten könnt' ihr sparen!
Alle Freud' lass' ich für einen fahren,
Der ist meines Willens freie Wahl;
Überall
Mögen es die Leute inne werden:
Mein Sinn strebt nach Reuental.«

Nach der Kunkel tät die Mutter greifen,
»Für die Hölle wirst du, Metze, reifen!«
Sie gab ihr eins, durchs Haus hört' man den Schall;
Überall
Starke Schläge gab sie ihr zu spüren
Und schickt' sie so nach Reuental.
        (Franz Weber)

6.

Der Sommer hat erreicht,
Den Sieg mit lichtem Blick;
Der Winter, eh er weicht,
Legt ihm noch manchen Strick.
        Wie fest auch waren seine Band',
        Der Maie sie ihm bald entwand.

Der Wald trägt Maienfarb'
Und auch die grüne Heide,
Das schwere Leid erstarb,
Das einst sie drückte beide.

Der Anger ist nun voller Freud'
Mit lichten Blumen schön bestreut.

»O weh!«, sprach eine Magd,
»Wie mir mein Leben schwindet,
Die Männer sind verzagt,
Dass niemand Freude findet;
    Sie machen uns das Herze schwer,
    Herr Gott, das klage ich dir sehr!«

»Lass du mein hold Gespiel,
Lass fahren deine Schmerzen
Und traure nicht zu viel!
Einen Mann weiß ich im Herzen,
    Der gibt uns allen hohen Mut
    Gar williglich er das uns tut.«

»Der hat mich jüngst gebeten,
Dass ich ihm helfe reihen
Und auf den Anger treten
In diesem süßen Maien.
    Nimmt der uns jetzo an der Hand,
    So wird viel Freude uns bekannt.«

»Traut Gespiele mein,
Du meine Trösterinne,
Mein Spiegel, der sei dein!«
Sie streichelt sie am Kinne.
    »Nun zeige mir den lieben Mann,
    Der Herzeleid vertreiben kann.«

»Und lass mich mit dir gehn
Dass seine Schar ich mehre,
Wird man uns bei ihm sehn
Des haben stets wir Ehre.

Mein Röckel liegt in Falten wohl
Drin man mich springen sehen soll!«

»Was braucht's der Rede mehr?
Das mein' ist auch bereitet,
Kommt meine Mutter her
So wird es uns verleidet.
    Wir springen über Maß und Ziel
    Es kommen junge Männer viel.«

Die andre sprach: »Die Mutter
Tut nichts mit mir als zanken,
Sie ist des Teufels Futter.
Trotzdem will ich nicht wanken,
    Sollt' lassen Leben ich und Leib,
    Was kümmert's mich, werd' ich ein Weib!«
(Franz Weber)

7. Das tanzlustige Mädchen

»Der Junker Mai ist mächtig,
Drum führt er jugendprächtig
Den Wald an seinen Händen,
Der ist jetzt neuen Laubes voll,
Drum muss der Winter enden.

Ich freu mich auf die Heide,
Die lichte Augenweide,
Die rings neu aufgegangen«,
So sprach ein schmuckes Mägdelein,
»Die will ich wohl empfangen.

Lasst, Mutter, ohne Weilen
Mich auf die Auen eilen,
Und dort im Tanz mich schwingen.

Ich hörte wahrlich lange nicht
Die Knaben neues singen.«

Ach nein, Kind, bleib doch, Kleine,
Ich hab dich ganz alleine
Getränkt an diesen Brüsten,
Drum tu' es mir zulieb und lass
Dich's nicht nach Männern lüsten.

»Ihr werdet ihn ja kennen,
Den ich euch werde nennen,
Zu dem es voll Verlangen
Mich treibt – es ist der Reuenthal,
Ich will ihn gern umfangen.

Rings grünt es in den Zweigen,
Dass knospenreich sich neigen
Die Bäume schier zur Erde.
Drum, Mutter, wisst, mein Herz verlangt,
Dass mein der Knabe werde.

Ach, Mutter, schon so lange
Sehnt er nach mir sich bange.
Soll ich ihm da nicht danken?
Er sagt, dass ich die Schönste wär'
Von Bayern bis nach Franken.«
        (Z)

8. Die tanzlustige Mutter

Altmütterlein zum Reigen trat,
Die mehr als tausend Runzeln hat.
»Tochter hüt' das Haus mir gut,
Ich bin Freuden wohlgemut.«

O Mutter, was ist euch geschehn,
Was habt für Kurzweil ihr ersehn?
Es ist nun mehr als fünfzig Jahr,
Dass ihr traget graues Haar.

Sie bläht sich wie ein Vogel auf:
»Ich bin ja heuer noch wohlauf,
Heran zu mir, Geselle jung,
Ich tu noch manchen lustgen Sprung.

Tochter hüt das Haus mir fein,
Ich springe über Stock und Stein,
Und nehme wohl des Knappen wahr,
Der da trägt jungblondes Haar.«

»Mutter, lasst mich euch vertreten,
Ein hübscher Mann hat mich gebeten,
Der kürzet mir die Stunden lang.«
Herr Neidhard diese Reime sang.
    (Z)

9. Die Schwalbe

Nun ist gar vergangen
Der Winter kalt,
Mit Laub steht behangen
Der grüne Wald.
Wonniglich
Mit Stimmen, hold und freudiglich,
Singt mancher Vogel Willkomm dem Maien,
Gehn wir auch zum Reihen!

Allen im Vereine
Kam froher Sinn,
Die Blumen im Haine

Prangen weithin
Schön und dicht.
Doch ich kann sagen leider nicht,
Dass mir des Herzens bange Not entschwinde.
Die mein treu Gesinde!

Zwei Gespielen fragten,
Wie es jedem geh,
Und still sie sich klagten
Ihr Liebesweh.
Eine sprach:
Viel Trauer, Leid und Ungemach
Will mir verderben Leib und alle Sinne,
Lust ist nicht darinne.

Leid und Ungemüte
Lässt mir nicht Ruh.
Ein Freund, der voll Güte,
Zwingt mich dazu.
Bleibt der Mann
Doch fern, der's mir hat angetan,
Was meinen langen Liebeskummer mehret
Und das Herz mir zehret.

Sag mir denn in Treuen:
Was kümmert dich?
Willst du dich erfreuen,
So tu' wie ich.
Hab' Geduld,
Denn ist ein lieber Mann dran schuld,
Verberg es still im Herzen als dein Eigen –
Ich will's gern verschweigen.

Nun, du wirst ihn kennen;
Schon manches Mal
hörtest du ihn nennen,

Den Reuenthal.
Sein Gesang
Mir ganz mein Herz in Fesseln zwang,
Mag sein des Himmels Kaiser gnädig walten,
Und ihn mir erhalten.

Wenn ein Heim ich nehme,
Wo sollt es sein?
Schwälbchen klebt vom Lehme
Ein Häuselein.
Wohnt darin
Solang bis Sommerszeit dahin.
Gott gönne mir ein Haus mit eignem Dache
Bei dem Lengebache!
     (Z)

10.

Den Winter fühlt' ich nie seitdem ein holdes Weib
Liebewerten Gruß mir bot,
Sommer war's mir immer.
Wie freute sich das Herze mein und auch der Leib,
Wollt' ihr Mündlein rosenrot
Mich betrüben nimmer.
Nun will sie mich leider nicht mehr grüßen,
Herre Gott, das lasse sie hier büßen,
Leib und Gut gehört nur ihr, der Süßen.

Wohl sah ich einen Blick, der traf mein Herze da.
Niemand soll mich fragen mehr,
Von zwei spiel'nden Augen
Nie so liebe, noch so leide mir geschah!
Sehnen könnt' und Hoffen hehr
Aus dem Blick ich saugen.
Ich war froh' mein Herze war gefangen,

Da sie zog den Schleier um die Wangen,
Um die lichten, nach dem Blick, dem langen.

O wehe, dass ich nicht ein seidner Schleier bin,
Der die Wangen decken soll
Nah' so rotem Munde!
Das wär' mir an Freuden wohl ein Hochgewinn,
Wo wär' ich so freudenvoll?
Nirgends so von Grunde!
Wär' ich dort, ich wüsst' wohl was ich täte,
Wenn der Wind ein wenig gen uns wehte,
Dass sie mich ihr näher rücken bäte.

Wär' ich doch der Gürtel, den die Liebe trug
Als sie bei dem Tanze ging,
Das ist noch nicht lange;
Der war wohl beschlagen und war darin klug,
Dass die Liebe er umfing
Mit so holdem Zwange.
Heia hei, wenn ich nur dorten wär'
Wo die Schließe liegt, was wollt' ich mehr
Nichts, o nichts! Doch würd' ich leicht zu hehr!

Wär' ich doch ein Deckelaken seiden
Meiner jungfräulichen Magd
Und minniglichen Frauen!
Oder wär' ein Mantel, den zu Zeiten
Die so liebe Fraue tragt,
Wenn sie Ritter schauen.
Dann würd' man mich wohl und schön erhalten
Und bisweilen nahe um sie falten,
In solch' Freuden wollt' ich gerne alten.

Niemand schelt' wenn ich von einem Vogel sing':
Lieber's wäre mir nicht kund,
Wie gern ich einer wäre!

Wenn ich sitzend an der zarten Schulter hing'
Unterm Schleier, flöh' zur Stund'
Alle Herzens-Schwere!
Dann äß' ich aus der Hand ihr an der Kette,
Welche Wonn' von ihrer Pfleg' ich hätte.
Trüg' sie nachts aus Lieb' mich an ihr Bette!

Mich dünkt in meinem Sinn', ich möcht' ein
                              Zeisig sein,
Dann hegt' mich die Frau allzeit
Sorglich jede Stunde.
Hei, dann wäre das die beste Freude mein,
Dass mir Trinken wär' bereit
Aus solch rotem Munde.
Säh' durchs Rot die Zähne dann, die weißen,
Eines Dinges wollt' ich da mich fleißen
Und aus Liebe sie ins Zünglein beißen!
    (Franz Weber)

11. Der Lenz ist da

Der Lenz ist da!
Wie ich ihn manches Jahr so schön nicht sah.
Ein Ende hat der Winter kalt,
Drob manches Herz vor Freude wallt,
Und neu belaubet steht der Wald.

Des Maien Ziel
Bringt Vogelsang und Blumen viel.
Seht, wie die Heide weit und breit
In lichter Farbe prangt und grünem Kleid.
Vergessen hat sie alles Leid.

»Kommt denn mit mir
Zur Linde, denn da finden wir,

Was nur das Herz begehrt.
Der reiset wohl, der dahin fährt,
Denn diese Reis' ist Goldes wert.«

»Nun eilet hin
Zum Kleiderschrein, weil ich gesonnen bin,
Zu machen diese Fahrt.
Sag' niemand, liebe Irmengart,
Wer dorten meiner Ankunft harrt.«

Man bracht' zur Hand
Der Maid ihr säuberlich Gewand;
Bald hat sie sich geschmückt.
»Zur grünen Linde eil' ich nun beglückt
Und allem Leid bin ich entrückt.«
    (L. Köhler)

12. Der Federball

»Nun ist der kühle Winter gar vergangen,
Die Nacht ist kurz, der Tag beginnt zu langen:
Es kommt die wonnigliche Zeit,
Die Freude aller Welt verleiht,
Noch nie so fröhlich sangen die Vögel weit und breit.

Gekommen ist uns lichte Augenweide,
Man sieht die Rosen blühen auf der Heide,
Die Blumen dringen durch das Gras;
Getauet war die Wiese nass,
Da mir mein Gesell zu einem Kranze las.

Der Wald hat seiner Grämlichkeit vergessen,
Der Maie ist auf grünem Zweig gesessen,
Er hat gewonnen Laubes viel:

Wohlauf, nun schmück' dich, traut Gespiel:
Du weißt, dass ich dahin mit einem Ritter will.«

Die Mutter hört' es heimlich an der Tür,
Sie sprach: »Nun lass dein Lügen mir hinfür,
Dein Leichtsinn der ist offenbar.
Wind' ein Kränzlein um dein Haar,
Deinen Staat bekommst du nicht, willst du zu
                              der Schar.«

»Mutter mein, wer gab euch das zu Lehen,
Dass ich euch sollt' um meine Kleider flehen,
Davon ihr spannt nicht einen Faden klein?
Euer Lärmen lasset sein.
Wo ist der Schlüssel? Schnell schließt auf
                              das Kämmerlein.«

Das Linnen war in einen Schrein versperret.
Der ward mit einem Schemel aufgezerret,
Heimlich, dass es die Alt' nicht sach.
Als das Kind die Kiste brach,
Da schwieg sie fein, kein Wörtchen mehr sie sprach.

Heraus das Röcklein nahm sie alsobalde:
Es war gelegt in manche kleine Falte:
Ihr Gürtel war ein Riemen schmal.
Drauf flugs zu dem von Reuental
Warf die stolze Magd den bunten Federball.
    (F. Born)

13. Der Gürtel

Ich sah noch nie die Heide
So Wohlgestalt,
In lichter Augenweide

Den grünen Wald.
An den beiden spüren wir den Maien.
Ihr Mägdlein sollt euch zweien,
Dem lichten Sommer zum Empfang in hohem
Mute reihen.

Lob von manchen Zungen
Der Maie hat.
Die Blumen sind entsprungen
An mancher Statt,
Wo man früher keine mochte finden;
Belaubet stehn die Linden.
Darunter soll sich bald ein Tanz von höfschen
Maiden winden.

Ihrer Sorg ist minder,
Sie freuen sich.
Ihr wohlgetanen Kinder,
Und minniglich,
Ziert euch so, dass euch die Bayern danken,
Die Schwaben und die Franken,
Und schmücket euer weißes Hemd mit Seiden an
den Flanken.

Wem trüg ich schöne Kleider?
Sprach eine Magd.
Die Jungen schlafen leider;
Ich bin verzagt:
Freud und Ehre sind der Welt zuwider,
Kein Mann ist treu und bieder,
Um eine, die ihm Ehre brächt, wirbt nun
keiner wieder.

»Die Rede lass nur fahren«,
Sprach ihr Gespiel:
»Wir kommen froh zu Jahren;

Männer sind viel,
Die noch guten Frauen dienen gerne:
Drum sei die Rede ferne.
Um mich wirbt einer lange schon, von dem ich
                        Freude lerne.«

Den sollst du mir zeigen
Wie er mir behage:
Der Gürtel sei dein eigen,
Den ich an mir trage.
Sag mir seinen Namen, der dich minnen
Will mit geheimem Sinnen.
Mir träumte diese Nacht von dir, du wollest
                        uns entrinnen.

»Den sie alle nennen
Von Reuenthal,
Und seinen Sang erkennen
Wohl überall,
Der ist mir hold. Mit Güt ich ihm das lohne.
Mit einer Blumenkrone
Zier ich mich gern um seinethalb. Doch fort, man
                        läutet None.«

    (Karl Simrock)

Leutold von Seven (Säben)

Um 1220–1230

Aus einem ritterlichen Tiroler Adelsgeschlecht des heutigen Säben bei Brixen im Eisacktal gebürtig, ein jüngerer Zeitgenosse Walthers. Er hat Freude am Mai und am Vogelgesang, an den Blumen, aber Kummer von der Geliebten. Das erste hübsche Lied der beiden Maigedichte wird allerdings auch von einigen Forschern Walthern zugeschrieben.

Mailieder

1.

Wollt ihr schauen, was dem Maien
Wunders ist beschert?
Seht die Pfaffen, seht die Laien,
Tun so stolz und wert!
Ja, er hat Gewalt.
Hat er Zauber wohl ersonnen?
Wo er naht mit seinen Wonnen,
Da ist niemand alt!

Alles wird jetzt wohlgelingen!
Wo sich alles freut,
Lasst uns tanzen, lachen, singen,
Wie die Zucht gebeut.
Ei, wer wär nicht froh?
Da die Vögel rings sich schwingen
Und in hellsten Tönen singen,
Tun wir ebenso!

Heil dir, Mai, der du beglücktest
Alles weit und breit!
Der du schön die Bäume schmücktest

Und der Heide Kleid.
War sie bunter je?
»Du bist klein, ich größer – schaue«
Also streiten auf der Aue
Blumen mit dem Klee!

Roter Mund, der hold du lachtest,
Lass dein Lachen sein!
Schäm dich, da du mich verachtest,
Noch zu lachen mein.
Ist das wohlgetan?
Weh der unglücksel'gen Stunde,
Soll von minniglichem Munde
Mir Unminne nahn?

Was mich so an Freuden irret,
Gnadenloses Weib,
Das ist, der mein Herz verwirret,
Euer holder Leib.
Woher stammt solch Mut?
Gnädig hört man euch doch nennen,
Lasst mich eure Gnade kennen,
Sonst seid ihr nicht gut.

Frau, ersparet mir die Sorgen,
Gönnt mir frohe Zeit –
Oder soll ich Freude borgen,
Dass ihr selig seid?
Herrin, um euch blickt!
Alles jubelt im Vereine,
Trachtet, dass auch ihr mir eine
Kleine Freude schickt!
    (Z)

2.

Rings im Wald und auf der grünen Heide
Bricht der milde Mai nun an,
Dass mit Recht der holden Augenweide
Sich das Herz getrösten kann.
Doch ich seh für meinen Mut
Nur den einen
Trost mir scheinen:
Wie sie gar so gut!

Wohl dem Lenz, dass ihn die Vogellieder
Freuen und der Blumen Pracht,
Sich getrösten darf er dessen wieder;
Da ihm alles beides lacht,
Kann er froh an beidem sein:
An den Düften
Und in Lüften
An den Vögelein.

Mehr erfreut mich ihre holde Güte,
Als die Blümlein blau und rot,
Und ich singe nicht, bis mein Gemüte
Sie befreit von Liebesnot.
Denn ihr Gruß kann mir allein
Wonne spenden,
Schmerzen enden,
Mich vom Leid befrein.
    (Z)

Reinmar der Fiedler
Um 1220

Ein sonst unbekannter Sänger; war ritterlicher Herkunft und stammte aus Tirol. Er klagt über die Abnahme der Freigebigkeit und spottet über Leutold von Seven, den seine Sippschaft als den besten Sänger der Welt preise.

Spottlied auf Leutold von Seven

Gott straf mich oder straf mich nicht,
Doch singet der von Seben
Soviel wie keiner auf der Welt!
Lasst euch Bescheid nur geben
Von Neffen, Nichten, Schwägern und
Vom Onkel- oder Tantenbund!

Manch Klaglied, Taglied, Freudlied singt
Sein Mund, und Leich und Tanzlied;
Das Kreuzlied, Bittlied, Scherzlied klingt,
Das Loblied, Scheltlied, Kranzlied,
Die er mit Witz und Pfeffer würzt,
Dass er das lange Jahr uns kürzt.

Wir müssen alle schweigen still,
Wenn der Herr Leutold singen will;
Lass keiner sich's gelüsten,
Sich gegen ihn zu brüsten.
Er schwebt ob allen Meistern stolz
Zum Himmel auf, kühn wie ein Bolz:
Geboren ist noch nicht bis jetzt,
Der ihn des Dichterthrons entsetzt.
    (Z)

Reinmar von Zweter
1220–1245

Ritterlicher Sänger aus Walthers Schule, am Rhein geboren, in Österreich aufgewachsen, gelehrt unterwiesen, lebte am Hof des Königs von Böhmen, kehrte aber, da er dort viele Gegner hatte, an den Rhein zurück. Er lebte bis in die zweite Hälfte des 13. Jahrhunderts und war als Dichter einer der bedeutendsten Talente. Auch bei ihm ist das Einwirken des volksmäßigen Elementes auf die ritterliche Poesie nicht zu verkennen. Seine gedankenreichen, mehr lehrhaften als eigentlich recht empfindungsvollen Lieder vermitteln eine zeitgemäße Gelehrsamkeit mit volksmäßigen Anschauungen. Das Element der Minne ist fast ganz ausgeschlossen und wo es hervortritt, geistiger und höher aufgefasst. Mit satirischer Schärfe wendet er sich gegen das leere Treiben der Zeit, gegen das öde Turnierwesen, die Hofmönche, die habgierigen Wahlfürsten, selbst gegen den Papst. Überhaupt ist er gleich Walther, seinem Vorbild, ein warmblütiger Politiker, ohne doch Walthers hohe und feste Gesinnung zu haben.

1. Gebet

Gott, Ursprung aller Dinge,
Gott, alle Weite und Breite
Umfassend gleich einem Ringe,
Gott, aller Höhen Wölbung,
Und aller Tiefe endloser Grund!
O sieh aus deiner Göttlichkeit
Herab auf deine dir teuer
Erkaufte Christenheit,
Um die dein eingeborner Sohn
Am Kreuze ward im Tode wund.
Er hat sich vermählt uns mit seinem Blute,
Die Liebe komm uns auch von dir zugute

Um dessentwillen, durch den wir kamen
Von Hölle los und Teufelsmacht.
Ihm sei mit dir, o Herr, Lob gebracht
Als Einem Gotte mit dreifachem Namen!
   (Z)

2. Das Vaterunser

Gott, Vater unser, der du bist
Im Himmel, und Gewalt hast
Ob allem, was nur irgend ist,
Geheiliget dein Name sei,
Es komme uns dein Reich herbei.
Geschehe stets der Wille dein
Auf Erden wie im Himmel,
Das magst du gnädig uns verleihn.
Gib heut uns unser täglich Brot
Und was uns sonst noch täte not.
Vergib uns unsre Schuld im Leben,
Wie du willst, dass auch wir vergeben
Bei deiner Huld, wo je wir kamen
Zu Schaden, wär er noch so groß.
Von der Versuchung mach' uns los,
Und von den Übeln allen – Amen!
   (Z)

3. Gegen das Würfelspiel

Die Liebe zwinget Weib und Mann,
Kein Wunder liegt darin.
Da sie den Himmel zwingen kann,
Warum nicht Menschensinn?

So zwingt der Reichtum seinen Knecht,
Dass er ihm dienen muss;
Denn so ist edeln Goldes Recht,
Es ist ein Zauberfluss.

Nicht minder zwingt des Weines Kraft
Und fängt den Sinn uns ein,
Es ist ein süßer Minnesaft
Und heiligmild sein Schein.

Doch dieses wundert mich allein,
Und scheint mir seltsam Spiel,
Dass eines Würfels Elfenbein
Ein lebend Herz verfiel.

Ja dass des Würfels totes Bein
Ein lebend Herz betört,
Dass es mit jedem Sinn allein
Ihm einzig angehört.
    (Z)

4. Die Minneschule

Wohl alle Schulen sind als Wind
Zu achten gegen jene, drin der Minne Jünger sind.
Die ist so künstereich, man muss die Meisterschaft
                ihr zugestehn.
Ihr Rätlein zähmt so wilden Mann,
Dass alles, ob er nie es sah und hörte, trefflich kann.
Wo hat von solcher Schule man jemals gehört, gesehn?
Die Minne lehrt die Frauen sittig grüßen,
Die Minne lehrt auch manchen Spruch, gar süßen,
Die Minne lehret große Milde,
Die Minne lehret große Tugend,

Die Minne lehret, dass die Jugend
Sich ritterlich gebare unterm Schilde.
   (Z)

5.

Ich will euch lehren, werte Fraun,
Eu'r Lob wird höher wachsen, wollt ihr dieser
                    Lehre traun.
Schließt ein in eure Herzen Tugend, Keuschheit,
                    dazu reinen Mut,
Pflegt gute Sitte und holde Scham,
Bescheiden seid und wohlgezogen, dann wird
                    gepriesen euer Nam'.
Seid ehrbar und getreu, das steht euch an und ist
                    den Frauen gut.
Ein keusches Weib ist höchster Schatz auf Erden,
Ihr Preis soll höher stets und höher werden.
Was Gott je schuf in allen Sphären,
Das übertrifft ein reines Weib:
Es ward geboren selbst sein Leib
Von einer Magd, so hoch wollt' er sie ehren.
   (Franz Weber)

6.

Welch' Kleidung Frauen wohl ansteh',
Die will ich euch beschreiben: erst ein Hemde
                    weiß wie Schnee.
Das zeigt, dass sie Gott minn' und hab' ihn lieb, das ist
                    ein reiches Kleid.
Darob soll sein ein Rock geschnitten,
Sodass sie Lieb' und Leid soll tragen mit viel
                    keuschen Sitten.

Ihr Gürtel sei die Minne; die Spange, dass zur
                          Tugend sie bereit,
Die Ehr' ihr Mantel, dass der's an ihr decke
Falls irgendwo ein Makel sie beflecke.
Ihr Schleier, der sei ihre Treue;
Dazu ein Schapel* von der Art,
Dass sie vor Falschheit sei bewahrt:
Ist so das Weib, stets grünt ihr Lob aufs Neue.
    (Franz Weber)

7.

Das ärgste Fleisch, das jemals trug
Wolf oder Hund in seinem Munde, das wär' arg genug;
Des bösen Menschen Zung' ist ärger noch, weh ihnen,
                          die sie tragen!
Mit Worten schändet sie die Luft
Und senket jene, die sie tragen, in der Hölle Gruft.
Verleumden, Lügen, Meineid schwören, Spotten,
Schmeicheln und Verklagen,
Das kann die böse Zung' und manches schwere
Vergehn, macht Schand' und tilget Hofes Ehre;
Sie spritzet tückisch auf die Besten
Das Bös'ste, das sie finden kann.
Die Welt nie böser Fleisch gewann,
Dass sich die Maden müssen an ihr mästen!
    (Franz Weber)

8.

Weh dir, du Welt! Dein falscher Glanz
Veränderlich, ohn' Stetigkeit, auf Schein
                          gerichtet ganz,

---

* Kopfschmuck für Mädchen.

Hat mir berückt mit losen Lügen ohne Nutzen
                    meine Tage.
Du hießest mich in Wollust leben
Und listig wider Gott mein schwaches Herz in
                    Sünden streben.
Ich habe dir darin gefolget, zu spät ich's leider
                    nun beklage.
Gekrümmet bin ich am Rücken ganz von Sünden
Und weiß nicht, wann der Tod mich packt von hinten,
Bar guter Werk' und wahrer Reu', der beider
Beim Sterben man gar sehr bedarf.
Dein Lohnen sauer, bitter, scharf,
Fand ich, o Welt, am Ende leider!
    (Franz Weber)

9.

Was soll ein minnigliches Weib,
Was sollten ihre lichten Augen, ihr roter Mund,
                    ihr schöner Leib,
Was soll ihr Gruß, ihr Lachen, wenn nicht beides aus
                    Frau Ehren Kammer kommt?
Was soll auch ihr süßer Nam'?
Was sollen teure Kleider, trägt sie diese ohne Scham?
Was soll ihr Weibesgüte, wenn ihr Tugend nicht und
                    Ehre frommt,
Was soll ihr Schönheit, Klarheit, was ihr Jugend,
Was soll's, wenn sie will altern ohne Tugend?
Ist sie gleich Gottes Ebenbilde,
Ihr reinen Männer, werte Fraun,
So schönem bösem Weib sollt ihr nicht traun,
Bei der die Schand' ist zahm, die Ehre wilde!
    (Franz Weber)

10. Die herabgekommene Ehre

Die Ehre weiland war so wert,
Dass man mit ihr gar anders fuhr, als man nun fährt,
Sehr ehrenkühn musst' einer sein, um sie ins Haus
                    zu bitten.
An welchem Hofe sie sich fand,
Da warben all die Besten um ihr Ehrenpfand,
Und niemand durfte nahen ihr mit unehrbaren
                    Sitten.
Nun, ob Geminner, ob Gemeiner,
Wer ihr nur Liebes tut, Groß oder Kleiner,
Das dünket ihr nun alles süße;
Sie nimmt schon kleinen Dienst für gut,
Wer den nur williglich ihr tut,
Dem neigt sie sich zum Lohn bis auf die Füße.
    (Friedrich Rückert)

11. Der Hausherr an den Haushahn

Herr Hahn, ich muss euch zugestehn
Den Sieg, ihr seid so kühn, ich hab' es oft gesehn.
Wie groß ist eure Meisterschaft ob euern
                    vielen Frauen.
Nun ist nur eine mir beschert,
Die alle Freud' und alle Sinne mir verheert;
Sie führt das Heft und zürnt, wenn ich nach meiner
Lust will schauen.
Und hätt' ich zwei, so dürft' ich lachen nimmer.
Und vier, so müsst' ich weinen immer,
Und acht, so wär' ich tot zu nennen,
Von ihnen würd' ich aufgezehrt;
Herr Hahn, dass ihr euch des erwehrt,
Viel Ruhm ist das, ihr meistert wohl zwölf Hennen.
    (Friedrich Rückert)

12. Das Reich und sein König

Das deutsche Reich war siech und flau,
Vor Klage seine Stimme heiser, dumpf und rau.
Die Augen rot, die Ohren taub, sein Atem war
                    zu riechen.
Den Höcker hatt' es längst nicht hehl,
Und einen ungefügen Kropf trug's an der Kehl',
Nicht gehn konnt' es, noch reiten, kaum auf allen
                    vieren kriechen.
Bis Gott den Kaiser sendete, den weisen,
Des Weisheit sollen alle Weisen preisen,
Der wird der Heilung sich erkecken.
An seiner Siechheit heilt er stäte,
Und wird auch nicht die kleinste Gräte
Ihm lassen zwischen seinen Zähnen stecken.

Ein König wohl gekrönet geht,
Und seine Krone besser noch gekönigt steht;
Der König zieret mehr die Kron', als ihn die
                    Krone zieret.
Wie schön er immer Krone trage,
Doch schöner stillt der Witwen er und Waisen Klage;
Er sühnt und friedet, schirmt und mehrt, nicht ein
                    Herz er verlieret.
Sein Geist und Arm sind selten mützig,
Sein Mund ist allen ehrengrützig,
Ihm schimmelt nicht sein Gut im Schreine.
Er gönnt den Besten wohl das Beste;
Sein ganzes Land ist seine Weste,
Nun sagt, wo ist der König, den ich meine?
    (Friedrich Rückert)

13. Die Hausräte

Merk', dummes Mutes junger Mann,
Warum drei Kreaturen, Hund und Katz' und Hahn,
Hausräte heißen, weil dem Haus sie raten, was
                      da frommet.
Des Hundes Bellen kündet laut
Des Feindes Schleichen: aufgeschaut und umgeschaut!
Sei vor dem Bösen auf der Hut, eh es zur
                      Schwelle kommet.
Die Katze, sauber, putzet sich zum Feste,
Wenn deinem Hause kommen Gäste;
Schick' dich zu deines Gasts Empfange!
Der Hahn kräht dreimal in der Nacht:
Der Tag bricht an, erwacht! Erwacht!
Wer bis zum Anbruch schläft, der schläft zu lange.
      (Friedrich Rückert)

14. Mensch und Tier

Ein voller Mensch fünf Sinne hat,
Von denen jeder steht an seiner eignen Statt,
Sehn, hören, fühlen, riechen, schmecken, wie sie
                      Gott erschaffen.
Die Sinn' auch haben wilde Tier'
Und je an einem stark den einen finden wir,
Am Luchs, am Maulwurf, an der Spinn', am Geier
                      und am Affen.
Scharf sieht der Luchs, der Maulwurf hört im Wühlen,
Die kleine Spinn' ist flink zum Fühlen,
Der Geier riecht, der Affe schmecket.
Sie übertreffen an dem Sinne
Den Menschen, dass sein Geist werd' inne,
Dass nicht zum Ziel die Sinn' ihm sind gestecket.
      (Friedrich Rückert)

15. Der Fisch im Traume

Ein Fischer träumt' in einem Traum,
Was er von kleinen Fischen fing' im Wasserraum,
Sollt' er ins Wasser wieder tun, und fangen große Fische.
Es würde seinen armen Tisch
Bereichern mehr ein großer als ein kleiner Fisch.
So ließ er manchen kleinen, dass den großen
                er erwische.
Da ward der Fischer reich an großen Sorgen;
Die großen Fische wohl geborgen
Verblieben in des Wassers Schaume.
So tut, wer kleines Gut nicht achtet,
Weil er nur nach dem großen trachtet.
Um manches Fischlein bringt der Fisch im Traume.
    (Friedrich Rückert)

16. Der englische Gruß

Gegrüßet seist du, Kön'gin rein,
Maria, ganzer Tugend ein durchleucht'ger
                Sonnenschein;
Du bist auch aller Gnade stets ein ewig
                unerschöpfter Hort.
Unser Herre sei mit dir,
Sodass ihr miteinander beide gnädig bleibet mir.
Und von mir armen Sünder gern vernehmt
                mein heilerflehend Wort.
Deine hohe Gnade, Frau, an mir erzeige.
Bevor die wilde Todesangst mich neige.
Gebenedeit vor allen Weibern
Sei dein reiner keuscher Leib,
Du Mutter, Magd, und niemals Weib,
Gesegnet deine Frucht vor allen Leibern!
    (Friedrich Rückert)

17. Edler Sinn

Gerne gewähren, ungern bitten;
Niedres verheißen, Hohes leisten:
Sind stolzer Ehren beste Sitten,
Der nur ein Edler sich mag erdreisten.
    (Friedrich Rückert)

18. Klage über einen in der Not abtrünnig gewordenen Freund

O Furcht, du bist ein übler Dieb;
Nie war ein Freund dem andern Freund so
                 traulich lieb,
Du stiehlst sie auseinander, dass sie fremden sich
                 und lassen.
O Furcht, wie furchtsam sonst ich bin,
Du stiehlst mir nimmer doch den Freund aus
                 meinem Sinn;
Stiehlst du mich ihm, der sonst so furchtlos ist,
                 wie soll ich's fassen?
    (Friedrich Rückert)

19. Die Herrschaft des Willens

Der Wille war einst Herrenknecht,
Nun sucht er über manchen Herren Herrenrecht,
Dem will er, was Frau Ehre ihm gebietet,
                 nicht erlauben.
Ei, wehr' dich, hochgeborner Leib!
Zwingt dich dein Wille, schwächer bist du als
                 ein Weib;
Viel Schande lehrt er dich und wird dir gar die
                 Ehre rauben.

Der Knecht will Herr sein über dich; das hindere!
Du bist der Meister, er der Mindere;
Schaffe, dass er dich fürchten müsse!
Du sollst ihm seine Wilde stören,
Heiß' ihn den Eid der Huld dir schwören,
Eh' er dich selbst bringt unter seine Füße.
   (Friedrich Rückert)

20. Frauenwerbung

Ein ledig Weib soll um den Mann
Nicht werben, es steht ihr nicht an,
Die Liebe will's nicht leiden.
Doch dass sie sich bescheiden
In Tugend kleid', in Zucht und Sitt',
In Huld und Anmut, und damit
Des Mannes Herz gewinne,
Das steht wohl an der Minne.
   (Friedrich Rückert)

21. Guter Wunsch zu gutem Ende

Es wohnt ein Wunsch uns allen bei,
Dass Gott uns mög' ein gutes Ende geben.
Der Wunsch ist gut; dass aber sei
Das Ende gut, sei gut zuvor das Leben.
Gott mag auch geben schlechter Bahn ein gutes Ziel,
Ich glaub' es wohl, doch wär' es nur gewonnen Spiel;
Wir aber wollen eben,
Wo auf dem Spiele steht so viel,
Uns in die Wagnis nicht begeben.
   (Friedrich Rückert)

22. Zweifel Baumeister

Zweifel ist ein übler Zimmrer,
Nie war üblerer, noch schlimmrer,
Zweifel bauet selten aus,
Nie mit starker Säul' ein Haus.

Zweifel immer hat zu messen,
Wähnt, dass immer was vergessen,
Rückt und schiebt von früh bis spät,
Häuft vergebens viel Gerät.

Zweifels Grund ist nirgends fest.
Wird mich nicht der Zweifel lassen,
Werd ich fassen
Kein Vertrauen,
Werd ich nie so Großes bauen
Als des kleinsten Vogels Nest.
    (Nach Friedrich Rückert)

23. Die Gewalt

Gewalt hat wohl des Leibs Beschluss,
Doch ledig ungefangen muss
Sie die Gedanken gehen lassen.
Nie Kaiser, König war so hehr,
Dass er's gewehrt mit starker Wehr,
An seinem Fehltritt ihn zu fassen.
Gewalt, die du auf Unrecht pfropfest,
Was hilft dir's, dass du hier und dort zwei lose
                    Mäuler stopfest,
Wenn tausend Herzen dich dafür nur desto
                    inn'ger hassen!
    (Friedrich Rückert)

24. Geheiligte Liebe

Ein Herz, Ein Leib, Ein Mund, Ein Mut,
Und eine Treu, und eine Liebe wohlbehut,
Wo Furcht entschleicht, und Scham entweicht, und
Zwei sind Eins geworden ganz;
Wo Lieb' mit Lieb' ist im Verein,
Da denk' ich nicht, dass Silber, Gold und Edelstein
Die Freuden übergolde, die da bietet lichter
                    Augen Glanz.
Da wo zwei Herzen, die die Minne bindet,
Man unter einer Decke findet,
Und wo sich eins ans andre schließet;
Da mag wohl sein des Glückes Dach,
Wohl ihm, dem je ward solch Gemach;
Ich weiß gewiss, dass Gott das nicht verdrießet.
     (Friedrich Rückert)

25. Hofmönche und Klosterritter

Wohl Haar und Bart nach Klostersitten
Und auch nach Hofgebrauch find' ich
                    genug geschnitten,
Doch wenig find' ich derer, die recht eins von
                    beiden tragen.
Halb Fisch, halb Mann, ist weder Fisch
Noch Mann; sei jeder ganz, wozu ist das Gemisch?
Hofmönch' und Klosterritter mag mir beides
                    nicht behagen.
Hofmönchen, Klosterrittern, diesen beiden
Wollt' ich zu Rechte wohl bescheiden,
Wenn sie sich wollten lassen finden,
Wo beide gut sind aufgehoben:

Im Kloster ist der Mönch zu loben,
Der Ritter soll des Hofs sich unterwinden.
    (Friedrich Rückert)

26. Guter Rat des Alten

Ich bin an meiner Abendzeit
Doch jungen Leuten noch zu Morgengruß bereit.
Sie schießen fehl aus freier Hand, indes den Arm
                    ich stütze.
Nach Ehren spann' ich doch zur Not.
Mein Abendschein ist bleich, und ist ihr Morgen rot,
Und sie verschwelgen weichlich ihn, was ist er
                    ihnen nütze?
O junger Mann, sei froh, jedoch mit Züchten!
Der Wüste Baum ist schlecht von Früchten,
Die dich verwüsten an den Sinnen.
Die Wüstheit ziehet jungen Leib
So, dass nicht Gott, noch reines Weib
An ihm ein Wohlgefallen mag gewinnen.
    (Friedrich Rückert)

Hiltbolt (Hillebold)
von Schwangau
1221–1254

Ein schwäbischer Ritter, dessen Burg an der Stelle stand, wo sich die neue Burg Hohenschwangau erhebt. In Urkunden nicht genannt; er machte vermutlich die Kreuzfahrt Leopolds des Siebenten von Österreich 1217 mit, von der er glücklich heimkehrte.

1.

Wieder will ich der Lieben singen,
Der ich je in Treuen sang;
Hoffend will ich um Gnade ringen,
Dass entschwinde mein Trauern bang.
Einst führte ich die Holde
Beim Tanze an der Hand,
Ihr ziemt' die Kron' von Golde
Vor jedem Weib im Land!
Elle und Else tanzen wohl,
Dafür man sie beide preisen soll.

Nimmer sah ich so tugendreiche
Frauen, das muss ich eingestehn,
Nimmer an Reizen so ohne gleiche,
Was ich an Frauen je mochte sehn.
Darum hat sie von allen
Gefesselt mich allein,
Sie muss mir wohl gefallen
Sie, aller Sälde Schrein.
Elle und Else tanzen wohl,
Dafür man sie beide preisen soll.

Selig sei die Süße, Reine,
Selig sei ihr roter Mund,
Selig sei, die ich da meine,
Selig sei so süßer Fund!
Selig sei'n die goldnen Stunden,
Selig da ich sie sah der Tag,
Selig, dass sie mich gebunden,
Nimmer die Bande ich lösen mag.
Elle und Else tanzen wohl,
Dafür man sie beide preisen soll.

2.

Kalte Reifen und der Schnee –
Wenn die zergehn, so kommen wie eh
Wieder Blumen und der Klee,
Mein Leiden zergeht nicht, es wächst zur Höh'.

Wie man mag die Heide sehn
Weiß oder sommergrün dastehn,
Mein Herzeleid will nicht vergehn,
Das klag' ich der Schönen, sie gab's mir zu Lehn.
   (Franz Weber)

Christian von Hamle
Um 1225

Ein Zeitgenosse des Morungers, wohl aus Süddeutschland ge-
bürtig. Glühende Innigkeit. Kühnheit und Neuheit der Bilder,
Wahrheit und Lebendigkeit der Empfindung sind die Vorzüge
dieses frischen und echten Dichters, der sich mehr an der
Volkspoesie gebildet zu haben scheint, als an der höfischen
Kunst. Leider ist wenig von ihm übrig.

1. Der Anger

O dass der grüne Anger sprechen könnte,
Gleich wie der Papagei im Glas,
Und das Geständnis mir vergönnte,
Wie er sich freute bass,
Als meine Herrin Blumen las
Auf ihm, und ihre minniglichen Füße
Berührt sein grünes Gras.

Wie musst' das Herz sich auch in Freude wenden,
Als meine Herrin zu euch kam,
Herr Anger, und mit ihren weißen Händen
Von euren Blumen nahm!
Erlaubet mir, Herr grüner Plan,
Dass meine Füße an dem Orte wandeln,
Wo sie gegangen wundersam.

Bewegt sie, dass mit ihrem Blick, dem süßen,
Sie mich befrei' von meinem Weh;
Dann wünsch' ich euch, dass sie mit bloßen Füßen
Noch heuer auf euch wandeln geh:
Dann schadet euch, Herr Anger, nie der Schnee.
Wird mir von ihr ein lieblich Grüßen,
So grünt mein Herz wie euer Klee.

    (L. Köhler)

2. Treue

Wohl mir des Schließens, das sie schloss,
Die Liebe in das Herze mein!
Die Treu' zu ihr mich nie verdross,
Sie muss ob allen Frauen sein
Mein Trost, mein Heil und meine Wonne,
Dass nie mir leuchtet andre Sonne,
Als ihr viel werter Leib;
Drauf schwör' ich tausend Eide: ich minne sie
                    vor jedem Weib.
Hätt' ich der Zeder Lebenstage,
Mit ihr allein wollt' ich sie leben;
Ihr Lob ich allen gerne sage,
Ihr bin ich ganz ergeben;
Sie ist mir lieb vor allen Frauen,
Auf meine Treue darf sie bauen,
Was auch darüber mir geschieht;

Sie ist mein Augenlicht und kommt mir aus
                   dem Herzen nicht.
Warum sollt' ich verlassen sie,
Da sie doch also tugendreich?
Ob auch mein Wankelmut sie flieh,
Ihr Licht lockt mich zurück sogleich,
Ihr Licht, das mir das Herz erleuchtet,
Wie Maientau die grüne Heide feuchtet
Mit seiner Freude Fruchtbarkeit;
Die Rose leuchtet aus den Blumen, wie ihre
                   Schönheit sonder Streit.
     (L. Köhler)

3. Vier Augen und zwei Herzen

An seligem Leibe
Mit Armen umfangen,
Zu Herzen gedrückt, wie lieblich das tut!
Bei trostreichem Weibe
Mit rosigen Wangen
Vor Freuden erlachen, das freuet den Mut.
Da sind zwei Herzen und doch nur ein Leib,
Mit Worten unterschieden, ein Mann und ein Weib.
Da muss die Sorge zu Stücken zerbrechen;
Da lässt die Freude sie beid aus ihrem Munde
In langer Zeit kein Wort mehr sprechen.
Da mag man küssen den süßesten Mund,
Der von Frauen je dem Manne ward kund.

Bei zwingenden Frauen
Stehn männliche Herzen
Bisweilen traurig, bisweilen froh;
Wer sie mag schauen
Ohne der Obhut Schmerzen,
Freud ob aller Freude gewinnet er so.

Wo sich vier Arme verschränken so traut,
Nie süßere Freude hat die Sonne geschaut.
Wer solchen Trost weiß an lieblichem Weibe,
Auf Erden da ist ja nicht bessere Wonne,
Die so die lästigen Sorgen vertreibe.
Da drücken zwei Herzen einander so nah,
Für das dünnste Laub wär' kein Raum mehr da.

Wo sich so innig
Vier Augen ersehen,
Da müssen zwei Herzen gar hold einander sein.
Sie grüßen sich minnig:
Mag was will nun geschehen,
Freude und Trauern ist beiden gemein.
Da brennet die Minne so hell wie die Glut,
Noch größere Wunder die Minne da tut:
Sie lässt sich zwei Münde aneinander vergessen.
Da hat die Minne mit tausend Freuden
Sorgen und Trauern gar übermessen.
Da hat die Freude die Minne besiegt:
Dem Paare Heil, das in Züchten so liegt!
(Karl Simrock)

4. Frauenlob

Da kommt der Mai mit Schalle!
Die Vögel singen alle,
In farbenreichem Kleide
Strahlt zauberisch die Heide;
Doch scheint ihr Glanz verblichen
O Frau'n, mit euch verglichen;
Ihr seid so himmlisch gut,
So frei von falschem Mut
Ihr süßen Minniglichen!
Ein Kuss von eurem Munde

Labt in des Herzens Grunde,
Mehr noch von Armen, schön und blank.
Ein williger Umfang.

Wer Tugend liebt und Ehre,
Der merke sich die Lehre:
»Er soll zu allen Zeiten
Der Frauen Lob verbreiten« –
Manch wonniglicher Segen
Beginnt wohl sein zu pflegen,
Wenn er sie fröhlich grüßt,
Und fein die Rede süßt,
Nie kalt und nie verwegen.
Wenn rote Lippen lachen,
Muss alle Trauer schwachen.
Des holden Augenspieles Fund
Macht Herzen lieblich wund.

O Jubel, euch zu dienen!
Zwei Lippen, wie Rubinen,
Zwei zarte Rosenwängel,
Und Blicke wie die Engel
Muss jeder gern beschauen,
Und eurer Huld vertrauen.
Vor allem, was da lebt
Und höchsten Ruhm erstrebt,
Ziemt euch der Rang, o Frauen!
Mit hunderttausend Munden
Kann niemand würdig kunden
Und singen, was mein Lied erhob.
Der Frauen Wert und Lob.
        (Wolff)

5. Wächterlied

Ich bin's, der Lieben liebe Märe singet,
Der Lieb zu liebe oft Unsanftes bringet;
Das was ich soll, leist' ich mit Treuen gar.
Bring' ich zu Liebe Lieb, ist's beiden lieb fürwahr:
Doch mahn' ich sie zum Scheiden, so nehmen
                sie's nicht wahr.

»Wie kommst du, Wächter, schon so früh gegangen,
Da ich den lieben Mann doch kaum umfangen,
Der mir am Herzen und im Arme liegt,
Zu Liebessorgen Liebesfreude fügt.
Sieh, Wächter, ob des Mondes Schein nicht trügt.«

Ich kann zu Lieb euch, Frau, nicht anders singen;
Gott lass es beiden euch stets wohl gelingen!
Doch klag' ich um den werten, süßen Mann:
Leid ist mir, ihn zu lösen aus dem Bann.
Wohl dem, der bei der Liebe vor Leid sich hüten kann!

»Weil deinen Rat du gibst in Treu und Güte,
So steige von der Mauer und ihn hüte.
Ich dürft' mein Leid dir ja nicht klagen eh!
O weh des lieben Manns und meines Herzens, weh!
O nimm mein Gold und hilf ihm, wie es mir
                auch ergeh'!«

    (Köhler)

Heinrich von Morungen
Um 1225

Lebte im ersten Viertel des 13. Jahrhunderts, ein Norddeutscher, wie man vermutet, aus Moringen bei Göttingen stammend. Seine Lieder haben in Sprache und Haltung noch etwas Altertümliches; sie zeichnen sich durch eine frische Sinnlichkeit, durch lebendigen Gang und Reichtum an wirkungsvollen Bildern und geistreichen Wendungen aus.

1. Härte der Geliebten

Wüsst' ich, ob es verschwiegen möchte sein,
Ließ ich euch sehen meine schöne Frauen:
Wer heute mir zerbräch' das Herze mein,
Der möchte sie darin in Schönheit schauen:
Sie ist durch meine Augen, ohne Tür, hineingegangen;
So sollt' ich sein von ihrer süßen Minne
                 minniglich empfangen.

Wenn jemand lange ruft in einen Wald,
So wird zuweilen Antwort ihm zuteile:
Doch wie ich klag' ihr oft und mannichfalt
Von meiner Not, die nur ihr Auge heile,
Und ob ich schildre meinen Kummer ihr auch
                 im Gesange:
Sie hat geschwiegen allezeit oder geschlafen so lange.

Es hätte wohl ein Papagei und Star
Seitdem gelernet sprechen von der Minne:
Ich hab' gedienet ihr so manches Jahr,
Dass meine Red' ihr kommen müsst' zu Sinne.
Und doch geschieht es nicht, Gott wolle denn
                 ein Wunder zeigen,

Ja, leichter möcht' ich einen Baum mit meiner
                          Bitte beugen.
   (L. Köhler)

2. Da tagte es

Weh mir, soll fürder leuchten nicht
Mir durch die dunkle Nacht
Ihr Leib, wie Schnee so weiß und licht,
In voller Schönheit Pracht?
Es täuschen mich die Augen mein;
Ich dacht', es möchte sein
Des lichten Mondes Schein –
Da tagte es!

»Weh mir, soll er erwarten nicht
Bei mir des Morgens Tagen,
Da 's in der Nacht an Zeit gebricht,
Um unsre Not zu klagen?
Weh mir, schon ist es Tag!
Als er der Klage pflag,
Da jüngst er bei mir lag –
Da tagte es!«

Sie gab mir Küsse sonder Zahl,
Als ich träumend schlief,
Von ihren Augen hin zu Tal
Ein Tränenbächlein lief.
Doch hab' ich Trost gewusst,
Ihr Weinen ward zur Lust,
Sie schloss mich an die Brust –
Da tagte es!

»Weh mir, dass er so oft mich sah,
Das macht mir vieles Leid!

Kam er je mir in Liebe nah,
So wollt' er ohne Kleid
Sehn meine Arme bloß:
Es war ein Wunder groß,
Dass ihn das nie verdross –
Da tagte es!«
   (L. Köhler)

3. Der vergrabene Schatz

Fraue gut,
Dass du selig mögest sein!
Weh der Hut,
Die der Welt so lichten Schein
Will an dir benehmen, da man dich so selten zeigt,
Wie die Sonne, wenn sie sich des Abends niederneigt.

Wer der Frauen,
Hütet, der verwirkt den Bann,
Denn zum Schauen
Schuf sie Gott so schön dem Mann,
Schuf der Welt zum Spiegel aller Freuden sie so klar:
Darf man Gold begraben, wo es niemand
                         wird gewahr?

Alle Morgen,
Will die lange Nacht vergehn,
Muss ich sorgen
Wie ich heute möge sehn
Meine liebe Sonne, die so wonniglich mir tagt,
Dass mein Auge wenig alle trüben Wolken klagt.
   (Karl Simrock)

4. Der zerbrochene Spiegel

Mir ist geschehn wie einem Kindelein,
Das sein schönes Bild in einem Glas ersah:
Da griff es hin nach seinem eignen Schein,
Bis es seinen Spiegel gar zerbrochen sah.
Alle seine Wonne ward zu Leide da.
Also dacht' ich immer froh zu sein,
Als ich ersah die liebe Fraue mein,
Von der mir Liebes viel und viel zu Leid geschah.
  (Karl Simrock)

5. Nein und Ja

Frau, wenn du mich erretten willst,
So sieh mich doch ein wenig an:
Wenn du die große Not nicht stillst,
So ist es bald um mich getan.
Ich bin siech, mein Herz ist wund:
Frau, das haben mir getan meine Augen und
                    dein roter Mund.

Frau, bedenkst du nicht mein Leid,
Verlier' ich Leben bald und Leib.
Ein Wörtchen sprachst du jederzeit,
Verkehre das, du selig Weib!
Du sprachest immer: Nein, o nein,
O nein, o nein, o nein: das bricht mein Herz und
                    wär' es Stein:
Sprich nun doch auch einmal ja,
Ja ja, ja ja, ja ja! Das liegt meinem Herzen nah.
  (Karl Simrock)

6. Kaiser ohne Krone

Kaiser bin ich, ohne Krone,
Sonder Land, so wähnet mir der Mut:
Hoch erhob er mich zum Throne,
Dank der Lieben, die mir Holdes tut.
Das schafft ein Fräulein wohlgemut!
Zu der will ich beständig sein,
Nie ersah ich noch ein Weib so gut.

Immer mag ein Ritter ziehen
Sich zu guten Frauen, glaub' ich fest.
Böse Frauen soll man fliehen:
Töricht ist, wer sich auf sie verlässt;
Sie verleihen nicht hohen Mut.
Dennoch weiß ich einen Mann,
Den auch solche Frauen dünken gut.
    (Karl Simrock)

7. Gesundet

Hat man mich gesehn in Sorgen,
Mag es nun nicht mehr geschehn:
Freuen soll mich alle Morgen,
Dass ich die Liebe hab' ersehn
In Freuden, alles Leides bar.
Weich nun endlich, langes Trauern,
Bin ich gesund wohl auf ein Jahr.

Durch die Herzen kann sie brechen
Wie die Sonne durch ein Glas,
Ja sie ist, ich darf es sprechen,
Ganzer Tugend Adamas.
Mir ist die liebe Fraue mein

Ein wonnereicher süßer Mai,
Ein wolkenloser Sonnenschein.
(Karl Simrock)

Süßkind von Trimberg
Um 1225

Der Jude Süßkind mit dem Zunamen von Trimberg lebte am
Anfang des dreizehnten Jahrhunderts in Würzburg und stamm-
te aus Mitteldeutschland. Es mögen sich die verachteten Juden
damals wohl nur selten mit der edeln Sangeskunst beschäftigt
haben, so ist Süßkind der einzige Jude, von dem wir Lieder be-
sitzen. Soviel man aus den wenigen erhaltenen Strophen be-
urteilen kann, behandelt er Sprache und Form mit Leichtigkeit.
Es ist ein armer Sänger, dem Bigenot von Darbian (die perso-
nifizierte Dürftigkeit) sehr aufsässig ist, weshalb seine Kinder
oft weinen, deren Schnabelweide sie selten sättigt. Herr Dün-
nehabe schafft in seinem Hause Mangel. Er bittet die Freige-
bigen ihm zu helfen. Die nachfolgenden zwei Proben sind
freie Übertragungen.

1. Abschied von der Kunst

Ich zieh nun wie ein Tor dahin
Mit meiner Kunst fürwahr,
Denn darben lässt der harte Sinn
Der Herrn mich immerdar.

Die Höfe will ich fliehen
Und lass nach alter Juden Art
Mir stehn den langen grauen Bart:
So will durchs Land ich ziehen.

Den Kaftan lass ich hängen lang
Tief unterm großen Hute,
Demütiglich soll sein mein Gang,
Will nicht mehr singen Habedank,
Seit mir die Herrn nicht geben mehr von ihrem Gute.
  (Z)

2. Gedankenfreiheit

Gedanken niemand wehren kann den Toren noch
                den Weisen,
Darum sind auch Gedanken frei wie sonst wohl
                nichts auf Erden,
Denn Herz und Sinne die sind ja den Menschen
                frei gegeben.

Gedanken dringen durch den Stein, durch Stahl
                sowie durch Eisen,
Gedanken achte nicht gering, denn wenn sie
                mächtig werden,
Siehst du sie nicht, so hörst du sie, und merkst
                was sie erstreben.

Gedanken laufen über Feld
Geschwinder als der Blick der Augen,
Gedanken liest nur in der Welt
Heimliche Minne – dazu kann sie taugen;
Gedanken können höher als
Die Adler in den Lüften schweben.
  (Z)

Der Stricker
Um 1225–1250

Wie von vielen andern Dichtern dieser Zeit ist auch von diesem wenig Urkundliches bekannt. Obwohl kein Minnesinger, gebührt ihm doch neben dem Windsbecker, Freidank, Boner. Hugo von Trimberg und einigen andern mehr didaktischen Dichtern ein Plätzchen in der vorliegenden Sammlung. Der Stricker ist ein Zeitgenosse Rudolfs von Ems und lebte in Österreich. Ist er ein fruchtbarer und glücklicher didaktischer Dichter, so ist er es nicht minder als Epiker; auf seinem Pfaffen Amis beruht sein unvergänglicher Ruhm.

Ein Beispiel

Einem Mann zerbrach der Axtstiel;
Da bat er alle Bäume viel
Um einen Stiel, der war recht fest.
Sie gaben ihm eines Ölbaums Ast,
Worauf der Mann in aller Hast
Den ganzen Wald umhieb und brach.
Die Eiche da zur Esche sprach:
Mit Recht sind wir verraten,
Weil unserm Feinde wir wohltaten;
Wer seinem Gegner aufhilft wieder,
Zu Boden drückt der selbst sich nieder.
    (Johannes Scherr)

Burkart von Hohenfels
Um 1229

Er stammte von der Burg bei Überlingen am Bodensee. Er erscheint am 6. November 1226 in Weingarten bei König Heinrich urkundlich und dann 1228–29 in Urkunden des Klosters Wettingen. Er schildert gern Tanz und Jugend; die Welt ist ihm voll Freude und Freiheit.

1.

Wir wollen den Winter
In Stuben begrüßen,
Wohlauf, ihr Kinder,
Mit hurtigen Füßen!
Folget ihr mir,
So wollen wir lachen
Und Blicke entfachen
In lieblicher Gier.

Zierlich lasst schweifen
Uns durch Gedränge,
Fehlt's uns an Pfeifen,
Tun's auch Gesänge!
Schleppen herauf!
So wollen wir ziehen,
Bald nahen, bald fliehen
In Tanzes Verlauf.

Niemand verliere
Heut Freuden Gewinne,
Jedermann küre
Sein Liebchen zur Minne!
Wonnig das tut;
Weicht sie und banget,

Hüfte umfanget!
Das wecket den Mut.

Niemand soll scheuchen
Aus Herzen die Minne,
Sie wird nicht weichen
Trotz Ränke und Sinne!
Liebe in Treu' –
Wie ihr euch mühet –
Sie locket und ziehet
An sich stets aufs neu!

Lust uns behüte
Vor sorglichen Dingen,
Lasst ins Gemüte
Sie dringen und schwingen!
Freude soll laben!
Gibt sie zurücke
Die spielenden Blicke,
Das reizet den Knaben.

2.

Ich will von der Minnereichen
Minnigliche Kunde sagen,
Wie ihr Wert so hoch kann streichen
Und Unwert so ganz verjagen.
Ihre Schönheit ist so prächtig,
Wer sie sieht, den wundert mächtig,
Dass sie's kann alleine tragen.

Schön an Leib und auch an Mute,
Dass Bewund'rung nie gebrach,
Ist die Minnigliche, Gute;
Missewenden von ihr sprach,

Dass ihr Teil an ihr nicht wäre,
Was sie selten jetzt entbehre.
Sodass schwer ihr's ginge nach.

Ihr im Herzen Heil entspringet,
Freude draus der Welt entquillt,
Laut ihr Helles Lob erklinget,
Ird'scher Wunsch ist hier erfüllt.
Könnten Vöglein recht sie schauen,
Sie erwählten sie zur Frauen
Für den Sommer im Gefild!

Zu sich lockt sie all mein Denken,
Auf zu ihr fliegt es geschart,
Manche heißen Wünsche lenken
Nach ihr hin die Jagefahrt;
Zu ihr haben sich geschwungen
Viele, hätten sie bezwungen
Sie, das wäre Falkenart.

Kann ich sie auch nicht erjagen,
Schwing' ich mich doch auf zu ihr!
Zu ihr soll der Wunsch mich tragen,
Bleibt sie fern auch für und für.
Wenn mein Herz sie so umschwebet,
Endet Leid und Freud' sich hebet
Ohne »Habedank« in mir!
        (Franz Weber)

Der Dürner

Um 1230

Wie auch der Winter kalt
Rings im Land
Vogelsang tötet und Blumenschein –
Der über mich Gewalt
Gerne ich zugestand,
Seht, deren Schöne muss mein blühender Maie sein!
An ihr ich mehr Freuden und Wonnen seh':
Rosen rot gestreut
Auf weißem Schnee
Sind der Lieben unter die Augen; wie's ergeh'
Mir droht kein Leid!

Weiß ist ihre Haut;
Aber rosenrot
Sind ihre Wangen und ihr süßer Mund,
Ihr Hälslein traut
Blank – welche Not,
Sollt' ich hängen, dort wollt' ich's zur Stund,
Und mich verjüngen in ihren Augen klar.
Statt der Sträuche Grün
Ihr goldnes Haar
Will ich immer gerne preisen, das ist wahr,
Mit frohem Sinn.

Ich träumt' einen Traum,
Noch ist's nicht lang,
Kunden* Gästen die Mär' ich sing',
Wie mich ein Rosenbaum
Hoch und schlank
Mit zwei blühenden Ästen umfing,
Drunter blühten Veilchen und Rosen im Hag.

* Kunden, d. h. bekannten, dann »lieben« überhaupt.

Also ich's deute wohl:
Dass, wenn sie mag
Ihr Umfangen in trauter Näh' manch halben Tag
Mich binden soll.

Wahrlich, zum Maienspiel
Will gern ich gehn dorthin
Wo ein sehnender Siecher geheilt so wird,
Da ihr ist so viel
Der Gewalt verliehn
Dass ihr Lachen schon Freude dem Herz gebiert.
Ihr lichtes Auge dringt bis in Herzensgrund,
Wie eine Rose rot
Ist ihr der Mund!
Welchen Siechen der berührt, der wird gesund
Von sehn'der Not.

Dennoch hat ihr Leib
Der Gewalt noch mehr,
Wenn sie die Arme um mich schlingt;
Denn, du selig Weib,
Ist das Herz mir schwer,
Deine Frauengüte ihm Heilung bringt.
Denket dran, wie lieb ein Weib, wie traut es sei,
Wenn sein sanftes »Ja«
Macht sorgenfrei.
»Nein« das sei verwünscht, es bringt, wenn es auch sei
Dem Tod mich nah!
     (Franz Weber)

Rubin
Um 1230

Ein Tiroler Sänger, aus adligem Geschlecht, von dessen Le-
bensumständen so gut wie nichts bekannt ist. Vermutlich nahm
er am Kreuzzug Friedrichs des Zweiten 1227–1229 teil. Der
Marner nennt ihn unter Verstorbenen; er gilt für einen Schüler
Walthers. Seine Lieder sind sehr formvollendet und leicht hin-
geschrieben bei oft unbedeutendem Inhalt.

Die Beste

Werter Gruß von Frauenmunde
Freut aus tiefstem Herzensgrunde,
Mehr als aller Vöglein Singen.
Kann beglückter einer werden,
Als durch Frauenhuld auf Erden?
Glücklich, wer sie darf erringen.
Was vergleicht sich sonst dazu?
Wer auf Wonnen
Still gesonnen,
Sage: was ihm sanfter tu?

Einstmals fragt ich nach dem Grunde,
Was da lindert Herzenswunde,
Gerne wollt ich das erfahren.
Da befolgt ich Weiser Räte,
Dass kein Mittel sanfter täte,
Als der Frauen hold Gebaren.
Ja, durch sie ist mir's geschehn:
Tugendkrone
Mir zum Lohne
Hab ich voller Huld ersehn.

Ist so trefflich, dass ich schwüre,
Wer die Lande all durchführe,
Von dem Anfang bis zum Ende,
Dass er nirgend auch nur eine,
Die so rein wär wie die Meine,
Und so frei von Makel, fände.
Doch ob sie die Beste sei?
Nein – mit Klagen
Muss ich's sagen
Sie macht nicht mich sorgenfrei.
    (Z)

Der Schenke von Limburg
1230–1287

Wahrscheinlich Konrad, aus dem Geschlecht der Reichsschenken von Limburg bei Hall am Kocher, der 1267 und 1268 mit Konradin in Italien war. Hugo von Trimberg nennt ihn im Renner. Seine zarten Lieder, meist recht ansprechend, sind wohl von Ulrich von Winterstetten beeinflusst.

Seid willkommen, Frau Sommerzeit,
Seid willkommen, Herr Maie,
Der manchem frohen Mut verleiht,
Dass er in Lieb' sich zweie!
Mir geht mein Lieb vor Blumenschein,
Mein Lieb vor Vögelsingen,
Mein Lieb muss die Vielliebe sein,
Mein Lieb das kann wohl zwingen,
Und o weh, Lieb, sollt' ich um Liebe ringen!

Gar vielerlei der Farben hat
In seinem Kram der Maie,

Die Heide prangt in vollem Staat
Mit Blumen mancherleie:
Gelb sind sie, rot, blau, braun und weiß,
Sind wonniglich entsprungen,
Die Vöglein singen voller Fleiß,
Mich kann die Liebe jungen,*
Hei, wird sie mein, so hab' ich wohl gesungen!

Mein Lieb trägt hoher Schönheit Kleid,
Von dem ich heuer singe,
Mein Lieb ist lieb, es ist nicht leid,
Mein Lieb ist guter Dinge!
Mein Lieb ist froh, so soll es sein,
Mein Lieb ist voller Güte,
Mein Lieb ist aller Wonnen Schrein,
Dass Gott sie immer hüte!
Wie dann mein Herz in vollen Freuden blühte!
    (Franz Weber)

Wachsmut von Mühlnhausen
1235–1253

Vielleicht aus Mühlhausen im Oberelsass.

Sommer, Sommer, Sommerzeit,
Was dein Kommen Lust verleiht,
Grünt die Heide weit und breit!
Und doch, es mag mich trösten mehr
Eine Fraue, nach der ich gehr'!
Will die, wird mein Herz so weit
Und also weit,

* jungen = verjüngen, jung machen.

Wenn ich sie mag sehen,
Ist die Lust dem Sommer gleich,
So ist meine Fraue tugendreich,
Das muss mein Aug' gestehen!

Fraue, Fraue, Fraue mein,
Dreier Wert hast du allein,
Du aller Tugenden ein Schrein!
Allein giltst mehr als drei du mir,
Du, die ich liebe und als vier,
Du bist ganz gleich der Sonne Schein!
Ich allein
Bin betört und sie ist weis'!
Das soll die Werte mir gewähren,
Dass ich sie darf im Liede ehren,
Sie ist ein blühendes Maienreis!

Rose, Rose, Rosenblüt',
Du bist die Krone aller Güt',
Lieblich, heiter im Gemüt!
Du bist mein Trost, meine Zuversicht,
Solch' Freude gibt mir andres nicht;
Du hast an aller Tugend teil,
Zu meinem Heil
Ward Lieb'res mir nie kund!
Ei, Fraue mein, dich liebe ich
Um all' die Tugend; küsset mich,
Ihr lieben Augen, roter Mund!
        (Franz Weber)

Gottfried von Niefen
1235–1273

Die Stammburg derer von Niefen (oder Neifen) stand bei dem schwäbischen Städtchen Neufen. Gottfried selbst wird in Urkunden von 1234–1255 mehrfach erwähnt. Als eigentlicher Minnesänger ist er weniger hervorragend, mit mehr Glück bewegt er sich in den Kreisen Neidharts, in der volksmäßigen, oft mutwilligen Schilderung des Lebens und Treibens der Landleute.

1. Die Erste und Letzte

Nun steht die liebe Heide bar
Der wonniglichen Blumen und der lichten Rosen rot.
Entkleidet hat der Wald sich gar:
Drum leiden wieder kleine Vöglein so große Not.
Was klag' ich Tor der Vöglein Sang?
Was klag' ich nicht die schwere Zeit,
    da ich der Minniglichen dienen musste
                sonder Dank?

Sie lohne mir, sie lohne nicht,
Sie ist doch meines Herzens Trost und ist die
                Fraue mein.
Ich dien' ihr, was sie immer spricht,
Sie muss die Erste, Letzte mir bis an mein Ende sein.
Sie fing mich mit der Augen Pracht,
Dass ich nicht scheiden mag von ihr,
    wie selten mich die Herzgeliebte noch hat
                froh gemacht.

Sie wohnt in meines Herzens Grund,
Die ich schon früh zu lieber Herrin mir erwählte frei:
Davon wird es krank und wund;

Was mag ihr schaden, dass sie schön ist und auch
                                    los dabei?
Von Freude weiß ich nicht zu sagen;
Doch freut nichts andres mich so sehr,
     darauf um Gnade wollt' ich gern ein glühend
                                    Eisen tragen.

   (Karl Simrock)

2. Wiegenlied

Soll ich den ganzen Sommer lang
Nur kleine Kinder küssen,
So wär' ich lieber tot.
Darob ist meine Freude krank,
Dass ich den Tanz muss missen,
O welche große Not!
Wigen wagen, gugen gagen!
Will es noch nicht tagen?
Minne, Minne, traute Minne, lass' dir doch nur sagen!

Nimm, Amme, denn das Kindelein,
Auf dass es nicht mehr weine;
Und bist du mir von Herzen treu,
So mindere die Mühsal mein,
Denn du magst mich alleine
Von meinen Sorgen machen frei.
Wigen wagen, gugen gagen!
Will es noch nicht tagen?
Minne, Minne, traute Minne, lass' dir doch nur sagen!
     (L. Köhler)

3. Die Nachtigall

Die Nachtigall, die sang so wohl,
Dass man ihr's immer danken soll
Und andern kleinen Vögelein:
Da dacht' ich an die Herrin mein,
Die Herzensfürstin mir allein.
    (L. Köhler)

4. Der zerbrochene Krug

Schnee und Reifbehang
Hat die Heide bezwungen,
Dass ihr lichter Schein
Trägt Jammergestalt.
Und der Vögel Sang,
Die so lustig gesungen,
Ist verstummt im Hain.
Dazu klag' ich den Wald,
Dem fehlet das Kleid.
Dennoch kann sie fügen
Härter Herzeleid,
Die das Wasser in Krügen
Von dem Brunnen trägt. An sie gedenk' ich froh
               und bang.

Ich zerbrach ihr den Krug,
Da sie kam von dem Bronnen.
Freude erfüllt mich,
Als ich die Liebe sah.
Da sie das vertrug,
War meine Sorge zerronnen.
Hört doch, wie minniglich
Die Geliebte sprach da:
»Ich habe schlimme Zeit,

Das kommt von euern Schulden.
Meine Fraue tut mit Leid,
Und ich muss alles dulden,
Wie sie gestern fünfmal mich um euretwillen schlug.«

»So tu' den Willen mein,
Ich helf' dir aus den Nöten:
Komm', flieh' mit mir von hinnen,
So entgehst du ihrem Zorn.«
»Nein, das kann nimmer sein;
Eh' ließ ich mich ertöten:
Meiner Frauen Minne
War' auf immer mir verlorn.
Einen Schilling schuldig
Ist sie mir und ein Hemde:
Ei, bedenkt das huldig,
Das wär' mir alles fremde.
Doch wird es mir zuteil, will ich euch gern
                              willfährig sein.«

   (F. Born)

5. Ach und Weh

Was der Winter Sorgen bringe
All den lichten Blumen rot,
Was er kleiner Vöglein zwinge,
Dennoch klag ich andre Not:
Der ich stets zu Dienst mich bot,
Achtet all mein Leid geringe,
Drum an Freuden bin ich tot.

Ach und Weh, wohl hat bezwungen
Mich ihr minniglicher Mund.
Nicht ist mir an ihr gelungen,
Kummer wurde nur mir kund,

Seit ich fand so süßen Fund
An der minniglichen Jungen:
Herz, davon bist du so wund.
   (Karl Simrock)

6. Scheinfroh

Wohlauf nun, grüßen
Wir den süßen
Mai, der büßen
Will des Winters Pein.
Der uns will bringen
Vöglein Singen,
Blumen entspringen
Lässt beim Sonnenschein.

Da wo man eh
Sah kalten Schnee,
Da sieht man Gras
Von Taue nass

(Schauet das)
Die Blumen und den Klee.

Draußen im Walde
Auf der Halde,
Da hört man balde
Wonniglichen Schall.
In süßer Weise
Wohl zu Preise
Hoch und leise
Singt die Nachtigall.

Der Vöglein Sang
Tönt zum Empfang

Des süßen Maien
Mägde, Laien,
Lasst uns reihen
Den lieben Sommer lang.

Des Maien Blüte,
Des Sommers Güte
Hochgemüte
Gibt den Vögelein.
Ich habe keine
Lust, die Reine
Trost alleine
Denn das Herze mein.

Ihr braunes Haar,
Ihre Augen klar,
Ihr roter Mund,
Davon ist wund
Meines Herzens Grund,
Wie oft ich scheinfroh war.
   (Karl Simrock)

7. Verstummen

Heid und Aue stand in Blüte
Bei des süßen Maien Güte:
Die sind beide worden fahl.
Auch will nun der Winter zwingen
Kleiner Vöglein süßes Singen,
Dass sie schweigen allzumal.
Sollt ich auch darüber klagen,
Klag ich doch um andre Not.
Sollt ich es der Lieben sagen
Nach ihrer Minne jammr ich mehr
als nach den lichten Rosen rot.

Süße Minne, meine Sinne
Jammert nach der Lieben Minne:
Minne, hilf, es ist wohl Zeit.
Minne, du magst Trauern wenden,
Herzen Hochgemüte senden,
Deine Macht ist groß und weit.
Minne, sieh, ich huldge dir,
Minne, der ich eigen bin:
Süße Minne, gäbst du mir
Des minniglichen Weibes Leib,
so wär mein Trauern ganz dahin.

Minne, weißt du, wen ich meine?
Minne, sie ist es alleine,
Der ich mich zu eigen gab;
Minne, sie, die minnigliche,
Minne, sie, die wonnigliche.
Weißt du, Minne, was begab
Sich noch neulich erst bei ihr,
Als ich vor der Lieben saß?
Minne, sieh, du tatest mir,
Dass ich kein Wort vor Freuden sprach
und meiner selber ganz vergaß.
    (Karl Simrock)

Der Markgraf von Hohenburg
(wahrscheinlich Diepold von Vohburg)
1237–1256

Er heiratete 1212 Mathilde, die Witwe des Grafen Friedrich
von Hohenburg.

Ich wache um eines Ritters Leib
Und um deine Ehre, schönes Weib,
Wecke ihn, Fraue!
Gott gebe, dass es ihm wohl ergeh',
Dass er erwache und keiner ihn seh',
Wecke ihn, Fraue!
Säum' länger nicht,
Bis der Tag anbricht,
Ich heisch' es, weil es der Wille sein;
Willst du sein Heil,
Dann fort in Eil',
Verschläft er sich, die Schuld ist dein,
Wecke ihn, Fraue!

Dein Leib, der müsse unselig sein,
Wächter, und all das Wecken dein!
Schlafe, mein Trauter!
Dein Wachen, das wäre wohl uns gut,
Dein Wecken aber mir wehe tut,
Schlafe, mein Trauter!
Wächter ich han
Dir nichts getan
Als Gutes, das lohnest du mir nicht, nein!
Den Tag du begehrest
Und Freuden du wehrest,
Sehnsüchtig erharrte, dem Herzen mein.
Schlafe, mein Trauter!

Dein Zürnen, das sei dir wohl verziehn,
Der Ritter aber, der muss nun fliehn,
Wecke ihn, Fraue!
Er baute fest auf die Treue mein,
Da befahl ich ihn den Ehren dein,
Wecke ihn, Fraue!
Unselig Weib,
Soll er Leben und Leib
Verlieren, wir sind mit ihm verlor'n!
Ich singe, ich sage
Es naht gen dem Tage,
Weck' ihn, sonst weckt ihn mein Wächterhorn,
Wecke ihn, Fraue!
    (Franz Weber)

Der wilde Alexander
Um 1239

Er stammte aus Süddeutschland. Die Jenaer Handschrift nennt
ihn Meister, die Pariser den wilden Alexander.

1.

O weh, dass folgt auf Liebe stets
Ein Leiden, so wie ich es trage!
Die Minne selber will's und rät's,
Dass ich davon dies schreib' und sage.
Sie sprach also gegen mich:
»Schreib': ein Leid vor allen Leiden
Ist's, muss Lieb von Liebem scheiden,
Traurig, unabänderlich.«

Solches Leid kann ich von mir
Und von meiner Frauen schreiben:
Sie denkt meiner, ich denk ihr,
Also können wir vertreiben
Doch mit Jammer unsre Tage.
Minne wollte nicht verhüten,
Dass von ihr uns nur erblühten
Kurze Freuden – lange Klage.

Als mir Frau Minne Hilfe bot,
Wären wir geblieben beide
Mitten in der Lust doch tot,
Statt dass wir nun so im Leide
Doch des Todes müssen werden.
Schone, Frau Minne, schone!
Rase nicht mit deinem Lohne,
Sie nicht, mich nimm von der Erden.

Töte mich und lass sie leben!
»Nein, ich will nicht«, sprach die Minne,
»Meine Schildgefährten eben
Sollen Leid auch werden inne!
So steht's in dem Briefe mein,
Dass ich Minne nimmer hieße,
Wenn ich ohne Sehnen ließe
Zwei, die fern sich müssen sein!«

Mir wär' ein Jahr nur wie ein Tag
Wenn ich bei der Lieben wäre;
Ei, wie scheucht' ich Sorg' und Plag'
Bei so herzelieber Märe,
Ob geheim, ob offenbar!
So muss ich gar oftmals weinen,
Und soll froh bei Frohen scheinen,
Drum ist mir ein Tag ein Jahr!

2.

Der Mai kam wonnig ohne gleich,
Von bunten Blumen prangt die Hald',
Der Wald ist neuen Laubes reich,
Das raubt ihm einst der Winter kalt;
Die Vöglein stimmen ihren Sang
An in den Auen überall,
Fort ist ihr Trauern winterbang
Und es ertönt der Nachtigall
So süßer Schall!

Ich will der Lieben dienen gern,
Des darf sie auf mich bauen wohl,
Nie sei mir ihre Huld je fern,
Sie ist ein Schrein an Tugend voll.
Zu ihr mich so die Minne zwang,
Dass Frost mich schüttelt manche Stund'
Und manche Stund' mich Glut durchdrang
Als ob ich brenn'; das tut mir kund
Ihr roter Mund.

Heil mir, dass ich sie sehen soll,
Sie, meines Herzens Ostertag!
Gott schuf sie aller Reize voll
Wie Lilienschein und Rosenhag;
Maienzeit und Heideglanz
Ist sie, ein Flug in Sonnennähen,
Sie trägt der Ehren Rosenkranz,
Das muss ihr jeder zugestehen,
Der sie gesehen!

Sie ist viel hoher Ehren reich,
Gar ohne Makel ist ihr Preis;
Der ew'gen Jugend ist sie gleich
Und meiner Sälde blühend Reis.

Ihr Mündlein brennet wie die Glut,
Und rosig ihre Wangen sind,
Vor Missewend' wahrt sie sich gut,
Falschheit nicht kennet sie und Sünd',
Das klare Kind!

Wohl mir der Schönheit und der Zucht,
Wohl ihrer spiel'nden Augen Schimmer,
Wohl mir der reinen, süßen Frucht,
Wohl mir, dass ich sie sehn soll immer!
Wohl mir der reinen süßen Frau,
Wohl mir der Tugend mannigfalt,
Wohl ihrer Wangen Rosentau,
An ihr blüht Tugend wie ein Wald
Gar wohlgestalt!
   (Franz Weber)

Heinrich von Sax
Um 1240

Das Tor des Glücks

Ich sah sie, die mir Freude leiht,
Bei andern schönen Frauen gehn:
Sie deuchte mich ohn allen Streit
Die Beste, und dabei gar schön.
Da war von Frauen große Schar:
Ich nahm der einen stets nur wahr,
Meine Augen sahn sie immerdar.

Minne, süße Fügerin,
Nun füge, dass mein werde Rat.

Bezwingt ihr Herz zumal und Sinn
Wie sie mich bezwungen hat.
Tu mir auf des Glückes Tor,
Schließ zu, und lass mich nicht davor,
So schwebt mein Glück noch hoch empor.

Sie schoss mit einem lichten Blick
Der Augen mir ins Herz hinein;
Sie legte mir der Minne Strick:
Nun muss ich ihr Gefangner sein.
Wer heilet nun? Ich bin gar wund.
Das tät ihr rosenfarbner Mund:
Von Küssen würd ich wohl gesund.
(Karl Simrock)

Der Tannhäuser
1240–1270

Aus dem Salzburgischen, vermutlich zum Geschlecht der Grafen von Tanhusen gehörig, lebte am Hof Friedrichs des Streitbaren von Österreich, dann vorübergehend bei anderen Fürsten, z. B. bei Otto dem Erlauchten von Bayern, Ottokar von Böhmen u. a. m., auch weilte er kreuzfahrend im Morgenland. In seinen Liedern prunkt er gern mit Gelehrsamkeit, oder mit dem pedantischen Gebrauch französischer Modewörter (siehe den Tanzleich – Nr. 3 –), preist die freigebigen Fürsten und besingt mit Vorliebe die derbsinnliche Minne in muntern üppigen Tanzliedern. Doch weiß er auch (z. B. im Bußgesang) die Töne ernster Reue in ergreifender Weise anzuschlagen. Sein bewegtes, leichtsinniges, später reuevolles Leben hat wohl Anlass gegeben, die bekannte Sage von einem im Venusberg gefangenen Ritter auf ihn zu übertragen. Vgl. das am Schluss angehängte Volkslied, nach dem »Lied

von dem Danhewser«, gedruckt zu Nürnberg durch Jobst
Gutknecht um 1515–1527.

1. Rückblick

Die schönen Fraun, der gute Wein,
Der Imbiss jeden Morgen,
Und zweimal wöchentlich ein Bad,
Solch Brauch schuf mir die Sorgen.
Ach, wenn ich das verpfänden könnt,
Käm ich zu Hab und Gute,
Denn wenn es an ein Zahlen geht,
So wird mir weh zu Mute.
Und wenn ich Pfänder lösen soll,
Kommt Liebe gleich zum Leide,
Auch sind die Frauen ohne Reiz,
Wenn ich von ihnen scheide.
Der gute Wein scheint sauer mir,
Hab ich nichts zu verschwenden;
Wann werden für mich armes Blut
Die Trauertage enden?
Wüsst ich doch einen Herrn, dass er
Mir wollt den Kummer wenden!

Erbauen soll ich mir ein Haus,
So raten kluge Leute,
Die dazu wollen Hilfe leihn,
Kenn ich nicht erst seit heute.
Herr Unklug und Herr Schaffenicht,
Die laufen her gar eilig,
Und einer, namens Seltenreich,
Der kennt mich längst schon freilich.
Der Mangel und der Zweifel sind
Mein treues Ingesinde,
Herrn Schade und Herrn Unbequem

Ich stets zu Gaste finde;
Und wird mein Haus mir so erbaut
Von dieser ganzen Reihe,
So zweifelt nicht, dass in dem Bau
Mir's auf den Schädel schneie,
Dann fehlt nur, dass der Teufel mir's
Mit seinem Schwanze weihe.

Mein Säumer trägt zu leicht Gewicht,
Mein Ross geht träg mit Schritten,
Im Mantelsacke Leere gähnt,
Kein Knecht ist mir beritten.
Mein Haus sieht sich, ein Trauerstall,
Bewölbt von keinem Dache,
Die Stube ist ganz ohne Tür,
Ob mir das Kummer mache?
Mein Keller ist in Schutt gestürzt,
Und Feuer fing die Küche,
Mein Stadel hat nicht Dach noch Wand,
Das Heu ging in die Brüche.
Gemahlen und gebacken wird
Mir nie, gebraut nur selten,
Die Kleider werden dünner stets,
Ich werd's im Frost entgelten,
Ums Hausgerät darf niemand mich
Beneiden oder schelten!
    (Z)

2. Bußgesang
(In gekürzter Form)

Heut ist ein wonnevoller Tag!
Nun leite mich, der alles lenkt auf Erden!
Sein Segen möge bei mir sein
Und helfen, dass mein groß Vergehn ich büße! –

Er ist's allein, der helfen mag,
Dass meiner Seele noch mag Rettung werden
Und ich, von Sünden wieder rein
Erwerbe Gottes Gnade mir, die süße.
Er schenke mir den treuen Mut,
Dass meinem Leibe einstmals so
Von ihm sei Lohn beschieden,
Auf dass mein Ende werde gut
Und meine Seele leicht und froh;
Mein Scheiden sei in Frieden. –
Dass mich die Hölle nicht verschlingt,
Verleihe mir der Reine
Und gebe mir, was Freude bringt,
Dass Himmelswonne mir dereinst erscheine,
Und dort, wo Freund nicht helfen kann
Noch der Verwandten Beten,
Ich doch dort Freunde finde,
Die meiner Ankunft froh sodann
Mich himmelein sehn treten,
Dieweil mir steht der Name an
Von einem Gotteskinde.

(Z)

3. Aus einigen Tanzleichen
(In gekürzte Form zusammengezogen)

Der Winter ist vergangen,
Das kündigt an die Heide,
Als ich sonst dort gegangen,
Da ward ich wohl empfangen
Von schöner Augenweide.
Wer sah je so schönen Plan
Mit den Blümlein wohlgetan?
Ei ich brach sie mir zum Kranze.
Mit *Plaisir* dann bracht ich ihn

Schönen Frauen hin zum Tanze,
Der wer frohen Muts will sein,
Hebe keck sich auf die Schanze.

Dorten blüht manch junges Reis,
Veilchen, Klee und Ehrenpreis,
Schön auch die Zeitlosen.
Anemonen fand ich da,
Lilien gar und Rosen.
Ei ich wünscht, ich könnte da
Mit der Liebsten kosen.
Ihren Preis gewiss verlieh
Sie dann ihrem *doux ami*
Bei dem Dienst im Maien,
Wo wir ringelreien.

Eine *Rivière* fand ich da,
Es ging ein Bach dem Walde nah
Hinab durch die *Planure*.
Nachstieg ich ihr
Und fand sie hier,
Die schöne *Créature*,
Sie saß bei der *Fontaine*,
Die Lautere und Schöne,
So reizend von *Figure*.
Ich neigte mich der Schönen so
Und ward in meinem Herzen froh,
Sie da so zu *salvieren*.
Sie bat mich, zu *chantieren*
Vor der Lind im Freien
Und im Glanz des Maien.

Folge mir,
So tu ich dir,
Mein Herzelieb, voll Güte.
Tust du so,

Machst du mich froh,
Dass Gott dich drob behüte.
Minne mich,
Wie ich dich!
Soll ich jemals Trost gewinnen,
Fraue mein,
Könnt es sein
Doch nur durch dein süßes Minnen.

Wenn sie wandelt hin zur Linde
Mit so manchem lustigen Kinde,
Ei wie wohl steht ihr der Reien,
Ei wie schmückt sie doch den Maien.
Lieblich steht ihr an das Lachen,
Traurig Herze macht sie froh,
Den, der alt wird, jüngt sie so,
Und kann froh den Trüben machen.
Drum heia, Tanhusäre,
Sei nicht mehr leidbezwungen,
Wenn Liebchen bei dir wäre,
Das hieße die holde Märe,
Da würde wohl gesungen,
Getänzelt und gesprungen!
Nun wohlan!
Schaut nur an,
Wie die Liebe springet.
Vor mir her,
Nach mir her,
Wie die Saite klinget,
Wie sie ist gestimmt zum Preise
Nach der süßen Minneweise.

Wo bleibet nun Frau Mazze?
Ich spring trotz ihr am Platze.
Seht nur der Liebsten Füße,
Wie drehn sie sich so süße,

Seht ihre Locken fliegen
Und sich wie Seide schmiegen.

Munter, munter Adelheid,
Sei mit mir voll Fröhlichkeit!
Munter, munter Irmengard,
Auf zum Tanz in voller Fahrt.

Dort hör ich die Flöten schon,
Hier vernehm ich Paukenton.
Wer uns jetzt hilft singen
Und im Reigen springen,
Dem in allen Dingen
Mag es wohlgelingen.

Wo nur jetzt die Mägdlein sind,
Dass ich sie nicht bei uns find?
Sei gegrüßt mir, Kunigund,
Könnt ich tausendmal zur Stund
Küssen deinen Rosenmund,
Wär ich immerfort gesund!

Vom Orient
Zum Okzident
Ward nie ein schöner Weib geboren,
Ich hab die Gute
Wohlgemute
Für immer mir zum Trost erkoren.
Die Lippen schwellen,
Es glänzt im hellen
Schimmer die Wange ihr und das Kinn;
Und wollt ich gestehen
Was ich gesehen,
Wie ihr sich's rundet im Mieder drin?
Das darf ich nicht künden,
Das ziemte sich nicht –

Doch wer sie gesehen von Angesicht,
Dem muss sie vor allen
Zumeist gefallen,
Sie ist fürwahr zu schauen
Als lieblichste der Frauen.

Wo bleibt nur Frau Jute, die liebe, so lange,
Was treibt's nicht im Drange
Schon Ellen zum Tanze?
Wohlauf denn geschwinde
Zur Linde, zur Linde,
Ihr Kinde, ihr jungen
Da wird unterm Kranze
Im Tanze, im Tanze
Gehüpft und gesprungen,
Und fröhlich gesungen:
Heia! Heia!
Der Sommer ist da,
Wer will uns die Freuden
Des Sommers verleiden?

Hier nimmt der Tanz ein Ende.
Wer uns die Lust entwende,
Der vermisse die Rosen
Und alle Zeitlosen
Und aller Vöglein süßen Sang!
Mich zwinget was mich immer zwang,
Denn fröhliche Minne
Liegt mir im Sinne –
Die macht das Herz mir wund
Tief bis zum Grund,
Und sprang mir auch das Herz entzwei –
Ich singe heia, juchhei,
Heia und hei!
Nun ging dem Fiedler sein Bogen entzwei!
   (Z)

4. Das Unmögliche

Meine Fraue will belohnen mir
Die Dienste, die sie hat empfahn,
Das sollt ihr alle danken ihr,
Es ist so wohl an mir getan.
Ich soll ihr wenden nur den Rhein,
Dass er nicht mehr vor Koblenz geh':
Dann will sie tun den Willen mein.
Und eine Handvoll Sand vom See,
Drin dort zur Ruh' die Sonne geht,
Wünscht sie, dann will sie mir gewähren,
Den Stern auch, der darüber steht,
Möcht' sie nicht gern von mir entbehren.
Mir ist zu Mut,
Was sie mir tut,
Das soll mich alles dünken gut.
Sie steht bei mir in sichrer Hut, die Reine:
Außer Gott alleine,
So weiß die Fraue niemand, die ich meine.

Ich soll dem Monde seinen Schein
Benehmen, wenn ich sie will haben;
Es lohnet mir die Fraue mein,
Wenn ich die Welt will rings umgraben.
Und wollt' ich fliegen wie ein Star,
Die Gute, tät', was ich begehre,
Und hoch hin schweben wie ein Aar,
Dazu auf einmal tausend Speere
Zerbrechen, wie Herr Gamuret
Mit reicher Tjost vor Konwaleis,
Sie täte, was ich je erfleht:
Also steh' ich in hohem Preis.
Mir ist zu Mut,
Was sie mir tut,
Das soll mich alles dünken gut.

Sie steht bei mir in sichrer Hut, die Reine:
Außer Gott alleine,
So weiß die Fraue niemand, die ich meine.
    (F. Born)

Das Volkslied vom Tannhäuser

Nun will ich wieder heben an,
Von dem Tannhäuser zu singen,
Und was er Wunders hat getan
Mit seiner Frau Venusinnen.

Tannhäuser war ein Ritter gut,
Denn er wollt Wunder schauen:
Er wollte in Frau Venus Berg
Zu andern schönen Frauen.

»Herr Tannhäuser, Ihr seid mir lieb.
Dafür sollt Ihr mir danken.
Ihr habt mir einen Eid geschworn:
Ihr wollt von mir nicht wanken.«

»Frau Venus, nein, das hab ich nicht,
Ich muss dem widersprechen,
Und sprach es jemand mehr denn Ihr,
Gott helf mir's an ihm rächen!«

»Herr Tannhäuser, wie sprecht Ihr nun?
Ihr sollt stets bei mir bleiben,
Ich will Euch geben mein Gespiel
Zu einem steten Weibe.«

»Und nähm ich nun ein ander Weib,
Ich hab in meinen Sinnen:

So müsst ich in der Hölle Glut
Auch ewiglich verbrinnen.«

»Ihr sagt mir viel von der Hölle Glut,
Und habt es doch nie empfunden;
Gedenkt an meinen roten Mund,
Der lacht zu allen Stunden.«

»Was hilft mir Euer roter Mund?
Der kümmert mich nicht sehre:
Gebt mir nun Urlaub, Fräulein zart,
Bei aller Frauen Ehre!«

»Tannhäuser, wenn Ihr Urlaub wollt,
Ich will Euch keinen geben.
Nein bleibet, edler Tannhäuser,
Und fristet Euer Leben!«

»Mein Leben ist geworden krank,
Dass ich nicht länger bleibe;
Gebt mir nun Urlaub, Fräulein zart,
Von euerm stolzen Leibe!«

»Tannhäuser, redet doch nicht so,
Ihr seid nicht wohl bei Sinne.
Nun gehn wir in ein Kämmerlein
Und spielen der edeln Minne.«

»Eure Minne ist mir worden leid,
Ich hab in meinem Sinne:
Frau Venus, edle Fraue zart,
Ihr seid eine Teufelinne.«

»Herr Tannhäuser, was sprecht Ihr jetzt,
Dass Ihr mich dürfet schelten?

Verbliebet Ihr hier länger drin,
Das müsstet Ihr entgelten.«

»Frau Venus, nein, das will ich nicht,
Ich mag nicht länger bleiben.
Maria Mutter, reine Maid,
Nun hilf mir von den Weiben!«

»Tannhäuser, Urlaub soll Euch sein,
Mein Lob, das sollt Ihr preisen;
Wo Ihr da in dem Land umfahrt,
Nehmt Urlaub von den Greisen.« –

Da schied er wieder aus dem Berg
In Jammer und in Reue:
»Ich will gen Rom wohl in die Stadt
Auf eines Papstes Treue.

Nun fahr ich fröhlich auf die Bahn,
Mag Gott stets meiner walten,
Zu einem Papst, der heißt Urban,
Ob er mich möcht behalten.« –

»Ach, Papst, viellieber Herre mein!
Ich klag Euch meine Sünde,
Die ich mein Tag begangen hab,
Wie ich Euch nun verkünde.

Ich bin gewesen auch ein Jahr
Bei Venus, einer Frauen;
Ich wollt empfangen Beicht und Buß,
Ob Gott ich möcht anschauen.«

Der Papst, er hat ein Stäbchen dürr
Gehalten in den Händen:

»So wenig als es grünen mag,
Wird Gott dir Huld zuwenden.«

»Und sollt ich leben nur ein Jahr,
Ein Jahr auf dieser Erden,
Wollt ich empfangen Beicht und Buß
Und Gottes Trost erwerben.«

Da zog er wieder aus der Stadt
In Jammer und in Leide:
»Maria Mutter, reine Maid,
Da ich nun von dir scheide,

So zieh ich wieder in den Berg
Und ewiglich ohn Ende
Zu Venus, meiner Frauen zart,
Dass Gott mich dahin sende.«

»Seid Gott willkommen, Tannhäuser,
Ihr wart mir lang verloren!
Seid mir willkommen, lieber Herr,
Zum Buhlen auserkoren.«

Das währt bis an den dritten Tag,
Der Stab hat Laub getrieben.
Der Papst schickt aus in alle Land,
Wo Tannhäuser wär geblieben.

Da war er wieder in den Berg
Und hat sein Lieb erkoren.
Drum muss der vierte Papst Urban
Auch ewig sein verloren.*

---

* Papst Urban IV., auf den die Sage Bezug nimmt, bestieg den päpst-
lichen Stuhl 1261 und starb den 2. Oktober 1264.

Schenk Ulrich
von Winterstetten
Um 1240

Ein schwäbischer Ritter, um die Mitte des 13. Jahrhunderts. Er steht als Dichter seinem Landsmann Gottfried von Niefen am nächsten, da er mit Vorliebe wie dieser das ländliche Leben zum Gegenstand seiner Dichtung macht, ohne jedoch seine höhere Stellung in Stand und Bildung zu vergessen oder die Form und Haltung des höfischen Minneliedes aufzugeben.

1. Die verführerischen Schenkenlieder

»Ist daran was Schönes«,
Sprach ein altes Weib,
»Was der Schenke singet?
Wundern muss es mich.
Weh' mir des Getönes,
Das mir durch den Leib
Und die Seele dringet,
Es ist widerlich.
Denn sie gelfen seine Lieder Tag und Nacht
In dieser Gassen,
Nie doch hat er eine feine Weis' erdacht;
Du sollst ihn lassen.« –
Dieses hört' ich so;
Alter Drache, dacht' ich,
Wärst du anderswo!

»Höre«, sprach die Junge,
»Du bist ihm gehass,
Doch um was? Bescheide
Mich, o Mütterlein!
Wenn er süßer Zunge

Singet dies und das,
Wem tut er's zuleide?
Er muss fröhlich sein.«
»Ja so wollt' er jüngst dich holen fröhliglich
Aus deinem Bette.
Kommt der Teufel wieder her, so lass' ich dich:
Sieh, wer dich rette!« –
Dieses hört' ich so, –
Alter Drache, dacht' ich,
Wärst du anderswo!

»Mutter, gute liebe«,
Sprach das Mägdelein,
»Er ist dran unschuldig,
Er kam hold und lieb,
Nicht, gleich einem Diebe,
Sondern an den Reihn
Mich zu mahnen huldig,
Den ich ihm schuldig blieb.«
»Meiner Treue«, sprach die Mutter, »er ist hold
Und fein bescheiden;
Hüte dich, dass seine Reihen und ihr Sold
Dir nicht verleiden.« –
Dieses hört' ich so;
Alter Drache, dacht' ich,
Wärst du anderswo!

»Steh' du nur den Leuten
In ihrer Torheit bei«,
Sprach die Alte wieder,
»Ungeratnes Kind!
Was soll das bedeuten?
Du bist allzu frei,
Wenn dich Torenlieder
Tören so geschwind.
Wähnest du, der Schenke finge dir den Sang,

Den er da singet?
Du bist nicht die schönste, die er je bezwang.
Und noch bezwinget.« –
Dieses hört' ich so;
Alter Drache, dacht' ich,
Wärst du anderswo!

Da begann zu singen
Wonniglich ein Lied
Aus rosenrotem Munde
Die viel stolze Magd.
Süß sie ließ erklingen,
Was sie von Sorgen schied,
Ein Schenkenlied zur Stunde
Sang sie unverzagt.
»Weh mir«, sprach die Mutter, »was beginnest du?
Willst du von hinnen?
Dir liegt in dem Sinn der Schenk; was
sinnest du?
Willst du entrinnen?« –
»Ja, Mutter, es ist so,
Ich will in die Rosen,
Oder anderswo.«

2. Die unstatthafte Klage

Mein Klagen bleibt mir ungerichtet,
Wie gut Gericht der König hat.
Sie klag' ich, der ich mich verpflichtet,
Dass sie mich kränkt mit Wort und Tat;
Doch wer nach Recht soll ächten sie?
Ich darf nicht ihren Namen nennen;
Und rechte Richter richten nie,
Eh sie den Angeklagten kennen.
    (Friedrich Rückert)

Walther von Metz
Um 1245

Aus adligem Geschlecht, wohl aus Tirol, nicht aus Metz in der Rheinpfalz und mit dem französischen Dichter Gautier de Metz nicht identisch, der allerdings sein Zeitgenosse war. Seine Gedichte neigen schon zur Allegorie. Reinmar von Brennenberg nennt ihn als verstorben.

1.

Ich dulde Hass von zweier Art,
Den will ich geduldig tragen;
Doch tut mir nur einer weh:
Hass, der mir von Falschen ward,
Soll mir mehr als Gunst behagen
Wie es mir auch drum ergeh'.
Wen die lieben, der ist ohne Ehre,
Darum freut ihr Hassen mich so sehre;
Aber das kränkt mein Gemüte,
Dass mich die Schöne hasset und doch hat so
reiche Güte!

Ob sie mich hasst? Sie tut es nicht,
Doch hab' ich dafür manch Zeichen,
Dass sie zürnet wider mich.
Zu ihr drang wohl das Gerücht,
Dass ich werb' in allen Reichen,
Drum hat sie erzürnet sich.
Herre Gott, woher weiß sie die Märe,
Dass ich sucht' ein Weib, das besser wäre?
Die sucht ich, ich muss gestehen,
Aber Herz und Augen hießen wieder heim
mich gehen!

Ich wollt' meinen schweren Mut
Heilen, wenn ich fern ihr wäre,
Sie vergäße ganz und gar;
Doch das war zu nichts mir gut,
Als dass ich noch größere Schwere
Litt, solang' ich fern ihr war.
Herre Gott, wie möcht' ich sie vergessen!
Ich will mit der Sonne Glanz sie messen:
Die sieht üb'rall man am Himmel stehen,
Also seh' auch ich die Höhe, wo ich hin mag gehen.

Der dünkt mich ein vermessener Mann
Der also sittevollem Weibe
Und ihre Minne dienen will,
Wenn er sich nicht enthalten kann
Und Herr wird seinem Geist und Leibe;
Dann ist sein Kummer ihr ein Spiel.
Sind andre nur so hohen Sinn's wie meine,
Durch die ich oft so sorgenschwer erscheine,
So weiß ich wohl, dass Toren Sinne
Erwerben nimmer einer hochgesinnten Fraue Minne.

Ich weiß das aus Erfahrung wohl:
Strebt' ich nach eitler Weiber Hulden,
Die würden oftmals mir gewährt.
Dass Minne ich entraten soll
Von ihr, ist ohne mein Verschulden,
Der ich in Sehnsucht lang begehrt!
Ein kluges Nein von edlem Frauenmunde
Erfreut mich mehr, als was in leichter Stunde
Mir eine tör'ge Frau gewährte.
So hat die Hohe mir versagt, was ich von ihr begehrte.
          (Franz Weber)

2.

Wär den Blumen jene Macht zu eigen,
Dass bei Männern sie und Frauen,
Also wären anzuschauen,
Dass sie ihres Herzens Wünsche zeigen:
So erkannte dran ein Mann
Gleich die Frau und umgekehrt sodann,
Weil bei dem der Kranz schief sitzen müsste,
Dessen Herz man voller Fehler wüsste.
Doch die Kraft wohnt nicht den Blumen bei,
Pflücken kann sie, wer danach mag gehen:
Darum muss man auch beim Kranzfest sehen,
Dass so oft unverhofft
Roheit unterm Kranze sei.
      (Z)

3.

Mir ist meine alte Klage neuer jetzt als je:
Dass der Blumen haben soll
Den ich wohl
Nicht des Laub's wert seh'.
Drum beklage ich die Blumen und der kleinen
Vöglein Sang,
Beides gönnen ich nicht kann
Manchem Mann,
Dessen Herz ist matt und bang.

Dürft' ich wünschen, wünscht' ich, dass den
                        Vöglein wohne inn'
Verborgne Kraft
Und Meisterschaft
Zu erkennen jedes Sinn!
Wer von ihnen nun den Menschen sänge nach Gebühr,

Jeden dann,
Würde man
Daran kennen für und für.

Wen mit Sange da begrüßt die Nachtigall,
Der möcht' immer bleiben froh;
Seht also
Wär's ein Fingerzeichen all',
Wem der Kuckuck sänge und ein Distelfinkelein:
Den erkennte man dabei
Tugendfrei.
Weh wie viel der würden sein!
   (Franz Weber)

Der Marner
1246–1267

Ein fahrender Sänger aus Schwaben, wahrscheinlich bürgerlichen Standes, lebte um die Mitte des 13. Jahrhunderts. Sein eigentlicher Name ist unbekannt, denn Marner ist ein Pseudonym und bedeutet Meerfahrer. Er lehnt sich an Walther v. d. Vogelweide an, ist aber schon sehr von der alten edeln Gesangweise abgekommen. Den gewöhnlichen Bildungsgang seiner dichtenden Zeitgenossen durchmachend, war er in der Jugend Sänger der konventionellen Liebe und des Marienkultus, später enttäuscht und verdüstert, ein klagender Betrachter der Welt und seiner Zeit. Auch sein Talent ist bedeutend. Im Übrigen gilt von ihm, was über Reinmar gesagt worden ist. Er liebt ebenfalls sprichwörtliche Ausdrucksweise und entlehnt Bilder und Beispiele gern aus der ihn umgebenden Natur. Er soll als alter blinder Mann ermordet worden sein. Vgl. Seite 304 dieser Sammlung.

1. Dienst und Lohn

Sommer, deine Ankunft macht die Heide
Freudenklar;
Froh wird, wer den Winter traurig war wie ich;
Froh der wonniglichen Augenweide,
Nehmet wahr,
Wie der Wald ein Dach von Laub hat über sich;
Wo die kleinen Vöglein süß darunter singen,
Die noch manchen Herzen Freude bringen
Herz, nun was verstummet dich?
Die du minnst, ist minniglich,
Also sprich!

Wie der Mai nun färbet seine Blümelein,
Rosen rot,
Veilchen blau und Liljen schneeweiß, wie ich sah;
Doch gefällt mir mehr mein Minne-Mühmlein;
Es entbot
Mir sein Nein, da ich es ansprach um ein Ja.
Was denn hilft mir gegen sie mein langes Kriegen?
Männer, spricht sie, Männer trügen.
Frag' ich, wo es denn geschah?
Spricht sie: hie und da,
Fern und nah.

Einen treuen Freund verachten, hassen –
Minne sprich,
Wie geziemt das deiner Königin und dir?
Nicht zu lange muss man schmachten lassen.
Will sie mich,
Wolle sie bei Zeiten, schöne Zeit ist hier.
Ja, ich fürchte für die Blüte, wenn es reifet,
Oder wenn ein Windhauch sie bestreifet
Und sich ändert Herzbegier.

Jetzt von Herzen dien' ich ihr;
Lohn' sie's mir.
　(Friedrich Rückert)

2. Der umgekehrte Igel

Trägt der Igel Stacheln außen an der Haut,
Ist es recht, sie stehn an ihrer Statt.
Anders hab' ich manchen falschen Mann geschaut,
Der die Stacheln in dem Herzen hat.
Hüte dich vor ihm, und trau'
Nicht dem umgekehrten Igel,
Der von innen rau
Und von außen glatt ist wie ein Spiegel.
　(Friedrich Rückert)

3. Die Lüge

Ich merk' ein Wunderding im Land
Mit gelb und grünem Farbenschein,
Es hat nicht Augen, Fuß noch Hand,
Und will doch Gast der Menschen sein,
Sowohl der Armen als der Reichen.
Es bindet manchen ohne Band,
Fährt auf der Donau und dem Rhein;
Es trägt den Herren ihr Gewand,
Und trinket mit den Fürsten Wein;
Versteht auch zu den Fraun zu schleichen.
Es stirbet hier, und dort wird's groß, es regt sich
　　　　　　　　　　　spät und früh,
Es schlich auf einem Baum dem ersten Mädchen zu,
Es trieb den vierten Teil der Welt,
Und treibt noch auch
So manchen Gauch

Als Esel ohne Ohren;
Durch seine Schuld hat mancher Held
Sein Heil, und Leib und Seel' verloren: –
Sag' an, wem kann das Untier gleichen?
    (G. Freitag)

4. Geld her!

Gott helfe mir, dass meine Kinder nimmer werden alt,
Denn jammervoll ist diese Welt gestalt;
Wie steht es über dreißig Jahr,
Da man schon jetzt die Priester so sieht streiten?
Sagt mir, Herr Papst von Rom, wozu soll euch
                          der krumme Stab.
Den Gott dem guten Sankt Peter, uns dran
                          zu binden, gab?
Stola und Inful reicht' er dar,
Von Sünden uns zu lösen zu allen Zeiten.
Jetzt ist die Stola worden zum Schwert,
Und ficht nach Seelen nicht, nur nach dem Golde.
Bischöfe, wer hat euch gelehrt,
Dass ihr in Helmen reitet, da die Inful doch
                          versöhnen sollte?
Eu'r Krummstab ist gewachsen euch zu
                          einem langen Speer;
Die Welt habt ihr geknechtet ganz, und euer Sinn
steht nur auf: *»Gib was her.«* –
    (G. Freitag)

5. Dem Reich die Kleie!

Zu Rom, da war gemalet
Mit Kunst an einer Wand
So manches Land, und jedem hing ein Glöcklein an;

Empörte sich eins der Länder, so läutete seine Schelle.
Da ward nicht lang geprahlet:
Die Römer zogen aus zur Hand,
Und zwangen es mit Ruhm in ihres Reiches Bann.
Doch deucht' mich, läutete man Sturm auch noch
                so helle,
Jetzt käm' dem Reich nur wenig Hilf', und so geht
                es zu Grabe:
Pfaffenfürsten haben mit Schande
Die Inful auf dem Haupt, die Krümmung am Stabe,
Dienstmannen, Münz' und Zölle; der Stuhl von
                Aachen steht zerfallen,
Der Papst trägt jetzt den Herrenstab der Lande.
Sie mahlen auch, wo einst der Kaiser gemahlen,
Sie nehmen sich den Kern, das Reich erhält die Kleien;
Und deshalb lassen die Herrn das Land umsonst nach
                einem König schreien.

    (G. Freitag)

6. Der Hexenmeister

Wir haben jetzt einen Meister,
Dem ist manch Wunder kund,
Der fesselt böse Geister.
Ein Feuerfresser, Stahl zerkauender Mund,
Ein Bergesschlund
Ist er bei seinem Wüten.
Er fand der Weisheit Bronnen,
Eh' er geboren ward,
Des Mondes und der Sonnen
Ecclipsis, ihres Wechsels Art
Und Himmelsfahrt. –
Sich mögen vor ihm hüten
Der Donner, Hagel, Blitzstrahl heiß;
Da er der Sterne Zahl und Namen und Breite weiß,

Der Himmel Raum, der Erd' und Welle flutenden Kreis;
Er könnte das Meer einmal ohn' Schaden trinken.
Er fängt die Luft, Wind, Wolken, Rauch,
Er greift den Schatten; ja er überweiser,
                              dummer Gauch
Lass er uns Gott ein wenig geben Ehre auch!
Er Weisheitstopf! – – Ja wohl! Nach *seinem* Bedünken.
   (G. Freitag)

Graf Kraft von Toggenburg
1248–1259

Aus dem Thurgauer Grafengeschlecht, Sohn des Brudermör-
ders Diethelm und der Gertrud von Neuenburg. Er war eine
unstete wilde Natur und führte im Verein mit seinen Brüdern
mehrfache Fehden gegen St. Gallen (1249) bis er von einem
Edelknaben namens Locher (1259?) in einem Hohlweg er-
schlagen ward. Aus seinen zarten Liedern, die den roten
Mund der Geliebten und ihr Lachen preisen, erkennt man ihn
nicht wieder.

Wer auf Freuden ist bedacht
Der soll kommen zu der grünen Linden,
Er mag Blüten, Duft und Pracht
Immer unterm Laubesschatten finden.
Den liebt kleiner Vöglein Schar
Die fröhlich singet,
Dass ein sehnend Herz sich drob
Hoch als wie die Wolken schwinget.

Auf der Heid' sind Blumen viel,
Wem der Mai die Sorgen kann verringen
Findet manches freud'ge Spiel.

Wollte mich so sehnend Leid nicht zwingen,
Ich wär' frohen Muts und ging'
Bei Freuden gern in Lehre,
Wollt' nicht ein selig hehres Weib
Verlachen meines Herzens Schwere!

Lach', du rosenfarb'ner Mund
So, dass mir dein Lachen meine Freude
Raube nicht und mich gesund
Dieses frohe Lächeln mach' von Leide.
Der Mai und aller Blumen Schein
Könnt' mir im Gemüte
So viele Freude geben nicht
Wie dein Lachen kann in Güte!

Blumen, Laub, Klee, Berg und Tal
Und des Maien sommersüße Wonne
Die sind gen die Rosen fahl,
So die Fraue trägt; die lichte Sonne
Löscht in meinen Augen aus,
Wenn ich die Rosen schaue,
Die aus rotem Mündlein blühn
Gleich Rosen in des Maien Taue.

Wer dort Rosen je sich pflückt,
Der mag wohl in Hochgefühlen schwelgen,
Nie fand ich, wohin ich blickt',
So viel lose Rosen, die nie welken:
Denn, so viel man pflückt im Tal,
Wo sie sind entfachet,
Also gleich ihr roter Mund
Tausendmal so schöne lachet!
    (Franz Weber)

Meister Sigeher
1250–1278

Ein fahrender Sänger am Hof Wenzels von Böhmen.

Wenn ich will
Han Freude viel,
So reit' ich hin zum Walde,
Das ist eine Herrensitt' an mir.
Dort steht Klee,
Ich dachte eh:
Nun reit' zu Hofe balde,
Will man dort geben, man gibt auch dir!
Dass nicht wie früh'r
Drauf steht mein Willen
Das ist gut.
Zwar bin ich arm, im Stillen
Doch trag' ich hohen Sinn und Mut.
Eh müht' ich mich, die Truhe mir zu füllen
Mit wahrer Wut:
Armut und Hofessitte aber gut nicht tut.

Nun ist der Wald
So wohlgestalt
Die Blumen sind entsprungen,
Die Heide ist gelb, braun und blau.
Vöglein Schall
Tönt überall
Von tausend frohen Zungen
Nun in der blumenreichen Au',
Die eh war grau,
Der Maie zeiget
Was er hat.
Wer ohne Sorgen reiget*,

* reiget, d. h. den Reigen, Reihen tanzt.

Der wird noch heuer freudensatt
Hätt' mir das Glück sein Ohr nur mehr geneiget.
Ich säng' an Hofesstatt –
Nun sing' im Wald ich mit den Vöglein früh und spat.
   (Franz Weber)

Markgraf Heinrich
von Meißen
Um 1250

Heinrich der Dritte, der Erlauchte, der 1218 geboren, seinen
Vater, Dietrich den Vierten schon als zweijähriger Knabe ver-
lor, von mütterlicher Seite ein Enkel Herrmanns von Thüringen,
befand sich in früher Jugend am österreichischen Hof und ver-
mählte sich 1234 mit sechzehn Jahren mit Konstantia, der
Schwester Friedrichs des Streitbaren, nach deren Tod (1243)
mit Agnes, der Tochter Wenzels des Ersten und nach deren
Tod (1268) mit Elisabeth von Militz. Im neunzehnten Jahr
nahm er an einer Preußenfahrt teil, später an den Kriegen Ot-
tokars gegen Rudolf den Ersten und starb 1288. Er war ein
prachtliebender, durch seine üppigen Hofhaltungen berühmter
Fürst, der in Nordhausen, Meißen und Merseburg glänzende
Turniere abhielt.

Minnelied

Nun sollst du, lichte lange Sommerzeit,
Mir wieder ohne Lust und Minne scheiden? –
Der Lieben klagt' ich meine Traurigkeit.
Umsonst! Die Harte schuf mir neues Leiden,

Doch strahlt ihr minnigliches Bild
Vor allen Schönen
In meinem Herzen zart und mild.
Ach wehe, lohnt sie nicht mein frommes Sehnen!

Wünscht aber mich die Zauberin gesund,
O! Dass ihr roter Mund mir gütlich lache!
Entspränge dies von treuen Herzens Grund,
So würd' ich ganz erlöst von Ungemache.
Versäumt sie, mir nach langer Not
Glück zu verkünden,
Der Minne Glück, so bin ich freudentot;
Soll ich nicht sterben, muss ich *Gnade* finden. –

Als ich zuerst die Wunderholde sah,
Da brannt' ihr Mund, dass sich mein Herz entflammte.
Von Lieb' und Wonne trunken stand ich da.
O süßes Nu, von dem mein Leiden stammte!
Ich werde nimmermehr gesund
Von meinen Wunden,
Mich heile denn ihr rosenroter Mund;
Des trauter Kuss hilft mir allein gesunden.
   (Wolff)

Heinrich Hezbolt
von Weißensee
Um 1250

Ein fahrender Sänger aus dem heutigen Städtchen Weißensee
bei Erfurt.

1.

Wohl mir der Stunde!
Von rotem Munde
Mir Lieb' geschah;
Ein zartes Lachen
Sah lieblich machen
Den Schelm ich da.
Halb spitzt in Zagen
Die Lippe sich
Als wollt' »fünf« sie sagen
Gar säuberlich.

Ach wer ihn küsste!
Fürwahr der wüsste
Freud' ohne Not.
Dies Lächeln lose,
Nie ward eine Rose
Nur halb so rot,
Hals und Hände
Weißer als Schnee,
Lieb' Traut', ohn' Ende
Was tust du mir weh?

Willst du mich zwingen,
Dass ich dir singen
Soll offenbar?
Tröst' mich, du eine,
Die ich da meine,

In Treu' fürwahr!
Mein Zuckertrautchen
Bring' Hilfe mir
Ganz, Herzensbrautchen,
Gehör' ich dir!

2.

Nun ist mir leicht ums Herz geworden
Seit mich gegrüßt ihr Mündelein,
Ach, welch' Freude blüht' mir dorten,
Könnt' ich nach dem Willen mein
An ihr mich vollauf rächen!
Seht, das wäre wonniglich,
Es lacht, als wollt' es sprechen:
»Ja, trutz, wer darf küssen mich?«

Gott, die Herzeliebe kröne,
Dass ihr nimmer Leid gescheh'!
Ich preis' an ihr selt'ne Schöne
Wie ich sie an keiner seh'.
Ein Mündlein in meinen Tagen
Sah' ich nie so säuberlich,
Das lacht, als wollt' es fragen:
»Ja, trutz, wer darf küssen mich?«

Zartes Liebchen, hab' Erbarmen,
Mach' mich noch von Sorgen frei,
Dass ich doch von blanken Armen
Einmal süß umfangen sei
Von einer lieben Fraue!
Dann wär' meine Freude ganz,
So Holdes ich an ihr auch schaue,
Das wäre erst der Schönheit Glanz!
    (Franz Weber)

Der Düring
Um 1250

Die liebe Zeit von hinnen muss,
Der Vöglein Gruß
Verstummte schon vor arger Not,
Der kalte Reif tut ihnen weh';
Wohin sind nun der Klee,
Die Blumen und die Rosen rot?
Wohin des Angers Grün und schatt'ger Bäume Hut?
Die hat der Reif nun ganz verheert.
Uns sind verwehrt
Des Sommers Wonn' und froher Mut.

Mir schadet Reif nicht noch der Schnee,
Wenn ich nur seh'
So lachlich einen roten Mund;
Wie eine Rose jung ersprießt
Und sich erschließt,
Noch röter ist der jede Stund'.
Der schmückt die Fraue, der ich nicht vergessen mag!
Dein freu' ich mich, holdselig Weib!
Dein reiner Leib
Ist mir ein osterlicher Tag!

Wer sah je eine Frau so hehr?
Bis an das Meer
Lebt keine, die ihr käme gleich,
Der Trauten, der mein Herz begehrt!
Würd' ich gewährt
Von ihr, so wär' ich immer reich,
Der lichten Augen Blicke freuen meinen Sinn.
Solch' überschöne hat die Macht,
Wen sie anlacht,
Dess' Sorgen schwinden völlig hin!
    (Franz Weber)

Markgraf Otto von Brandenburg (mit dem Pfeil)

Um 1250

Der nicht nur durch seine kriegerischen Taten und Schicksale, sondern auch durch seine für die Mark Brandenburg segensreiche Regierung bekannte Markgraf, der in einer Fehde gegen den Erzbischof von Magdeburg bei Frose an der Elbe geschlagen und in einem Käfig zu Magdeburg gefangen gehalten, durch seine Gemahlin aber wieder ausgelöst wurde und von seiner bei der Belagerung von Staßfurt erhaltenen Verwundung seinen Beinamen erhielt. Er starb in hohem Alter 1308 und liegt im Kloster Chorin begraben.

Räumt den Weg der Schönsten aller Frauen!
Lasst die Tugendreiche mich erblicken!
Meines Herzens Kaiserin zu schauen,
Fände wohl ein Kaiser Hochentzücken.
Über Sterne dort mein Loblied steigen;
Meinen Himmel kann ich nicht verschweigen
Wo sie wohnt, dem Lande muss ich neigen.

O Frau Minne! Stille Botin! Sage
Meiner Hehren, dass ich sie nur minne,
Sie nur ewig in Gedanken trage,
Und auf neue Huldigungen sinne.
Wollt ihr süßer Mund mir lieblich lachen,
Meine Trauer müsste flugs erschwachen,
Und zu besserm Leben ich erwachen.

Ach! Die Blümlein falben auf der Heide,
Und die Reine duldet kein Umarmen,
Trost, Frau Minne, Trost im Doppelleide!
Lasst mein Lieb des Kranken sich erbarmen!
Wisset, dass ihr Lächeln schon mich heilte;

Wenn sie gar ein Küsschen mir erteilte –
Frühling blieb's, und alle Sorg' enteilte!
    (Wolff)

Der Thaler
Um 1250

Künzlein, bring' mir meinen Sang
Der minniglichen Frauen,
Nach der mein sehnend Herz je rang,
Das wund ist, wie zerhauen!
Ahi! Dürft' ich die Süße noch nach meinem
                    Willen schauen,
Bring' ihr den Brief und sing' ihr süße Laute,
Lauf' freudig hin, denn nimmer sah'st ein Weib
                    du wie die Traute!

»Was schickt ihr nicht das Heinzlein hin?
Das kann sie besser grüßen,
Es hat mehr Zeit und gut im Sinn
Die Lieder all die süßen!
Will er's nicht tun, so folget mir und fallet ihm
                    zu Füßen!«
Das Heinzlein sprach zum Künzlein da voll Zorne:
»Geh' du dahin, mich mordet leicht ein Bau'r in
                    seinem Korne!«

Künzlein, willst du folgen nicht,
So werde ich dich stäupen!
Du sollst ins Korn, du kleiner Wicht,
Und sollst dir Roggen reiben.
Dir fängt ein gutes Leben an, du wirst da
                    gerne bleiben,

Dazu kannst Apfel du und Kriechen naschen,
Davon ein Knab' mag wohl bestehn; die steck' dir
in die Taschen.

(Franz Weber)

Ulrich von Lichtenstein
Um 1250

Um 1200 zu Lichtenstein in Steyer geboren, starb 1276, ein
Vorfahr des jetzt fürstlichen Hauses Lichtenstein. Er ist beson-
ders wichtig durch die Aufschlüsse, die er uns in seinem »Frau-
endienst« über die entarteten Sitten seiner Zeit erteilt. Das
Werk, um 1255 geschrieben, ist eine vollständige Beschrei-
bung seines eigenen 33-jährigen Minne- und Ritterlebens, und
die naive unbefangene Darstellung aller der Torheiten und
Donquixoterien, die der Verliebte begeht (wie er sich seiner
Herrin zu Liebe die zu dicke Lippe operieren und einen Finger
abschneiden lässt, wie er als Frau Venus verkleidet umher-
zieht, alle Ritter zu Ehren seiner Frau zum Kampf auffordert
und 307 Speere versticht, dann als König Artus, der aus dem
Paradies wiederkehrt, um die Tafelrunde herzustellen, wie er
durch keinen Schimpf, den die Geliebte ihm antut, geheilt
wird, wie er 13 Jahre um eine Frau dient, und als er sieht,
dass es vergeblich ist, eine andere wählt usw), ferner die Er-
zählung, wie er, ein verheirateter Mann, um andere Minne
wirbt, endlich die Aufschlüsse über das Liederdichten und Lie-
dersenden, machen das Gedicht zum unterrichtendsten Werke
für die Kunde des höfischen Treibens jener Zeit. Es ist durch-
weg in poetischer Form geschrieben und mit zahlreichen, oft
sehr artigen und formell ausgezeichneten Minneliedern unter-
mischt. Ulrichs zweite Dichtung, das »Frauenbuch« (1257), ist
didaktischer Art; es enthält Klagen über den Verfall des ritterli-
chen Frauendienstes.

Aus dem »Frauendienst«

1. Von Ulrichs Jugend und wie er sich um seiner Frauen willen den Mund schneiden lässt.

Da ich noch ein kleines Kindel war, hörte ich oft die Weisen sagen, dass niemand Würdigkeit erwerben möchte, der nicht sonder Wank guten Weiben zu Diensten bereit sei, niemand sei auch so recht froh und wohlgemut in der Welt, als der eine reine Fraun so lieb hätte als seinen eignen Leib.

Ich war ein Kind, als ich das hörte, und noch so dumm, dass ich auf Gerten ritt, und doch gedachte ich in der Dummheit: da die reinen Weib den Mann so hoch teuer machen, so will ich immer den Frauen dienen, mit Leib, Gut, Mut und Leben.

In diesen Gedanken wuchs ich bis in das zwölfte Jahr. Da gedachte ich in meines jungen Herzens Sinn hin und her und fragte nach der Sitte, Schönheit, Mut und Tugend aller Frauen im Lande; wer von guten Weiben Lob sagte, dem schlich ich lächelnd nach, denn von ihrem Lobe ward ich freudenvoll. Von einer hörte ich, deren Lob sich die Besten im Lande angenommen hatten und an der man die meiste Tugend fand; sie war von hoher Art geboren, die war schön und gut, keusch und rein, sie war in allen Tugenden vollkommen.

Dieser Frauen Knecht war ich beinahe bis in das fünfte Jahr. Da sprach mein Herze zu mir: »Guter Freund, Geselle, willst du dich einer Frau zu eigen geben, so muss es diese Fraun sein, denn sie ist alles Wandels frei.« – »Ich folge dir, Herze, doch ist es uns beiden zu viel, dass wir ihr um den Sold dienen, den man von Frauen holt, denn sie ist uns zu hoch geboren, drum mögen wir beide wohl unsern Dienst verlieren.« – »Schweig, Leib, kein Weib war je so hoch und reich, dass einem edlen Ritter, der ihr mit Mut, Herz und Leib dient, wie er soll, nicht endlich gelingen mochte.« – »Herze, ich schwöre dir bei aller Seligkeit, dass sie mir lieber ist, als mein eigener Leib, auf den minniglichen Wahn, den ich gegen sie habe, will ich ihr immer dienen.« –

Da sich so mein Herz und der Leib entschlossen hatten, um die Gute zu werben, ging ich vor sie stehn und sah sie minniglich an, ich dachte: Wohl mir! Soll das meine süße Fraue sein? Wie soll ich ihr aber so recht geziemend dienen, besser als so manche edle Kind in ihren Diensten? Vielleicht dient von denen einer besser, und so hasst mich meine Frau; ich weiß nichts anders, als ihr spät und früh zu dienen: vielleicht dient ihr einer mehr, dem sein Herz doch nicht so zu ihr steht, als das meinige; aber in meiner Liebe zu ihr will ich ihnen allen vorgehn.

Eins geschah mir oft. Wenn ich wo des Sommers schöne Blumen brach, so trug ich sie meiner Frauen hin, wenn sie die in ihre weiße Hand nahm, so dachte ich in meiner Freude: wo du sie angreifest, habe ich ihnen ebenso getan. Wenn ich hinkam, wo man meiner herzlieben Frauen Wasser über ihre weißen Händlein goß, so nahm ich das Wasser, das sie angerührt hatte, heimlich mit mir und trank es aus vor Liebe.

So diente ich ihr kindlich viel, so viel als ein Kind mag, bis mich mein Vater von ihr nahm, an welchem Tage mir herzliches Trauern und der Minne Kraft bekannt wurde. Mein Leib schied nun wohl von dannen, aber mein Herz blieb dort: das wollte nicht mit mir. Ich hatte wenig Ruhe Tag und Nacht, wo ich ging oder ritt, war mein Herz immer bei ihr, und wie fern ich von ihr war, schien ihr lichter Schein des Nachts in mein Herz.

Man gab mich einem Herren, der hoher Tugenden reich war, der hieß Markgraf Heinrich von Österreich.

Der diente den Frauen mit rechten Treuen und sprach wohl von ihnen, wie ein Ritter soll, er war milde, kühn und hochgemut, weise mit den Weisen und dumm mit den Dummen, er litt Ungemach um Ehre, und sein Mund sprach kein böses Wort, allen seinen Freunden war er bieder und getreu, und Gott minnete er von Herzen. Dieser werte Herr sagte mir, wer würdiglich leben wollte, der müsse sich einer Frau zu eigen geben. Er lehrte mich viel von seiner süßen Tugend, er lehrte mich sprechen über die Weib, auf Rossen reiten und in Briefen süße Worte dichten. Er sagte, dadurch würde ein junger Mann geteuert, wenn er süß über die Weib sprechen könnte; denn nie, sagte er, kann es dir bei guten Weiben gelingen, wenn dein Sinn auf Schmeicheln und Lügen steht.

Hätt' ich alles mit Werken erfüllt, was er mir sagte, so wäre ich werter geworden als ich bin.

Indessen lag mein Vater tot. Da musste ich heim, wie so mancher, dem seine Vordern Gut lassen. Mein Herr gab mir Urlaub, und ich ritt gen Lichtenstein, in das Steyerland. Hier fand ich viel Turnierens von Knechten, die dadurch die Ritterschaft lernten. Ich unterwand mich dessen auch um meine liebe Fraue und dachte: wenn ich ihr will zu Diensten sein, so muss es durch Ritterschaft geschehen, unter Helm muss ich Preis erjagen. So fuhr ich turnieren in Knechtes Weis', um es zu erlernen, drei Jahr.

Darauf ward ich Ritter, zu Wien, bei einer Hochgezeit, die ich seitdem nimmer so schön gesehen habe: da war großes Ungemach vom Gedränge. Der Fürst Leopold aus Österreich gab seine minnigliche Tochter einem Fürsten von Sachsen zum Gemahl. Der edle Fürst gab dritthalb hundert Knappen Schwert; den Grafen, Freien, Dienstmann, wohl tausend Rittern, gab der edle Fürst Gold, Silber, Ross und Kleid. Fünftausend Ritter aßen da des werten Fürsten Brot, da war viel Bu-

hurt und Tanzes und manches Ritterspiel: da waren
die reiche Herzogin und ihre minnigliche Tochter und
manche gute Fraue. Meiner Freuden Schein war auch
dort, meine reine, süße Fraue, doch sprach ich bei die-
ser Festlichkeit kein Wort mit der Tugendreichen, wo-
rüber ich lange traurig war; ich ließ es, um der Merker
böses Spähen zu vermeiden. Als sie mich unter Schilde
sah, sprach die Gute gegen einer meiner Freunde: »Ich
bin wahrlich froh, dass Herr Ulrich hie ist Ritter ge-
worden, ich weiß noch, wie ich den von Lichtenstein
von mir gab, damals war er noch viel klein.« Als mir
mein Freund sagte, dass ihr meine Ritterschaft lieb
sei, freute ich mich von Herzen und dachte: »Wie,
wenn sie mich mit ihrem Willen zu ihrem Ritter haben
will?« Dieser dumme Wahn war mir zu süß und mach-
te mich hochgemut.

Die Hochzeit nahm ein Ende, und mancher schied
froh von dannen. Man fing dort und hie Turniere an
um die Frauen, ich versäumte deren keines nie, ich
wollte um meiner Frauen willen bei allen sein. Zwölf-
mal turnierte ich in diesem Sommer, mancher Ritter
ward von mir Tiostierens gewährt, und dass es mir
nicht misslang, musste ich meiner Frauen danken.

Als der kalte Winter kam, musste ich Minnesiecher
von dem Tiostieren abstehen, darum war ich traurig,
und meine Frau war so behütet, dass ich ihr nie kund-
tun konnte, dass sie mir lieber sei, als mein eigener
Leib, ich konnte sie nie sehen, auch konnte ich keinen
Boten haben, der ihr recht sagte, wie so herzlieb sie
mir sei. Darum wusste sie auch nicht, dass ich ihr die-
nen wollte.

Da ritt ich auf eine Burg, wo der Wirt mich freund-
lich empfing, sein Weib, meine Niftel, kam zu mir und
sprach: »Lieber Neffe, du sollst willkommen sein.« Sie
ließ mich niedersitzen, wo uns niemand sah, worauf
die Gute zu mir sprach: »Dass ich dich sehe, daran ge-

schieht mir Liebe; nun sage an, wie gehabst du dich, und bist du froh?« Sie lächelte und sprach: »Ich muss dein lachen, und sollte es wohl verschweigen, aber ich war vor einigen Tagen bei meiner Frauen und wir beide gedachten deiner; sie sprach: »Mir ist von ihm gesagt, dass er von Frauen wohl spräche, und dass er einer Frau sonderlich zu Dienste bereit sei, das ist ritterlich getan.« Da sprach ich: »Das hab' ich auch vernommen, eine Frau sei ihm lieber als alle Weib, wer sie aber sei, weiß ich nicht: da bat sie mich, dass ich dich bäte, du solltest mir die Fraue nennen, und dass ich es ihr dann anzeigen möchte; darum, lieber Neffe, nenne mir nun den Namen deiner Frauen.«

»Dir bleibt meine Frau immer unbekannt, wenn du mir nicht einen Eid schwörst, dass sie von dir verschwiegen bleibt, und wenn du mir nicht dabei versprichst, dass du ihr meinen Dienst kundtun willst.« – – »Nein, ich will nicht dein Bote zu ihr sein, aber ich schwöre dir bei Gott, dass ich von ihr schweigen will, und dienen will ich dir, wo ich irgend kann.« – »Nun will ich dir meine Fraue nennen; du bist kürzlich bei ihr gewesen, dieselbe ist es, die dich fragen hieß, sie ist es selber.« – »Freund, die Rede kann ich nicht glauben, das wäre dir gar zu viel, sie ist dir zu hoch geboren, erfährt sie es, wird sie zornig und dein Dienst verfängt da nimmer, drum ist mein guter Rat, nimm deinen Mut aus ihrem Dienste.« – »Mag es mir frommen oder schaden, so ist meine sehnende Liebe doch so groß, dass ich ihr immer bis an meinen Tod dienen muss, kommst du mir bei ihr nicht zu statten, so muss mein Leben bald zergehen, willst du mich aber aus dem Tod retten, so sollst du ihr schwören, dass sie mir in meinem Herzen die Liebste ist.« – »Neffe, was soll ich sprechen? Gott gebe, dass es dir wohl ergeh, dass es ihr dünket gut, ich will ihr alles sagen, alle deine Not in kurzen Zeiten.« – »Fraue, ich neige dir auf den Fuß und danke dir immer, dass du meiner Frauen kundtun willst, dass ich ihr eigner Ritter bin, und ihr zeitlebens Untertan bleibe; ich habe gute neue Lied von ihr gesungen, bringe ihr die zu Ohren, und sage mir dann wieder, ob sie ihr wohl gefallen. Gott segne dich, Niftel.« – »So tu er dich, lieber Freund.« – »Lass mich dir empfohlen sein.« – »Ja, auf meine Treue.« – »Nun will ich fortreiten.« – »Gott müsse dich bewahren.«

So schied ich von meiner Niftel, und sandte durch sie dieses Lied:

Liebesgruß

Weibes Güte niemand mag
Zu Ende loben, das ist wahr.
Mein Herze blüht nun manchen Tag,
Sie macht mich aller Sorgen bar,
Wenn ich sie seh' gekleidet stehn
Und also schöne vor mir gehn,
Als wie ein Engel anzusehn.

Ein Weib hat so bezwungen mich,
Dass ich ihr immer dienen muss,
Ihr Leib ist süß und wonnelich,
Ihr roter Mund gibt reinen Gruß,
Ich hab' den Wunsch an ihr ersehn,
Das Beste ist an ihr geschehn,
Oder ich kann nicht Frauen spähn.

Deiner Reine tröst' ich mich
Besser als ich dir dienen kann,
Dir alleine, dir will ich
Mit Treuen bleiben Untertan.
Des Tages, wenn ich dich sehen soll,

Da ward noch keinem Mann so wohl,
Da ist mein Herze freudenvoll.

Hohen Mut ich von dir han,
Des weiß ich dir alleine Dank,
Du bist gut ohn' argen Wahn,
Ich dien' dir immer ohne Wank,
Nun sprich, dass es dein Wille sei,
So werd' ich nimmer wieder frei,
Und steh' dir treu mit Diensten bei.

So schied ich mit hohem Mut von dann, weil ich ihr ei-
nen Boten gesandt hatte, der ihr meinen Willen kund-
tun sollte. Fünf Wochen ritt ich umher, und sah Frau-
en, indes war meine Niftel nach meinem Begehren zu
meiner Frauen gefahren, was ich auch sogleich ver-
nahm. Ich freute mich und ritt sogleich zu meiner Nif-
tel, sie empfing mich freundlich und sprach: »Ich habe
um dich getan, was ich billig gelassen hätte, und was
dir dort auch wenig zu statten kommt. Nun sitze zu
mir nieder, so sage ich dir, was meine Frau zu mir von
dir geredet hat, und was ich gesprochen: ich habe ihr
kundgetan, dass sie dir lieb sei, mehr als alle Weib,
dass du Leib und Gut in ihre Gnade ergeben hättest,
und dass dein Herze nie vom sehnlichen Band der
Minne erlöst würde, wenn sie dir nicht ihre weibliche
Güte erzeigte; ich sagte zu ihr: »Frau, wenn er auch al-
le Reich besäße, die gab' er um euren Gruß.«
    Dann las ich ihr deine neuen Lied, eh' ich von ihr
ging; da sprach die Reine: »Die Lied sind wahrlich gut,
aber ich will mich ihrer nicht annehmen, drum
schweige still mit deiner Rede; wenn dein Neffe ein
biedrer Mann wird, das gönne ich ihm mit Recht, denn
er ist sonst mein Knecht gewesen, aber solche Rede soll
er lassen, denn ich will sie ihm nimmer gewähren, er
soll die Dummheit lassen, denn ich werde seinen

Dienst nie annehmen, es wäre ihm, weiß Gott, zu viel.«
Da sprach ich: »Zürnt nicht, Frau, es geschieht ja oft,
dass ein junger Mann so hoch begehrt, wenn es ihm
auch nimmer gelingt, sie werben nur um hohen Mut,
so hoch ihr geboren seid, hat er euch doch zu seiner
Frauen auserwählt.« – »Nun schweig, kein Mann hat
noch so hohes Lob getragen, der nicht noch dadurch
geteuert wurde, wenn ich seine Dienste annehme, wo-
zu ich doch noch nie keinen Willen getragen, ja, es war
noch kein so biedrer Mann, der mich verdienen möch-
te, darum soll er es sich auch versagen; wäre er aber
auch in aller Würdigkeit ganz vollkommen (wie ich
von ihm doch noch nicht gehört habe), so müsste ei-
nem Weibe doch immer sein ungefüge stehender
Mund leid sein, denn der steht ihm übel, erlaub' es mir
zu sagen, wie du selbst wohl weißt.« – Nun wollte sie
von dir nicht mehr reden, drum ist mein Freundesrat,
dass du sie Dienstes frei lassest, da ihr Mut so hoch
steht. –

»Niftel, darin folg' ich dir nicht, dass ich durch je-
mands Rat meine Frau sollte aufgeben, denn nur der
grimme Tod kann mich aus ihrem Dienst vertrei-
ben.« – »So will ich aber nicht mehr dein Bote sein.« –
»Nein, liebe Niftel, du sollt nicht verzagen, ich will mir
bald meinen Mund schneiden lassen, wie mir auch ge-
schehen mag, da sie meint, dass er mir übel stehe; für-
wahr, mein Mund muss ihr besser gefallen, oder noch
tausendfalt schlimmer, denn weil ihn meine Fraue un-
gern steht, so schneid' ich in kurzer Zeit ab, was daran
misse steht.« – »Ich rate dir in rechten Treuen, dass du
dich nicht so verderbest, lebe, wie dich Gott geschaffen
hat, und nimm das, was er dir gegeben, für gut, denn
das ist kein verständiger Sinn, wenn du anders willst,
als er will.« – »Niftel, Gott behüte dich, ich habe mich
drein ergeben, und wie es mir gelingt, will ich dir nicht
verschweigen, ich bitte dich, dass du es dann durch

deine Treue meiner herzlieben Frauen entbietest.« –
»Das versprech' ich dir, Neffe, aber es ist mir leid, dass
du nicht davon abstehen willst.« –

So ritt ich von ihr nach Grätz in Steyerland, da tät
ich dem besten Meister allsogleich meinen Willen
kund. Der sprach: »Jetzt kann es nicht geschehen, vor
dem Mayen schneide ich euch nicht, im Mayen aber
schwöre ich euch euren Mund also zu machen, dass ihr
dessen froh seid, denn ich bin des Dinges ein ganzer
Meister.«

Nun ritt ich im Winter wieder hin, Frauen zu sehen,
bis der süße Sommer kam und ich die Vöglein singen
hörte, da dacht' ich: nun mag wohl die Zeit sein, dass
ich nach Grätz hin muss. So ritt ich hin in Gottes Pfle-
ge, und unterwegs begegnete mir meiner Frauen
Knecht, ich erkannte ihn und er mich, und er fragte
mich, wo mein Sinn hin stände. – »Gesell, ich will dir
nun fremde Märe erzählen, wisse, dass ich gesund bin
und mich doch selbst verwunden will, man soll mich
zu Grätz schneiden.« – Der Knappe segnete sich und
sprach: »Nun, Herre, wo denn?« Ich sprach: »Geselle,
sieh, von den Lefzen, deren ich dreie habe, will ich eine
abschneiden.« – »Wenn das wahr ist, so helfe euch Gott,
denn es ist eine wunderliche Geschichte; meiner Frau-
en, die es wohl nicht weiß, will ich es als ein großes
Wunder sagen, ihr seid wahrlich ohne Sinne, dass ihr
euch so wagen und wohl gar tot liegen möget.« – »Nun
sage es, wenn du willst, denn es muss auf dieser Fahrt
geschehen.« – »So will ich es, wenn es mit euren Hul-
den sein mag, mit anschauen, und will auch meiner
Frauen sagen, dass ihr mich mit habt haben wollen,
anzusehn, wie euch geschieht.« –

Ich ritt hin nach Grätz, wo ich auch meinen Meister
fand. Eines Montags morgens fing der mich zu schnei-
den an, er wollte mich binden, ich wollte aber nicht,
und er sprach: »Es kann euch Schaden geschehen, denn

rührt ihr euch nur um ein Haar, so nehmt ihr Scha-
den.« Ich sprach: »Ich bin willig daher zu euch geritten,
und wenn ich auch tot liegen sollte, wie weh mir auch
von euch geschieht, so soll man mich doch nicht wan-
ken sehen.«

Ich fürchtete mich doch sehr und saß vor ihm auf ei-
ner Bank, er nahm ein Messer und schnitt mir den
Mund ob den Zähnen durch, was ich so sänftlich erlitt,
dass ich auch davon nicht wankte; er hatte meisterlich
geschnitten, und ich hatte es meisterlich ausgehalten.
Als es geschehen war, schwoll mir mein Mund, und er
tät der Wunden ihr Recht. Der Gesell hatte es alles mit
angesehen und sprach: »Wenn ihr geneset, so bin ich
gerne hier gewesen, als ich neulich von euch ging, und
meine Frau die Botschaft hörte, dass man euch schnei-
den sollte, konnte sie es nicht glauben, sie sprach: »Er
tut es gewiss nicht, denn es dünkt mich dummlich ge-
tan«: nun habe ich selbst gesehen, welch Wunder an
euch geschah, jetzt will ich fortreiten, der reiche Gott
möge euch bewahren und euch bald gesund machen,
ich will meiner Frauen kundtun, dass man euch den
Mund geschnitten, und wie mannlich ihr es überstan-
den habt.« – »Du sollst von mir deiner Frauen nichts
als meine Dienste sagen, ich darf ihr nicht mehr ent-
bieten; doch wenn du sonst willst, dann sage von mir:
was hier mein Leib erlitten hat, das sei um ein Weib
geschehn, die gesprochen hat, mein Mund stünde mir
nicht wohl, was der an mir nicht behaget, das wird
auch von mir gehasst, und wenn sie sagte, meine rech-
te Hand gefiel ihr nicht, so schlüge ich sie ab, bei Gott!
Denn ich will nichts anders, als was sie will.« –

Der Knappe ritt von mir und ich musste wohl sech-
stehalb Wochen als ein siecher Mann darnieder liegen,
mir war wohl und weh; weh, denn mein Leib war
wund, wohl, denn mein Herz war froh. Von Hunger
und von Durst musst' ich großes Ungemach leiden, ich

konnte nichts in mich bringen, Zähne und Mund taten mir weh, eine grüne stinkende Salbe wurde mir außerdem in den Mund gestrichen, wenn ich nun aus Not essen oder trinken musste, so ging die Salbe auch in mich, sodass mir Essen und Trinken widerstand, davor aß ich wenig und mein Leib wurde sehr geschwächt. Ich blieb so lange in Grätz, bis mein Leib wieder genesen war.

Ich ritt hierauf mit Freuden zu meiner Niftel, sie sah mich schon aus der Ferne und sprach zu mir: »Niemand soll dir nun deinen Mund verweisen, denn er steht dir jetzund wohl, auch habe ich alles erfahren, was du so unverzagt erlitten hast, ich habe alles aufgeschrieben und will es dahin senden, wo deine Liebe um Gnade bittet, und dass du es um sie habest wagen wollen, um das eine Wort, das sie damals gesprochen, dass ihr dein Mund nicht gefiele.« – »Lohne dir Gott, Niftel, süßes Weib, getreuer Bot, du tust mir so wohl, dass ich es um dich nie verdienen kann; ich habe auch wieder neue Lied gesungen, die sollst du ihr um meinetwillen senden, ich habe sie gedichtet, als ich zu Grätz siech lag.«

Tag und Nacht

Alles Singen ich vermeide
Von der Nacht, die gibt mir Freuden nicht,
All meine Freude
Liegt nur am Tage, denn der ist licht,
Auch ist sein Schein
Der Frauen mein
Viel gleich, drum muss er selig sein.

Der mag von Schulden
Loben die Nacht, dem selig Lager ist bereit,

So muss ich dulden
Sehnendes Leid, darum trag' ich ihr Neid,
Und lobe den Tag,
Wenn ich sie mag
Sehen, die mir wohl heilet Sorgen-Schlag.

Den Tag ich ehre,
Da ich die viel Gute zuerst sach,
Denn immermehre
Gibt mir die Nacht nur Leid und Ungemach,
Sie ist mir gram,
Ich ihr alsam,
Wohl dir Tag, viel selig sei dein Nam'!

Wann mich besessen
Nachts haben die Sorgen mit großer Schar,
Das wird vergessen,
Wann mir der Tag erscheinet klar,
So kommt ein Wahn,
Dass ich soll gahn
Die viel Schöne heimlich sehen an.

Sehr gerne ich wollte
Loben die Nacht, erginge es jemals so,
Dass ich ihr sollte
Nahe liegen, die mich nun macht unfroh,
Wer wär' ich dann
Ich selig Mann!
Weh! Dass mir's die Gute nimmer gann!

»Lied und Brief sende ich ihr wahrlich hin, und will ihr
auch alles von dir entbieten, und dass ich dich gesehen
habe, und dass dir der Mund recht steht, wie einem an-
dern Mann, den Brief, den sie mir dann herwieder sen-
det, will ich dir schicken, denn es ist dir gut.« – »Ja, lie-
be Niftel, und dein Bote findet mich bei der Mur.« –

So schied ich von ihr und ritt hohes Mutes nach Lichtenstein. Meine Niftel nahm Lied und Brief und sandte sie meiner Frauen; als sie beides gelesen, schrieb sie gleich einen Brief. Als der Brief zu meiner Niftel kam, musste sogleich ein Bote auf sein, der ihn mir brachte. Der Brief machte mein Herz freudenvoll, er sprach also:

»Meine Huld und auch den Dienst mein entbiete ich dir vielwilliglichen, und tu' dir kund, dass ich mich hebe von dem nächsten Montage von dem Hause, da ich jetzo auf bin, und fahre hin zu dem Hause, wo du wohl weißt, und bin über Nacht in dem Markt, der bei dir liegt: Nur bitt' ich dich, lass es nicht und komm' zu mir dahin, so will ich dir alles das antworten, was du mir entboten hast, will auch dein Neffe dahin kommen, den sehe ich gerne, um seinen Mund, wie ihm der steh', und um anders nicht.« –

Ich hub mich auf die Fahrt, als mir der Brief gelesen wurde, ich ritt freudig zu, da war sie aber leider so behütet, dass ich sie den Abend nicht sah. Ich schlief die Nacht nicht vor Kummer, und als nun die Sonne aufging, da stund ich auf, und ging hin, wo ich ihr Gesinde fand. Ritter und Knecht, die grüßte ich, und sie dankten mir als Freunde. Darnach sang ihr Kaplan eine Messe, wo ich meine Fraue sah, furchtsam ging ich zu der Tugendreichen, die mich mit einer Neigung empfing, mir aber mit Worten keinen Gruß sagte. Die Messe war mir gar zu kurz, was man aber sang oder las, davon vernahm ich nichts, ich sah nur immer das reine süße Weib an. Als die Messe geendet, da hieß man mich und alle andere Mann hinausgehn, meine Fraue stieg auf und ritt fort, ich ging hin, wo ich meine Niftel fand, die lachte und sprach freundlich: »Du bist ein seliger Mann, meine Frau hat dir erlaubt, dass du heut mit ihr reden sollst, was dir gut dünkt, du sollst auf dem Wege heut zu ihr reiten, rede mit ihr, was du willst, jedoch nicht zu viel.«

Da war ich froh. Ich ritt gleich nach der Werten, wo ich sie vor mir reiten sah, mein Herze sprach in Freuden: »Nun hin, nun sollst du mit ihr reden, alles, was dir gefällt, unbehütet reitet sie vor dir, nun sprich mit ihr, was dich gut dünkt!«

So ritt ich kühnlich zu ihr hin; als sie mich bei sich gewahr ward, kehrte sie sich von mir, da ward mein Sinn so zaghaft, dass mir die Zunge alsbald verstummte und mir das Haupt niedersank, also war ich jegliches Wortes beraubt. Ein anderer Ritter jagte zu ihr, da sah ich auf und blieb furchtsam und verzagt hinter ihnen, da sprach mein Herz wieder: »Nun, du verzagter Leib, du fürchtest eine so gute Frau? Weiß Gott, sie hätte dir nichts getan, wenn du nur hättest sprechen können. Höre, Leib, willst du mit Worten verzagt sein, so kann dir nie Liebe geschehen, und scheidest du so von ihr, so wird sie dir nimmermehr hold, sondern muss dich für einen Zagen halten.«

Wie mein Herz mich so bestrafte, ermannte ich mich wieder und ritt zu ihr; die reine Süße sah mich an, und von ihrem Ansehen erschrak mein Leib so, dass ich wieder schweigen musste, die Kraft der Minne band mir meinen Mund zusammen, ich wusste wahrlich nicht, wo ich saß. »Leib«, sprach nun wieder mein Herz, »unselig müssest du sein, denn du bist ein böser Mann, da sie dich so freundlich ansieht, hast du doch nicht mit ihr, recht als wärest du ein Wicht, gesprochen.« – »Sieh, mein Herz, wenn ich gegen sie was sprechen soll, so weiß ich nicht, wovon es geschieht, dass ich kein Wort kann sagen, der Mund wird mir so versperrt, dass ich Unseliger kein Wort herfür bringen kann.« – »Leib, du sollst mir glauben, dass du dir selbst groß Unheil schaffst, ich und du erleiden Plagen und keine Stunde ist uns wohl, aber wenn dein böser Mund nicht mit Worten meinen Willen kundtut, so muss es dein Ende sein; sieh doch, das werte Weib reitet vor

dir, ganz allein und unbehütet, wie bist du so furcht-
sam, dass du nicht zu ihr reitest, und ihr all deinen
Sinn sagst? Nur hin, das ist mein Rat, weil du sonst die
Gelegenheit verlierst.« –

Nun ritt ich wieder zu ihr, und fühlte, dass ich vor
Furcht bleich war, meine Angst zu sprechen war groß,
das Herz sprang mir in meiner Brust, es gelüstete ihm
sehr, zu ordnen, es sagte: »Nun sprich! Nun sprich!
Nun sprich! Da dich niemand hindert.«

Wohl zehnmal tät ich den Mund auf, zu ihr zu spre-
chen, da lag aber die Zunge nieder und wollte kein
Wort sagen. So schied ich von ihr wieder wie erst, dass
ich ihr kein Wort sagte, das geschah mir dieses Tages
wohl fünfmal.

Die Tagereise nahm ein Ende, und die Reine, Süße,
Gute kam an, wo sie in der Nacht sein sollte, da war
mein Herz sehr traurig. Man hieß die Frauen von den
Pferden heben, ich nahm das Hebeeisen, und hob man-
che klare Fraue ab. Die Falschesfreie hielt noch immer
auf ihrem Pferde, und viel Ritter und Knappen stan-
den um sie, mit denen sie ihr Scherz und Spiel hatte,
da ich mit dem Hebeeisen zu ihr kam, sprach sie: »Ihr
seid nicht stark genug, dass ihr mich abheben möget,
ihr seid zu krank und schwach.« Des Scherzes ward ge-
lacht und sie trat auf das Hebeeisen; als sie aus dem
Sattel stieg, ergriff sie mich bei meinem Haar, und oh-
ne dass es jemand sah, brach die Gute mir heimlich ei-
ne Locke aus: »Das habt dafür, dass ihr verzagt seid!
Man hat mir von euch nicht wahr gesprochen.« – So
ging die Gute zu ihren Frauen und ich stund in tiefen
Gedanken: »Wie ist dir nun geschehen?« Dann ritt ich
in die Herberge, ging allein in eine Kammer, und in
meiner Trauer bat ich Gott, dass er mir das Leben neh-
men möchte. –

(Nach Tiecks Bearbeitung)

2. Der Traum des Armen

In dem Walde süße Töne
Singen kleine Vögelein,
Auf der Heide Blumen schöne
Blühen in des Maien Schein:
Also blüht mein hoher Mut
Im Gedenken ihrer Güte,
Die mir reich macht mein Gemüte,
Wie der Traum dem Armen tut.

Es ist Hoffnung nicht geringe,
Die ich zu ihrer Tugend trage,
Dass mir noch an ihr gelinge,
Dass ich Heil an ihr erjage,
Dieser Hoffnung bin ich froh,
Gebe Gott, dass ich's beende,
Dass sie mir den Wahn nicht wende,
Der mich freut so rechte hoh.

Die viel Süße, Wohlgetane,
Frei von allem Wandel gar,
Lasse mich in liebem Wahne,
Bis ein Bessres mir wird wahr,
Dass die Freude lange währe,
Dass ich weinend nicht erwache,
Dass ich ob des Trostes lache,
Den ich von ihrer Huld begehre.

Wünschen nur und Süßgedenken
Ist die meiste Freude mein,
Will sie mir den Trost nur schenken,
Dass ich darf der Ihre sein,
Mit den beiden nahe bei,
Will sie das mit Willen leiden,

Gönnt sie mir den Hort der Freuden,
Wünsch' ich, dass sie selig sei!

Holde Maie, du alleine
Tröstest all die Welt nun gar,
Mich erfreust du im Vereine
Mit der ganzen Welt kein Haar:
Könntet ihr mir Freude geben
Außer ihr, der Lieben, Zarten?
Von der soll ich Trost erwarten,
Ihres Trostes will ich leben.

3. Stete Liebe

In dem lüftesüßen Maien,
Wann der Wald sein Kleid erneut,
Da beginnt sich hold zu zweien
Was sich nur der Liebe freut,
Und ist miteinander froh,
Das ist recht, die Zeit will so.

Wo sich Lieb' zu Liebe zweiet,
Liebe hohen Mut verleiht,
In der beider Herze maiet
Es mit Freuden alle Zeit,
Trauerns will die Liebe nicht,
Wo man Lieb' bei Liebe sicht.

Wo zwei Lieb' einander meinen
Herziglich in rechter Treu'
Und sich beide so vereinen,
Dass die Lieb' ist immer neu,
Die hat Gott zusammen geben
Auf ein wonnigliches Leben.

Stete Freude heißet Minne,
Freude, Minne, ist all ein,
Die kann ich in meinem Sinne
Nimmer machen wohl zu zwein,
Freude muss mir Minne sein
Immer in dem Herzen mein.

Wo ein stetes Herze findet
Stete Liebe, steten Mut,
Davon all sein Trauern schwindet,
Stete Liebe ist so gut,
Dass sie stete Freude leiht
Stetem Herzen allezeit.

Könnt' ich stete Liebe finden,
Ei, dann wollt' ich stete sein,
Dass ich damit überwinden
Wollte all die Sorge mein,
Stete Liebe will ich begehren
Und unstete ganz entbehren.

4. Der Winter kommt!

Alt und Jung, euch vorzusehen
Eilt, es kommt des Winters Zeit,
Bloß soll niemand vor ihm stehen,
Tiefe Wunden schlägt er weit.
Lasst den Schild
Stille liegen,
Seid euch selbst mit Kleidern mild:
Also mögt ihr ihn besiegen.

Soll ich recht euch unterweisen
Wie ihr vor ihm seid in Hut,
Eilt, die Häuser all' zu speisen,

Nichts ist wider ihn so gut:
Wer sich weise
Nicht bedenkt,
Eh' er um uns zieht die Kreise,
Der wird schwer von ihm gekränkt.

Für sein Stürmen, für sein Schleichen,
Für sein ungefüges Dräu'n,
Sollt ihr in die Häuser weichen,
Euch mit Frauen da erfreun.
Weibesgüte
Schirmet ja,
Dass man nie vor Ungemüte
Also guten Schirm ersah.

Aller guten Frauen Güte,
Der soll meine Fraue pflegen.
Vor ihr Zürnen mich behüte
Gott, das ist mein Morgensegen.
Gutes Weibes
Würdigkeit
Ist der Seele wie des Leibes
Höchster Trost im Herzeleid.

Meines Herzens Freudenlehre
Ist des süßen Weibes Leib,
Trost im Kummer gibt die Hehre,
Traun sie ist ein weiblich Weib,
Hohe Fraue
Mancher Tugend:
Wenn in ihrem Aug' ich schaue
Mich, erblüht mir Freudenjugend.
          (Tieck)

5. Sie

Hoher Mut und süße Minne,
Tröstet mich und huldigt Ihr
Ohne Falsch mit stetem Sinne!
Ach vielleicht gelingt es mir,
Und ihr kleiner Purpurmund
Tut mir Himmelswonne kund.

Hoher Mut, sei wohl empfangen!
Rast' in meines Herzens Grund,
Und vollführe mein Verlangen!
Du bist mir ein gold'ner Fund.
Meine Fröhlichkeit, vergangen,
Hinterließ nur Tränen mir,
Doch sie kam zurück mit dir.

Hoher Mut, nach deiner Lehre
Warb ich und verzagte nie;
Voll Bescheidenheit und Ehre,
Reiz und Weiblichkeit ist Sie.
Ja, die Sanfte, Gute, Hehre,
Ist mein Augenstern und Licht:
Sie zu lieben, reuet nicht.

Hoher Mut und Ihr, o Reine!
Wogtet ganz in meiner Brust!
Diesem glücklichen Vereine
Dank' ich neue Lebenslust.
Schöner, freundlicher ist keine,
Und ihr schwesterlich Geleit
Liebe, Zucht und Würdigkeit.

Hoher Mut, in meinem Herzen
Regst du Hoffen und Begier,
Und, vergessend aller Schmerzen,
Hüpft es jugendlich in mir!

Lasst uns küssen, lasst uns scherzen!
Holde, scherzt und küsst mit mir!
Euer bin ich für und für.
   (Wolff)

Der Windsbecke
Um 1250

So heißt ein strophisches Lehrgedicht, in dem ein weiser Mann seinem Sohn gute Lehren über höfische Zucht und Sitte gibt. Lebendiger Vortrag, einfache Sprache und treffender Ausdruck der Gedanken verleihen der Dichtung einen hohen Wert. Ihre Entstehungszeit setzt man in die Mitte des 13. Jahrhunderts.

1. Ehre die Frauen!

Sohn, willst du zieren deinen Leib,
Sodass er sei dem Unfug gram,
So lieb' und ehre gute Weib'!
Alle Sorgen scheuchen sie tugendsam.
Sie sind der wonnigliche Stamm,
Von dem wir alle sind geboren.
Der hat nicht Zucht, noch rechte Scham,
Der solches nicht an ihnen preist;
Er ist zu rechnen zu den Toren,
Und hätt' er Salomonis Geist.

2. Lebensregel

Sohn, du sollst keuscher Worte sein
Und stetes Mutes: tust du das,
So glaub' es auf die Treue mein,

Du lebst in Ehren desto bass.
Trag' niemand Neid, noch langen Hass,
Sei gegen Feinde hochgemut,
Sei Freunden nie mit Diensten lass
Dabei in Züchten wohlgezogen,
Und grüße, die du grüßen sollst,
So hat das Glück dich nicht betrogen.
  (F. Born)

Steinmar
1251–1276

Wahrscheinlich ein edler Thurgauer, zog mit König Rudolf dem Habsburger 1276 gegen Ottokar von Böhmen und vor Wien. Trotzdem er somit an den wichtigsten Begebenheiten seiner Zeit teilnahm, bewegen sich seine Gedichte fast ausschließlich im Kreis des Minnesangs, erfreuen aber durch Wahrheit und Frische der Empfindung, wie durch lebhafte Darstellung.

1. Beseligung

Wenn ich kommen will von Sorgen,
So gedenk' ich an ein Weib,
Der so schön an jedem Morgen
Steht ihr tugendlicher Leib.
Dass so hoch mein Mut entschwebt
Wie den edlen wilden Falken
Sein Gefieder in der Luft erhebt.

Preis des Frauentums! Die Ehre
Hat von dir das deutsche Land.
Leichten kannst du Herzensschwere
Und entbinden Sorgenband.

An dir müssen alle Frauen
So den Ehrenanteil haben
Wie am Maienglanz die Sommerauen.

Wähnt' ich nicht vom Himmelreiche,
Lachte mich ein Engel an?
Da ich sah die Minnegleiche,
Alle Not war abgetan.
Aller Freuden ward ich voll,
Als wie aus dem Fegefeuer
Eine Seele, die zum Himmel soll.
    (Friedrich Rückert)

2.

Selige Sommerzeit,
Du bist nun vergangen
Und die Augen sind beschneit
Wo die Vögel sangen.
Da die Freude nun dahin
So will ich gedenken der, deren Eigenmann ich bin!
Du mein holder Sommertag,
Einer Ros' im Taue
Ich dich wohl vergleichen mag!

Schönheit hat und hohen Mut
Meine Frau' und Ehre,
Dazu ist sie herzensgut
Und folgt weiser Lehre;
Jeder Tugend ist sie voll
Sie ist Wunsches höchstes Ziel, der mein Herz
                                erfreuen soll!
Du mein holder Sommertag,
Einer Ros' im Taue
Ich dich wohl vergleichen mag!

Du sollst nun mein' Maie sein
Und mein Spiel der Wonne
Und ich stets der Diener dein.
Klar als wie die Sonne
Ist dein lichtes Augenblinken,
Drin möcht' ich in kurzer Frist wonniglich so
                                    gern versinken.
Du mein holder Sommertag,
Einer Ros' im Taue
Ich dich wohl vergleichen mag!

Eine schlimme Zeit geht hin,
Hätt' ich doch Schildwachte
Bei dir, meine Trösterin!
Kalter Nächt' viel brachte
Ein uns diese Heeresfahrt
Die der König fährt gen Meißen; weh dass sie
                                    so späte ward!*
Du mein holder Sommertag,
Einer Ros' im Taue
Ich dich wohl vergleichen mag!

Ach, wie wollt' ich gerne hin,
Statt der Fahrt voll Plage
Zu dir, meine Trösterin!
Wahrlich manche Tage
Wütet gen uns Reif und Schnee,
Muss ich dazu trinken Bier, Traute, lieber ich
                                    dich säh'!**
Du mein holder Sommertag,

---

* Heeresfahrt gegen Meißen: Gemeint ist der Winterkriegszug Kö-
  nig Rudolfs von Habsburg gegen die auf Seite Ottokars stehenden
  Söhne des Markgrafen Heinrich v. Meißen, 1276.
** »Die Furcht vor dem Bier von Meißen weist auf den Wein der Hei-
  mat Steinmars«, sagt v. d. Hagen.

Einer Ros' im Taue
Ich dich wohl vergleichen mag!
(Franz Weber)

Der von Wildonje (Wildon)
1251–1268

Ein Ritter namens Herrant aus Steiermark, der mit seinem Bru-
der Hartwich mehrfach in der Geschichte und den Kämpfen
zur Zeit des Interregnums auftritt. Ottokar von Böhmen hielt ihn
einer angeblichen Verschwörung wegen ein halbes Jahr lang
zu Eichhorn gefangen und zwang ihn, seine Burgen Eppen-
stein, Premersburg und Gleichenberg zu übergeben, von de-
nen die beiden Letzten zerstört wurden.

Hoher Mut soll jetzo ziehen
In uns alle, Weib wie Mann!
Trauern du sollst von mir fliehen
Seitdem ich gesehen han
Des viel lichten Maien Schein,
In den Auen hört man singen all die kleinen Vögelein.

Die freun sich am Glanz der Sonne
Wenn sie vor dem Berg aufgeht;
Was vergleicht sich mit der Wonne
Wenn die Ros' im Taue steht?
Nichts als wie ein schönes Weib,
Das mit rechter Weibesgüte wohl kann zieren
                    seinen Leib.

Liebe hebet an durch Blicke
Und geht dann zum Herzen ein;
So spricht Lieb' zu Lieb' voll Glücke:

Lieb', könnt' ich doch bei dir sein!
Dieses Lied, das hat gesungen vor dem Wald
ein Vögelein!
(Franz Weber)

König Konrad der Junge (Konradin)
1252–1268

Er zog 1267 nach Italien, um das Reich beider Sizilien wieder zu erobern, wurde am 23. August 1268 bei Tagliacozzo geschlagen, gefangen und am 29. Oktober mit Friedrich von Österreich enthauptet.

Ich freu' mich mancher Blumen rot,
Die uns der Maie bringen will,
Die stunden eh in großer Not
Der Winter zwang mit Leid sie viel.
Der Maie uns ergötzen soll
Mit manchem wonniglichen Tage;
Des ist die Welt gar freudenvoll.

Was hilft mir ach, die Sommerszeit,
Was helfen mir die langen Tage,
Wenn Trost mir nicht die Frau verleiht,
Von der ich großen Kummer trage.
Will sie mir geben hohen Mut,
Da tut sie tugendlich daran,
Dann steht's um meine Freude gut!

Doch muss ich von der Lieben scheiden,
All meine Freud' zu Ende geht,

O weh! So sterb' ich fast vor Leiden,
Dass ich sie je um Minne fleht'.
Kaum weiß ich, Fraue, was Minnen sind
Mich lässt die Liebe sehr entgelten,
Dass ich an Jahren bin ein Kind!
  (Franz Weber)

Der von Scharfenberg
1252–1258

Sein Vorname ist nicht bekannt; er scheint aus dem Kärntner
Geschlecht zu stammen. Als Dichter schließt er sich eng an
Neidhart an.

1.

Maie, sei uns willekommen,
Der du Trauern hast benommen
Manchem, der den Winter her
Mit Sorgen hat gerungen.
Nun ist im Wald erklungen
Gesang von tausend Zungen.

»Dieser Märe bin ich froh«,
Sprach ein Mägdlein schlank und hoh,
»Wer darf mir es wehren,
Wenn ich such' nach Blumenglanze:
Hätt' ich davon zum Kranze,
Er stünd' mir wohl beim Tanze!«

»Tochter, lass dein Zieren sein,
Folge du der Lehre mein!

Mich bedanket, dass dein Herz
Rase töricht recht nach Minne,
Du hast nichts Gut's im Sinne,
Deshalb bleib' du da drinne!«

»Nun seh ich wohl, Ihr hütet mein,
Deshalb soll ich bei Euch sein.
Wisst jedoch, da ich's nun merk',
So kommt's Euch nicht zugute,
Verloren ist die Hute!«
So sprach die Wohlgemute.

»Soll verloren sein die Hut;
Fasst mit Recht mich Zornesmut.
Folg' du mir als frommes Kind
Und hüt' dich vor der Wiegen,
Die Männer können lügen,
Drum lass dich nicht betrügen!«

»Ich fürcht' mich vor der Wiegen nicht,
Was man immer davon spricht.
Dem ich hold im Herzen bin
Folg' ich vor allen Dingen,
Ihm will ich Freude bringen,
Schwermut kann er ringen.«*

»Erfreust du ihn, beschwerst du dich,
Tochter, lass das sein um mich!«
»Mutter, Euer Rat hat sich
Versäumet eine Weile,
Er kommt zu spät 'ne Meile!«
Fort sprang die Jung' in Eile.

* ring machen = verringern.

2.

Zwei liebe Gespielen
Begannen sich zu klagen,
Ihr Herzeleid und vielen
Kummer sich zu sagen.
Eine zur andern sprach:
»Groß Leid und Ungemach
Benimmt mir meine Sinne,
Nicht Freude ist mehr drinne
Im Herzen, das der Arge brach!«

»Dein Reden tut mir wehe«,
Sprach die andre da,
»Mein lieb Gespiel, ach sehe,
Auch mir nur Leid geschah!
Ich hab' den Mann verloren,
Den ich mir hatt' erkoren
Von allen, die da waren;
Er hatt' ein stolz Gebaren
Zum Leide ward er mir geboren!«

Die Dritte kam gegangen
Und setzt' sich zu den zwein.
Sie ward nicht gut empfangen,
Heim sollt' sie gehn allein!
»Geh' hin, wo Freude ist,
Bei uns hat sie nicht Frist,
Du magst der Wonnen walten,
Dein Lieb will dich behalten,
Deshalb voll Übermut du bist!«

»Wohl seh' ich an euch beiden,
Dass ihr mir traget Hass.
Ich will von hinnen scheiden
Doch sag' ich euch noch das:

Ihr warft mir vor voll Neid,
Was mich von Herzen freut,
Wer könnte mich bedräuen?
Ich will mich immer freuen,
Mein Friedel süße Lust mir beut!«

»Ich bin des worden innen
An dem viel werten Mann,
Nur Gutes hat in Minnen
Er immer mir getan.
Drum bin ich auch ihm hold,
Und geb' ihm Minnesold.
Ich schwör's bei meinem Eide:
Was er mir tät zuleide,
Er wär' mir lieber doch als Gold!«
        (Franz Weber)

Meister Rumeland
Um 1254–1273

Rumeland oder Rumsland war ein Sachse, bürgerlichen Standes und wandernder Sänger. Er lebte zur Zeit des Interregnums (1254–1273), als die höchste Verwirrung im Reich herrschte, die Gesetze ihr Ansehn verloren hatten und nebst allgemeiner Befehdung Raub und Mord an der Tagesordnung waren. Daher berühren auch mehrere Gedichte Rumelands die entsetzlichen Wirren dieser Zeit, wo die Kriegsknechte überall raubten und plünderten, der kühne Räuber allein für einen klugen Helden galt und die Bauern durch die grausamsten Misshandlungen gezwungen waren, den Pflug zu verlassen und selbst unter die Räuber zu gehen. All dies spiegelt sich in seinen Versen wieder. Ja in einem seiner späteren Sprüche sagt er sogar, dass er nicht fünf Menschen gekannt habe, die

recht und ehrsam gelebt hätten. Auch der Spott steht ihm zu
Gebote; so verhöhnt er in mehreren bittern Spottgedichten den
Marner, der ihn nicht recht anerkennen zu wollen schien, doch
beklagt er tief und aufrichtig den an dem alten Mann began-
genen Mord. Auch an dem Streitgedicht zwischen Frauenlob
und Regenbogen über Frau und Weib (vgl. Walthers von der
Vogelweide Gedicht Nr. 46 in dieser Sammlung) nimmt er teil.

Auf des Marners Tod

Jesus Christ, der Christen
Immer gütig war,
Er mög uns gnädig fristen
Das Leben noch manch Jahr,
Bis dass zu seiner Zeit
Zu sterben wir bereit.

Gott hatte auch dem Marner
Das Leben lang gefristet,
Der manches Mannes Warner;
Nun hat ihn überlistet
Der mörderische Tod –
Wie ist mir's leid, o Gott!

Schändlichrer Totschlag ward noch nie begangen
An einem kranken blinden alten Manne,
Den selber nach dem Tod schon mocht verlangen:
Doch seine Mörder stehn in Gottes Banne.
Christi Mutter, süße
Jungfrau, o gedenke,
Wie er holde Grüße
Deines Lobes zum Geschenke
Dir vermochte darzubringen
Und davon zu uns zu singen.
     (Z)

Meister Friedrich von Sonnenburg
Um 1255

Ein armer, als Meister bezeichneter Fahrender aus dem Pustertal: es lässt sich nachweisen, dass er schon vor 1253 gedichtet hat und dass er schon 1287 gestorben war. Sein tiefes religiöses Gefühl erhebt ihn über die zu seiner Zeit geltenden Anschauungen, die in der Welt und im Weltleben den Keim alles Bösen erblickten. Ich gebe im nachfolgenden einige gekürzte Sprüche von ihm in freier Fassung.

1.

Wollt ich Gottes Wunderwerke schelten,
Müsst dem Herrn mein Tadel selber gelten
Und auch seiner Schöpfung Wunderweben,
Darin doch nichts Wandelbares ist.
Wandelbares gibt's nur jeder Frist,
Wo die sündigen Menschenkinder leben.
    (Z)

2.

Gott nahm aus der Welt das Höchste doch,
Seine Menschheit, seine Mutter, all was heilig noch.
Was wär uns Gott, gebt ihm die Ehre,
Wenn seine Welt nicht wäre?
    (Z)

3.

Der Welt ist wohl das höchste Heil gekommen,
Seit Gott das Brot aus ihr genommen,
In dem er selbst verborgen liegt,
Wodurch die Erd den Himmel überfliegt,
Weil Engeln dieses Wunder nicht mag frommen.
    (Z)

4.

Ein Frevel ist's, ein Unsinn ohne Frage
Der Vorsatz: *Nun ich dieser Welt entsage!*
Sprecht, ob dies überhaupt geschehen kann?
Die Sünde, doch die Welt nicht, kann man hassen,
Denn muss der Mensch der Welt Gebein und
                            Fleisch auch lassen,
So müssen sie erstehn doch mit der Seele,
Um so in Ewigkeit zu leben dann.
    (Z)

5.

Nicht Wehe rufen sollst du ob der Welt,
Du sollst sie preisen samt dem Himmelszelt.
Sie ist uns Mutter – Gott tät selbst uns lehren,
Man soll den Vater und die Mutter ehren.
Drum lobt die Welt und preist sie, lasst den Wahn!
Gott machte uns die Welt
Und all was sie enthält
Mit allen Lebewesen Untertan!
    (Z)

Der von Suneck
Um 1255

Ein kärntnischer Ritter, Zeitgenosse Ulrichs von Lichtenstein und Herrants von Wildonje. Seine Geliebte hat sich ihm mit ihrem holdseligen Lachen durch seine Augen ins Herz geschlichen.

Ihr Lachen

Nun hat die süße Minne mich bezwungen,
Und singen muss ich von der Minnereichen,
Nach der mein Herz in holder Not gerungen.
Sie wusste sacht durchs Auge mir zu schleichen
Ins Herz so lieblich bis zum tiefsten Grunde:
Solch lieblich Lachen auf so holdem Munde
Zu schaffen – dessen hatte Gott nur Kunde!

Gibt's eine Schönre, Liebre, ohne Mängel
Wie sie, in deutschen oder welschen Reichen?
Keuscher und reiner ist kein Himmelsengel,
Denn nichts lässt in der Welt sich ihr vergleichen,
Nichts Holdres gibt's auf diesem Erdenrunde!
Solch lieblich Lachen auf so holdem Munde
Zu schaffen – dessen hatte Gott nur Kunde!
    (Z)

Rudolf von Rotenburg
Um 1257

Ein fahrender Schweizer Sänger, dessen Stammburg (das heu-
tige Städtchen Rotenburg) in der Nähe von Luzern stand.

1.

Es hub ein fremder Pilgersmann
Von selbst von meiner Frauen an,
Wie so schön sie wäre,
Und dabei wohlgemut.
Das ist mir eine Märe
Die selig mir im Herzen ruht.

Gott geb' der Lieben guten Tag,
Da andern Gruß ich nicht vermag;
Also sprech' ich immer
Geht's dem Morgen zu,
Und vergess' es nimmer
Nachts ihr zu wünschen gute Ruh'!

Des Sinn's ich damals halb vergaß
Als sie beim Abschied vor mir saß
In holdem Schauerglühen
Wie das Abendrot,
Wird mir noch Lohn erblühen,
Bleibt er gemischt mit schwerer Not.

Sie hieß mich, als ich von ihr schied,
Ihr senden jedes süße Lied;
Gern wollt' ich ihr die senden,
Wüsst' ich nur einen Knecht,
Der's ihren weißen Händen
Als würd'ger Bote überbrächt'.

Wenn auch ein Bote verfehlet mich
Viel mehr als tausend sende ich.
Wenn die ihr alle bringen
Meinen süßen Sang,
Vielleicht, wenn schön sie singen,
Mir's doch zu ihrem Dank gelang.

2.

Lieblich rot und weiß
Hat Natur voll Fleiß
Geschmücket ihre Wangen klar
Und hat dabei zur Wonne gar
Gestaltet minnereich den Mund,
Gleich als spräche er alle Stund':
Küsse, küsse, küsse mich!
Lieber tät ihr niemand das als ich,
Wollt' sie des bedenken sich!
  (Franz Weber)

Hesso von Rinach
Um 1260

Ein Chorherr im Kloster Beromünster, Landpriester zu Hochdorf
und Probst zu Werd bei Aarau; in Urkunden erscheint er von
1256–1276.

Minnelied

Auf! Ins Freie! Lasst euch raten!
Jung und alt ergötze sich!

Wo wir kaum den Reifen traten,
Ist es nun gar wonniglich.
Da zergingen Eis und Schnee,
Da entsprang Geblüm und Klee.
Lustig liegen Tal und Höh'!

Meiner Harten will ich muten,
Dass sie fürder gnädig sei.
Ach, der Holden, Keuschen, Guten
Bin ich ohne Wank getreu.
Doch ihr ungefuger Neid,
Der uns Näherung verbeut,
Düstert mir die Freudenzeit.

Werter reiner Weiber Minne
Schaffet freudereichen Mut.
Ja! – Des ward ich dankbar inne –
Keine Wonne labt so gut,
Keine – was ich sinnen kann.
Rechter Lust geneußt kein Mann,
Der zu minnen nie begann.

Meiner Augen liebste Weide
Ist die süße Zauberin.
Zu erlösen mich von Leide,
Reicht nur ihre Gnade hin.
Spräche sie: »Dir bin ich hold!«
Wäre mir's ein reicher Sold,
Nähm ich's für des Kaisers Gold!
        (Wolff)

Reinmar von Brennenberg
Um 1260

Aus einem Adelsgeschlecht in der Nähe von Regensburg,
1238 nachgewiesen und ungefähr um 1276 von den Regens-
burgern erschlagen. Er ist vielleicht der Brennenberger der
Meisterlieder; auch er allegorisiert, indem er Schönheit, Liebe
und Anmut als streitende Frauen einführt. Als gestorben nennt
er seinen Freund von St. Gallen, Reinmar, seinen Meister von
der Vogelweide, Heinrich Rugge, Friedrich von Hausen, Wal-
ther von Metz, Rubin, Wachsmut und Ulrich von Gutenburg.
(Vgl. Goedeke I, 159)

Wieder, holder Mai, verklungen
Ist mir deine schöne Zeit,
Stumm sind aller Vöglein Zungen.
Wann erschallt doch weit und breit
Wieder Nachtigallensang?
Winter kommt, der zornige Ritter,
Wovor allen Blümlein bang.

Soll ich unbelohnet bleiben,
Ei so klag ich andre Not:
Die mein Herzleid könnt vertreiben
Mit dem Mündlein süß und rot,
Ängstet mich an Seel und Leib.
Ach, was quälst du mich so bitter,
Gnadenloses schönes Weib?

Und noch eins muss ich bekennen,
Das dem Tod mich brachte nah:
Als es galt, von ihr mich trennen,
Und kein Liebes mir geschah,
Schwand mir alle Freudigkeit.
Denn von Gram hat mein Gemüte
Noch die Holde nicht befreit.

Und so bleib ich denn die Beute
Aller Sehnsucht, Qual und Not,
Da die Süße mir bis heute
Keine Gnade noch entbot. –
Seht! Da sprach sie: »Leid hört auf,
Minnen will ich Euch in Güte!«
Frau, gebt mir die Hand darauf!
   (Z)

Gedichte auf den Brennenberger

1. Nach dem Volksliede

Die falschen Kläffer schlossen einen Rat,
Dass Brennenberg gefangen ward,
Gefangen auf freier Straßen:
In einen Turm ward er gelassen.

Darin saß er wohl sieben Jahr,
Sein Kopf ward weiß, sein Bart ward grau,
Sein Mut begann ihm zu brechen,
Kein Wort mehr konnt er sprechen.

Sie legten Brennenberg auf einen Tisch,
Sie *teilten* ihn recht wie einen Fisch,
Sie nahmen ihm aus sein Herze,
Das schuf dem Herrn große Schmerzen.

Sie nahmen ihm aus sein jung Herz fein
Recht wie einem wilden Schwein,
Sie legten's in einen Pfeffer
Und gaben's der Schönsten zu essen.

»Was ist, das ich gegessen hab,
Das mir so wohl geschmecket hat?«
Das ist des Brennenbergers Herze,
Es schuf dem Herrn große Schmerzen.

»Ist's Brennenbergs jung Herze fein,
So schenket mir den kühlen Wein,
Schenkt ein und gebt mir zu trinken:
Mein Herz will mir versinken!

So nehm ich dies auf meine letzte Hinfahrt,
Dass ich Brennenbergs nie schuldig ward;
Als reine keusche Liebe:
Die könnt uns niemand verbieten.«

Den ersten Tropfen, den sie trank,
Ihr Herz in tausend Stücke sprang.
Berat, Herr Christ, die Reine
Mit deiner Gnad alleine.

2. Des edeln Brennbergers Leben und Tod
Nach dem Meistergesang

I.

Am Hof zu Wien in Österreich,
Da klang's von tausend Zungen,
Was zu der edeln Herzogin
Der Brennberger jüngst gesungen.

»Ach Brennberger, lieber Diener mein,
Ist's Ernst mit deinem Singen,
Auf Erden sei kein ander Weib
So schön in allen Dingen? –«

Ja, Frau, ihr seid das schönste Weib,
Ich lass es mir nicht rauben;
Was man von Frankreichs Königin rühmt,
Das kann ich nimmer glauben.

»Ach Brennberger, lieber Diener mein,
Gern wüsst ich sichre Kunde:
Nimm du mein Gold und Edelgestein
Und zieh dahin zur Stunde.

Und wenn du Frankreichs Königin siehst,
So richte zwischen uns beiden:
Die dann der Schönheit Preis behält,
Die mag dir Lohn bescheiden.«

Ach Frau, und brächt ich Euch üble Mär,
Mit Kummer müsst ich's büßen;
Doch gute würd Euch das Herz erfreun,
Das soll mir die Müh versüßen.

II.

Da fuhr der Brennberger gen Paris
Mit Gold und edelm Geschmeide;
Bei einer Frau Wirtin kehrt' er ein,
Die riet ihm nichts zuleide:

»Nun sitzt als Krämerin vor die Burg,
Und kommt sie zur Kirche gegangen,

So ruft: Viel edle Königin, kauft
Von meinen Ringen und Spangen.«

Der Brennberger ward ein Krämerweib
Mit edler Frauenzierde:
Bald ward es am Hof des Königs laut
Und regte große Begierde.

Die Königin sprach zu dem Edelknecht:
»Geh mir die Krämerin holen;
Nur dass der König es nicht erfährt,
Tu's heimlich und verstohlen.«

Die Krämerin trat ins Frauengemach,
Sie wollte den Augen nicht trauen:
»Gott grüß Euch, vieledle Königin,
Gott grüß Euch mit Euern Jungfrauen.«

Die Königin nahm sie bei der Hand
Mit ihren schneeweißen Händen,
Sie kaufte Ringe, sie kaufte Band,
Die Herrlichkeit wollte nicht enden.

Das währte bis der Abend kam,
Die Krämerin war in Sorgen:
»Bei wem wollt ihr nun liegen zu Nacht?
Uns bleiben noch Schätze zu Morgen.«

Der Brennberger dachte: »O wär ich daheim;
Ich bin doch nicht von Steine.
Geliebt's Euch, edle Königin,
So schlief ich lieber alleine.«

Die Königin sprach: »Das geht nicht an;
Wir müssen Euch würdig betten:

Ihr habt die Ehre gar wohl verdient
Mit Euern Schnüren und Ketten.

Ich habe zwölf Jungfrauen hier:
Bei der Jüngsten ziemt Euch zu liegen:
Da seid Ihr vor Kälte gar wohl bewahrt,
Ihr mögt Euch zusammen schmiegen.«

Nun war es um die Weihnachtszeit;
Da sind die Nächte am längsten:
Der Brennberger lag bei der jüngsten Maid,
Er lag in tausend Ängsten.

So nah das wunderschöne Kind
Bei seinem Ellenbogen:
Er rief aller Heiligen Beistand an,
Sonst hätt ihn der Böse betrogen.

III.

Am Morgen war die Krämerin froh;
Doch ließ man sie nicht wandern:
Zwölf Tage hielt sie die Königin fest,
Und nachts zu einer andern.

Am dreizehnten sprach die Königin:
»Nun lagst du bei allen Jungfrauen;
So liege noch diese Nacht bei mir
Und scheide bei Tagesgrauen.«

Der Brennberger ward wie Blut so rot:
Das wär zu große Ehre:
Ach, edle Königin, lasst es sein
Bis dass ich wiederkehre.

Ich komme bald mit größerm Gut.
Wenn ich es dann verdiene –
Und ach, wenn der König, Eur Gemahl,
Zu Nacht bei Euch erschiene!

»Der König kommt nicht her zu mir,
Der meidet mich schon lange,
Drum sei dir, liebe Krämerin,
Um deine Ehre nicht bange.

Auch stehn drei Wächter in meinem Lohn,
Ihr Singen würd ihn vermelden:
Wir reden noch viel die lange Nacht
Von Rittern und zierlichen Helden.«

Der Brennberger war in Angst und Not:
Müsst ich bei der Königin liegen,
Sie ist so schön, es wär mein Tod:
Wie sollt ich wohl diesmal siegen?

Und tät ich der schönen Frau ein Leid,
Des hätt ich ewig Reue:
Der von Österreich gehört mein Herz,
Ihr wahr ich meine Treue.

IV.

Am Abend, als es zu Bette ging,
Die Krämerin war entronnen:
Der Brennberger gab sich nimmer Rast
Bis dass er Wien gewonnen.

»Ach Brennberger, lieber Diener mein,
Wie ist es dir ergangen?«

»Ach, Frau, ich hatte Lieb und Leid:
Zwölf Tage lag ich gefangen,

Zwölf Nächte bei zwölf Jungfrauen zart:
Wie ward mir armen Knaben!
Die letzte Nacht, da wollte mich gar
Die Königin selber haben.

Da ward der Krämerin eng ums Herz,
Das hätt ich nicht bestanden:
Ich schlich mich heimlich zum Tor hinaus
Und floh zu Euern Landen.«

»O weh, was gab ich dir je den Rat,
Die edle Frau zu kränken!
Doch sage, Lieber, wem wolltest du
Den Preis der Schönheit schenken?«

»Ach Frau, nie sah ich ein schöner Weib,
Es ist ein Himmel auf Erden;
Ihr Antlitz war ein lichter Schein,
Ich glaubte selig zu werden.«

»Und wenn sie dich schöner dünkt als ich,
So sing ihr deine Lieder;
Du musst hinfort ihr Diener sein:
Zieh hin nach Frankreich wieder.«

»Nein edle Frau, das sag ich nicht,
Ihr wohnt in meinem Herzen:
Ich weiß mir nirgend ein schöner Weib,
Das schafft mir tausend Schmerzen.«

»Nun sprachst du doch, du habest nie
Ein schöner Weib gesehen. – –«

»Ja, edle Frau, mir ist Gewalt
Von ihrer Schöne geschehen.

Doch seid Ihr schöner an Hals und Kinn
Und edler von Gebärde;
Allein nach Euch ist die Königin
Das schönste Weib der Erde.

Und wenn sie noch zwanzigmal schöner wär,
Doch wollt ich Euch ewig preisen;
Denn Euch gehören Herz und Sinn,
Euch meine Liederweisen.«

V.

Nun hatte der edle Brennberger viel
Von der schönen Herrin gesungen,
Mit seinen Liedern war ihr Lob
Von Land zu Lande gedrungen.

Der Herzog war ein strenger Mann,
Dem Argwohn leicht ergeben:
»Du wirbst mir zuviel um die Fraue mein:
Es geht dir an dein Leben.«

Drei Mörder dang er mit rotem Gold,
Die kannten kein Erbarmen,
Sie rissen das Herz ihm heiß aus der Brust
Und spotteten noch des Armen.

Darauf am Abend bracht es der Koch
In goldener Schüssel getragen:
Da aß ihr roter Mund das Herz,
Das nur für sie geschlagen.

»Und wisst Ihr, was Ihr gegessen habt,
Was das für Lerchen waren?«
»Ich weiß es nicht, es schmeckte so schön:
Wohl möcht ich es gern erfahren.«

»Wohlan, es war des Brennbergers Herz,
Der oft Eur Leid vertrieben:
Er bracht Euch immer viel Lust und Scherz:
So lohnt man falschem Lieben.«

Die Herzogin ward totenbleich,
Wo ist ihre Farbe geblieben?
»Und hab ich gegessen des Ritters Herz,
Der oft mein Leid vertrieben,

So tu ich einen Trunk darauf
Allhier zu dieser Stunde,
Kein Essen und kein Trinken kommt
Je mehr zu meinem Munde.«

Da stand die edle Herzogin auf
Und barg sich in ihrer Kammer:
»Maria, himmlische Königin,
Dir klag ich den Herzensjammer.

»Der Brennberger muss mich ewig reun,
Er starb um meinetwillen,
Den Schmerz um seinen unschuldigen Tod,
Den kann auch der Tod nur stillen.

Du weißt, er kam mir nie so nah,
Dass er mich dürft umfangen;
Auch wär er lieber vor edler Scheu
Viel hundert Meilen gegangen.

Des klag ich sehr, mein Herz ist wund,
Vor Kummer muss ich verderben;
Lass du, bei deines Sohnes Not,
Mich ewigen Frieden erwerben.«

Maria hob sie in Gnaden empor,
Da ward ihr der Lohn der Treue:
Den Herzog traf des Reiches Acht
Und bald verging er in Reue.
    (Karl Simrock)

Walther von Klingen
Um 1260

Aus einem adligen Geschlechts im Thurgau, erhielt nach sei-
nes Vaters Ulrich Tod 1250 die Güter im Aargau und im
Schwarzwald mit der Burg Klingnau, stiftete 1256 das Kloster
Klingenthal bei Basel und 1269 das Wilhelmiterkloster Syon
zu Klingnau. Seine drei Söhne starben vor ihm, er selbst am 1.
März 1284. (Vgl. Goedeke I, 160)

1.

Freu dich, freu dich, grüne Heide,
Freut euch, Vöglein, freu dich, Wald.
Was euch je geschehn zuleide,
Tat der Winter weiß und kalt.
Freut euch, ihr habt's überwunden,
Ich nur hab nicht Trost gefunden,
Denn mich zwingt die Holde mit Gewalt.

Als zuerst mir sprang zu Herzen
Ihrer Augen lichter Schein,
Wähnt ich schon, von allen Schmerzen
Immerdar befreit zu sein.
Ach nun muss ich's anders wissen,
Statt befreit von Kümmernissen,
Hab ich Sorge nur und Sehnsuchtspein.

O herzklopfend holdes Grüßen,
O du roter Kirschenmund,
Wann wirst du mein Weh versüßen,
Wann wird deine Näh mir kund?
Von der Fürstin meiner Sinne,
Die ich untertänig minne,
Ist das Herz von Sehnsuchtsqual mir wund.

Ach, ein inniglich Umarmen,
Tut gar wohl von holdem Weib,
Ihr am Munde zu erwarmen,
O wie süß solch Zeitvertreib.
Nichts vergleicht sich dieser Wonnen,
Wenn ein Weib also gesonnen;
Fordert nicht, dass ich solch Glück beschreib!
   (Z)

2.

Lieblich prangt die Flur aufs Neue,
Trägt ihr buntes Farbenkleid,
Vöglein singt von Lieb und Treue;
Doch, ob alles luftbereit,
Ich bin voller Sehnsuchtsleid,
Ob sich Wald und Vöglein freue,
Mir schafft Liebe doch nur Traurigkeit.

Freut sich Zahm und Wild der hehren
Wonnevollen Maienzeit,
Kann ein heimlich Lieb bescheren
Doch viel größre Seligkeit;
Ach wie viel es Lust verleiht,
Edler keuscher Frauen Lehren
Halten doch vom Mann die Sorgen weit.

Ja der Frau mit guten Sinnen
Wünsch ich Gutes ohne Neid,
Sorgen treibt sie uns von hinnen,
Wonne sie dafür verleiht.
Minne spendet Freudigkeit,
Gott lass Edle stets gewinnen
Süße kummerlose Minnezeit.

Mancher späht wohl mit Verlangen
Nach den Freuden früherer Zeit,
Weil ihn Sorge hält umfangen;
Wenn jedoch ein Lieb bereit,
Sucht nicht Freuden anderweit.
Noch ist Wonne nicht vergangen,
Frauen spenden sie uns weit und breit!
    (Z)

3. Vergebliche Hut

Blumen seh ich schön entspringen,
Vor dem Walde blüht ihr Schein.
Darum muss mein Herze ringen
Nach der lieben Herrin mein.
Will sie mir noch gnädig sein,
Mit den Vögeln wollt ich singen,
Uns den lieben Sommer bringen.

Maienblüte, Ihre Güte
Gleichen wohl einander sich.
Wo die Rosen stehn in Blüte,
Die sind nicht so minniglich
Als mein Lieb, des freu ich mich;
Doch bekümmert mein Gemüte,
Dass man so der Schönen hüte.

Alle Hut mag nicht genügen,
Stehl ich mich einst zu ihr hin.
Wohl mag das die Gute fügen,
Freundschaft hehlt ein kluger Sinn.
Alle Hut bringt nicht Gewinn:
Find ich sie allein in Gnaden,
Kann uns alle Hut nicht schaden.

Gott, wie brennt mir Glut im Herzen
Nach der lieben Frauen mein,
Heller wohl als tausend Kerzen:
Gott, ach sollt ich bei ihr sein!
Sie ist schön und ist so fein
Wie das Veilchen ist im Märzen,
Die mir schafft soviel der Schmerzen.
    (Karl Simrock)

Der Meißner
Um 1260–1280

Wie schon der Name andeutet, war dieser Dichter ohne Zwei-
fel aus Meißen. Es war ein wandernder Sänger, der von Land
zu Land, von Hof zu Hof zog, um sich seinen oft kümmerlichen
Lebensunterhalt zu erwerben. Dass er arm geblieben, klagt er
selbst in vielen seiner Sprüche. Der Meißner hatte aber im
Grunde kein hervorragendes Talent. Wenn ihn die Zeitgenos-
sen hoch stellten und neben Konrad von Würzburg für den
besten lebenden Dichter hielten, so beweist diese Überschät-
zung nur, dass die Zeit selbst unpoetisch war und dass die frü-
here Blüte der Kunst in Vergessenheit zu geraten begann.

Gesang ist das Höchste

Dass der Gesang das Höchste im Himmel
                und auf Erden,
Uns lehrt's das Lied der Engel zu Gottes Preis
                und Hort.
Mit Worten mag zum Brote der Leichnam
                Gottes werden,
Drum ist Gesang das Höchste, das sagt uns
                Gottes Wort.
Gesang lehrt Tugend pflegen und fliehen falschen Rat,
Gesang erfreut und führt uns fort von des
                Unglücks Pfad.
Gesang ist göttlich gar, trägt in sich reichen Lohn,
Gesang, der ohne Wort, ist nur ein leerer Ton.
    (Z)

Heinrich von Stretelingen
Um 1260

Ein Schweizer; entweder Heinrich der Zweite, der in Urkunden
von 1252 bis 1263 vorkommt, oder dessen Sohn Heinrich der
Dritte, der 1258 bis 1294 urkundlich genannt wird. Er hat An-
klänge an provenzalische Lyrik, auch kommt bei ihm der musi-
kalische Kehrreim vor.

Sommerliedchen

Nachtigall, lieb Vögelein,
Singe meiner Herrin;
Sing ihr in das kleine Ohr,
Dass sie hat mein Herz allein,
Dass ich allen Frohsinn
Ihrethalben längst verlor.
Ist's ein Wunder, oder keins?
Bin mit Wundern nicht vertraut,
Doch mitunter
Man auch munter
Mich in meinem Leid erschaut.
Deilidurei, falediranurei,
Lidundei, fala darittulei!

Herrin, Moos und Blümlein dort,
Und die grüne Heide,
Die im Schmelz prangt wundervoll,
Fordern freudig immerfort,
Dass der Sang der Vöglein
Um die Wette klingen soll.
Wie mich das zu hören freut!
Freude ist der Welt geschenkt,
Drum der hohen
Sing ich frohen

Minnedank, die mein gedenkt!
Deilidurei, falediranurei,
Lidundei, fala darittulei!

Süße Minne, helfe mir,
Dass die Reichbeglückte
Merke meine Herzensnot.
All mein Trost beruht in dir,
Drum lass mir sich neigen
Ihren Mund so süß und rot.
Ach wie ich voll Sehnsucht bin!
Lass mich länger harren nicht,
Schieß in Eile
Deine Pfeile,
Ach du weißt ja schon, wohin!
Deilidurei, falediranurei,
Lidundei, fala darittulei.
        (Z)

Hugo von Werbenbag
Um 1260

Ein schwäbischer Ritter aus Baden, in Urkunden von 1258 bis
1292 nachgewiesen; er scheint sein Leben im Kloster be-
schlossen zu haben.

1. Klage vor Gericht

Hugo
Heute wohl und immer freue
Dein ich mich, du schöne Sommerzeit.
Bunte Pracht gibt's nun aufs Neue,

Da du Freuden spendest weit und breit.
Wer zugleich nun Herzenswonne
Findet, dem scheint stete Sonne,
Ob ich selber auch im Land
Niemals Trost in Freude fand.

Freute mich nur gute Märe,
Blieb ich auch im Sommer unverzagt.
Wenn die Süße willig wäre,
Mir zu schenken, was sie spröd versagt,
Hätt ich auch am Kränzeschlingen
Freude und an Vogelsingen;
Doch ich hass die Melodein,
Lässt sie ohne Trost mich sein.

Will vor König Konrad bringen
Meine Klage, und wenn's nicht gelingt,
Muss vorm Kaiser mir's gelingen,
Ob auch dann nicht gut ihr Leumund klingt.
Ist auch der kein Unrechtzwinger,
Kommt's zu Heinrich, dem Thüringer,
Oder bis nach Rom ich geh,
Dass vorm Papst mein Recht besteh!

Die Fraue
Töricht will dein Zorn mir scheinen,
Dass bei König, Kaiser, Papst sogar
Du willst klagen; ich sollt meinen,
Freund, du schwiegest lieber still fürwahr.
Wo sich's schicket, nimm die Minne,
Und sei treuen Dienstes inne:
Mehr als Recht frommt Minne dir,
Und mein Wille eignet mir!
    (Z. – gekürzt)

2. Gerichtlicher Zweikampf
(Andere Fassung des Vorigen)

Eh ich ganz auf sie verzichte,
Soll ein Freund der Minniglichen sagen,
Fänd ich irgend gut Gerichte,
Wollt ich bei dem König sie verklagen,
Dass sie meine Dienste nahm für gut,
Und mich doch nicht tröstet, noch mir Hilfe tut.
Will der König mir nicht richten, so hab ich zu
            dem Kaiser Mut.

Ach wir müssen, sorg ich, beide
Kämpfen, wenn wir vor Gerichte kommen.
Leugnet sie bei ihrem Eide,
Dass sie meine Dienste hat genommen,
Sollen wir dann fechten, welche Not!
Schlüg ich ihr das Wänglein wohl, den Mund so rot?
Auch wär mir Schande, schlüg ein Weib mich ohne
            Wehr im Kampfe tot.

Lässt der König mich nicht dingen,
Konrad, wenn mein Leid ihm wird geklagt,
Will ich's vor den Kaiser bringen:
Da wird Übles von ihr gesagt.
Richtet mir auch dieser nicht zuhand,
So tut's der junge König von Thüringerland,
Oder auch der Papst, bei dem man immer Recht
            und Gnade fand.

»Lieber Freund, dem Zürnen wehre:
Eh du Königen und Kaisern klagst,
Und dem Papste, glaub auf Ehre,
Dass du besser deinem Recht entsagst.
Nimm die Minne, die dir werden mag.

Diene mir mit deinem Dienst noch manchen Tag:
Minne frommt dir mehr als Recht: ich fürchte
                    weder Hieb noch Schlag.«
  (Karl Simrock)

Hugo von Trimberg
1260–1309

Aus dem Würzburgischen, 1260–1309 Schulmeister am Kollegiatstift der Theurstadt, einer Vorstadt von Bamberg; Verfasser eines Lehrgedichts von 24,656 Versen, genannt »Der Renner«. Es ist, ohne festen Plan, mit Lebhaftigkeit und Leichtigkeit geschrieben und durch Fabeln und kleine Erzählungen mannigfach belebt. Nächst Freidank, mit dem es die Volksmäßigkeit, doch nicht die edeln Formen, noch weniger die sinnvolle Kürze der Fassung teilt, gehörte der Renner zu den verbreitetsten Büchern bis in das sechzehnte Jahrhundert hinein.

Von dem größten Toren

Ein weiser Mann in Krankheit lag;
Und jetzt war kommen ihm der Tag,
Dass er nicht länger sollte leben.
Hin und her hieß er da geben
Sein Gut durch Gott, wie manche Leute
Auf ihrem Todbett tun noch heute.
Einen Sohn hatt' er, dem gab er do
Wohl zehen Mark, und sprach also:
»Mein lieber Sohn, erhalte mir
Deine Treu, und lass auch dies bei dir
Liegen, bis dass dir wird bekannt
Der größte Tor über alles Land;

Dem gib es, und gedenke mein.«
Er sprach: »Ja, Vater, das soll sein.«
Nach der Rede der Mann verschied.
Der Sohn sich manch Jahr wohl beriet,
Wem er das Silber möchte geben.
Man nannt' ihm manches Dummen Leben,
Auch manchen Toren hin und her;
Den nannt' ihm dieser, diesen der;
Er kehrte wenig sich daran.
Zuletzt da kam ein fremder Mann
Von fremden Landen. Den fragt er,
Wer Herr in seinem Lande wär'.
Er sprach: »Wir haben alle Jahr,
Herr, einen König, das ist wahr,
Der tut alles, was er will,
Nach Herzenslust, bis an das Ziel,
Da sein Jahr ein Ende hat;
Dann tritt ein andrer an seine Statt,
Und ihm schlägt man dann ab sein Haupt.
Wenn ihr das jetzund mir nicht glaubt,
Herr, so fahret mit mir dar,
Und nehmt der Wahrheit selber wahr;
Wir kommen eben hin zur Zeit,
Wenn sein Tod dem König ist bereit,
So sehet ihr, wie es geziemt,
Wenn dann sein Reich ein andrer nimmt.«
Der Jüngling fuhr mit ihm dahin;
Da ließ der Mann bald sehen ihn,
Wie es dem alten König ging.
Und dass ein andrer sein Reich empfing.
Zu dem nun ging er hin und sprach,
Als er ihn dort gekrönet sah:
»Nimm hin mein's Vaters Seelengeräte (Vermächtnis);
Ich meinte nicht, dass die Welt hätte
So große Toren je behalten!
Was Ehren willst du darnach walten,

Wenn dir das Haupt wird abgeschlagen?«
Dies Beispiel mag man denen sagen,
Die durch Ehre und durch Wollust
In den ewigen Verlust
Sich jämmerlich versenken,
Und wenig dran gedenken,
Dass Leib, Gut, Freud' und Gunst
Sind bloß ein Nebel und ein Dunst.
      (Bragur)

Herzog Heinrich von Breslau
1266–1290

Regierte von 1266 bis 1290, wo er starb. Ein ritterlicher Held,
vielseitig gebildet und, obschon polnischen Stammes, ein
Freund und Beförderer deutscher Sprache und Bildung. Sein
dichterisches Talent bekundet das folgende Gedicht.

Der Minnehof

Ich klage dir, Mai, ich klage dir, Sommerwonne,
Ich klage dir, lichte Heide breit,
Ich klage dir, augenleuchtender Klee,
Ich klage dir, grüner Wald, ich klage dir, Sonne,
Ich klage dir, Venus, sehnend Leid,
Dass mir die Liebe tut so weh.
Wollt ihr die Sache schlichten,
So trau ich, dass die Liebe müsse richten
Sich auf ein minnigliches Wesen.
Nun lasst euch meinen Kummer sein verkündet,
Um Gott, und helfet mir genesen.

»Was tut sie dir, lass ihre Schuld uns hören.
Dass ohne Grund ihr nichts gescheh'
Von uns, denn das ist weiser Sinn.«
Sie mag mich wohl mit liebem Wahn betören,
Sie sei mir hold; doch streb' ich je
Bei ihr nach sicherem Gewinn,
Weist sie mich streng zurücke:
Das ist ein Tod dem minniglichen Glücke!
O weh, dass ich sie je ersah,
Von der in herzenslieber Liebe mir
So bittres Ungemach geschah.

»So will ich Mai den Blumen mein befehlen,
Den Rosen rot, den Lilien weiß,
Dass jede sich vor ihr verschließt.«
»So will ich, *Sommerwonn'*, vor ihr verhehlen,
Der kleinen Vöglein süßen Fleiß,
Dass keins sie mit Gesange grüßt.«
»Ich Heide will sie fangen,
Wenn sie nach lichten Blumen kommt gegangen
Zu mir, und will sie halten hier.
So sei von uns ihr widersagt, der Guten:
Vielleicht so wird sie gnädig dir.«

»Ich leuchtender *Klee*, will dich mit Schimmer rächen,
Dass wenn ihr Blick auf mir verweilt,
Von meinem Glanz sie schielen muss.«
»Ich grüner *Wald*, ich will das Laub abbrechen,
Wenn sie in meinen Schatten eilt,
Sie biete dir denn holden Gruß.«
»Ich *Sonne* will durchhitzen
Ihr Herz und Mut; kein Schattenhut mehr schützen
Soll sie vor meinem glühnden Strahl,
Sie wolle deine sehnende Not denn wenden
Mit Herzeliebe allzumal.«

»Ich *Venus* will ihr alles das verleiden,
Was minniglich geschaffen ist,
Wo sie nicht bald dir Gnade gibt.«
Ach soll sie sich von diesen Wonnen scheiden,
Eh' wollt' ich sterben sonder Frist,
So bitter sie mich auch betrübt.
»Willst du dich rächen lassen,
Ich schaffe, dass ihr aller Freuden Straßen
Verschlossen sind für alle Zeit.«
Ihr zarter Leib, wie könnt' er das ertragen!
Nein lasst mich sterben, aber *ihr* verzeiht.
      (F. Born)

Meister Boppe
Um 1270

Höchstwahrscheinlich ist der Dichter und jener wegen seiner Stärke berühmte Boppe oder Poppe, der in Basel um 1270 lebte, dieselbe Person. Jedenfalls weisen die Beziehungen in seinen Gedichten auf den Oberrhein. Dahin ist auch der nach Konrads von Würzburg in Basel erfolgtem Tod (1278) gedichtete Spruch zu rechnen, den ich seines Charakters wegen in reimloser Hymnenform übertrug. Eine Handschrift stellt den Dichter dar, wie er, bärtig und langlockig wie Simson, vor den Augen bewundernder Zuschauer ein Hufeisen zerbricht. Gleich dem Tannhäuser macht auch er sich über die hohe Minne lustig. (Vgl. Dr. Friedrich Pfaff a. a. O. I. 216)

Spruch an Konrad von Würzburg in Basel

O hoher und starker allmächtiger Gott,
Durch deine Allmacht und dein Gebot

Vollkommen und alles Tadels befreit;
Durch deine lautere Göttlichkeit,
Eins und dreifaltig in einem Kleid,
Deiner Ewigkeit froh ohne Anfang und Ende –
Durch deine Tugend so mannigfalt,
Um deiner hohen Würde willen,
Die dir redet in Lobeszungen,
Durch dein Erbarmen ungezählt,
Durch das Lob, das des Menschen Mund dir singt,
Durch deine hochgelobte Geburt,
Durch deine wunderbare Auferstehung,
Durch deine Höllenfahrt,
Durch deine Himmelfahrt,
Durch deine Verbannung auf Erden,
Damit du ein Mensch mit uns wurdest:
Um all deswillen – und ob ich auch oft
Gefehlet habe wider dich –
Sei du gebeten von mir:
Nimm auf in Gnaden und halte im Himmel
Den werten Meister Konrad von Würzburg!
   (Z)

König Wenzel
der Zweite von Böhmen
1270–1305

Sohn Ottokars († 1278), ein Freund und Beschützer des späteren mittelmäßigen Dichternachwuchses, selbst nur als Förderer der Poesie bedeutend, nicht als Dichter.

Mich trieb's, dass ich der Liebsten Obacht nahm,
Drum wohl mir, wohl mir immerdar!

Seit sie durchs Aug mir in die Seele kam,
Musst um die Schöne werben ich fürwahr.
Ich gab mich ihr zu Dienste hin,
Ihr, meiner Wonnen Anbeginn;
Sie gab mir, was wohl froh den Sinn
Mir macht und doch nicht bringt Gewinn.

Wie sich die Rose aus der Knospe drängt,
Bot sie den zuckersüßen Mund mir dar;
Was je ein Mann an Wonne hier empfängt,
Empfand in diesem Kuss ich zwar.
Doch ach! Dass ich nicht sagen kann,
Welch Herzensglück ich da gewann;
So selig war noch nie ein Mann
Als ich es bin, denk ich nur dran!
  (Z. – gekürzt)

Barthel Regenbogen
Um 1270

Frauenlobs Zeit- und Kunstgenosse, war seines Zeichens ein Schmied, doch verließ er sein Handwerk aus unwiderstehlichem Drang zur Dichtkunst. Seine Heimat ist unbekannt; er zog an den Rhein, wo er in Mainz mit Frauenlob zusammentraf, dem gleich zu werden sein höchster Ehrgeiz gewesen zu sein scheint. Ebenso wenig wie sein Geburtsjahr und Heimatort ist sein Todesjahr bekannt; doch muss er sehr alt geworden sein, da er selbst in einem Gedicht die Gebrechlichkeit seines hohen Alters beklagt. Mit Frauenlob hatte er auch den bekannten Streit über den Vorzug von Frau und Weib (an dem auch Rumeland teilnahm); der Streit wurde durch Walthers von der Vogelweide Gedicht veranlasst. (Vgl. das Gedicht Nr. 46 unter Walthers Gedichten in dieser Sammlung.) Regenbogens

Lieder wurden schon früh als fliegende Blätter gedruckt und bilden die ältesten Denkmale des sogenannten Meistergesanges, des lyrischen Gesanges der Handwerker in künstlichen Tönen, die als besondere Töne oder Weisen bezeichnet werden. Es macht übrigens einen eigentümlichen Eindruck, diesen Proletarier (sagt Scherr) seine Stimme in den Chorus der gelehrten höfischen Poeten mischen zu hören, denen er aber an Gemüt und Verstand überlegen ist. Rührend einfach sind die Worte, womit er sich einführt. *Ich Regenboge | ich was ein smit, | uf hertem aneboz | gewan ich gar kümberlich mein brot, | armuot hat mich besezzen.*

1. Die drei Stände

Ihr Priester und ihr Ritter, o haltet Einigkeit,
Sonst gehet ihr entgegen wohl gnadenloser Zeit,
Gedenkt, wie's um euch stehe, wenn ihr nicht
                einig seid!
Der Priester, der Ritter, der Bauer,
Die drei seien treue Gesellen!

Der Bauer soll den Priester auch den Ritter nähren,
Der Priester Bauern und Rittern geistigen
                Rat gewähren,
Der Ritter lass desgleichen nicht seinen
                Schutz verjähren
Dem Priester und dem Bauern,
Die ihn zur Wahl aufstellen.

Nun denn, ihr edeln, werten drei Gesellen,
Stola und Schwert, wollt ihr einander Beistand leihn,
So wird die Christenheit wohl gedeihn,
Stola und Schwert, der Pflug tut, was er soll,
                euch zwein;

Steht ihr mit Treu zueinander,
Kann keine Macht euch zerschellen!
(Z)

Dies Gedicht erhebt den Poeten in gewissem Sinne hoch über
die Anschauungen der damaligen Zeit und legt von einem ge-
wissen staatsbürgerlichen Weitblick ein beredtes Zeugnis ab.

2. Dichter und Schmied

Herr Sinn, Herr Sinn,
Ihr hieltet nicht Wort,
Was ihr mir habt versprochen,
Als ihr mich nahmt vom Amboss fort
Und von dem Schmiedefeuer.

Ihr sagtet, es wär mein Gewinn,
Wenn ich als Sänger wert und teuer
Vor reiche Herren träte hin.

Wohl mochte stets der Trieb mir innewohnen,
Zu singen, und auch noch ist's mein Begehr,
Nur sollten auch die Herren mehr
Und häufiger mir lohnen.

Die Fürsten aber seien auf der Hut,
Sonst kehr ich wieder zu der Esse Glut;
Da schwör ich dem Amboss, der Zange, dem Hammer,
Die teilen mit mir Brot, Fleisch und Kammer.
Fürwahr ich will nicht leiden Not
Mit meiner Kunst vor solchen Herren bis in den Tod!
(Z)

Meister Heinrich von Meißen (genannt Frauenlob)

1270–1317

Ein fahrender Sänger, der sich in ganz Deutschland an den Höfen gesangliebender Fürsten zeigte. Die Mainzer Frauen trugen ihn zu Grabe, über das Wein ausgegossen worden sein soll, wie Albrecht von Straßburg erzählt. Sein Beiname rührt teils von einem großen Leich zu Ehren der hl. Jungfrau her, teils von den Streitgedichten, in denen er (nach Walther von der Vogelweide) Frau dem Weib vorzieht. Er dichtete lange und viel, war von seiner Kunst sehr eingenommen und stand in hohem Ansehen. Mit ihm beginnt ein neuer Stil, der mit gesuchten Anspielungen und gelehrtem Dunkel imponieren will, nichts einfach und gerade heraussagen kann und das Einfachste mit Schwulst und blumigen Bildern überwuchert. Vergleiche das aus späterer Zeit am Schluss mitgeteilte Gedicht, das für die Art bezeichnend ist, wie Frauenlob Schule machte.

1.

Wo sind die Päpste hingekommen? Wo die Gewalt
So mannigfalt?
Wo sind die Kaiser alle,
Die mit großem Schalle
Der Erde Ehren nahmen auf? Was schützt’ sie
vor dem Falle?
Wo sind Bischöf’ und Kardinäl’? Wo sind die
starken Recken?
Wo sind die hohen Könige und Fürsten hingekommen,
Die reiches Frommen
Der Welt zum Preis sich schufen?*

---

* Ein Totentanz in Spruchform – wie er später beliebter Vorwurf der deutschen Maler der Renaissance geworden ist.

So muss ich, darf ich rufen.
Ein Tag, ein' Stunde trug ihr Leben auf des
                    Todes Stufen.
Da liegt der Riese und der Zwerg, die keiner
                    kann erwecken.
Da nun alles so zergeht
Und alle Welten-Macht verweht
Und nur besteht,
Wer Tugend sät.
Deshalb ihr weisen Meister späht
Nach solcher Tat und solcher Red',
Dass alle Welt euch Heil vergönnt. Wohl, wer sich
                    so kann decken!

2.

So steh' ich hier vor werten Fraun voll Reine
Und sing' ihr Lob mit manchem Ton;
Die ich mit Treuen meine,
Sie tragen wohl der Ehren Kron'.
Wo ward ihr Lob je nach Gebühr bemessen?
Und soll ich jetzt von zarten Frauen singen,
So mögt ihr hören, ob ich's kann,
Gott geb', es müss' gelingen:
Ich wollt', es lebte nie ein Mann,
Der gegen eine Frau sich hätt' vergessen.
Ich lob' die Frauen früh und spät,
Ihr Lob, das will ich immer mehren,
Wer Fraun den Preis nicht zugesteht
Und wer mich wollt' von Frauenlob abkehren,
Den wollt' ich fortan im Gesange schelten.
Ich lob' die werten Frauen zart, sie können
reichlich alles Leid vergelten.
    (Franz Weber)

Der Frauen Ehre
(Frawenlobs Zugweis)

So stand ich hie vor werden Frawen raine,
Ich lob die zarte Frawe schön,
Die ich mit Trewen meine;
Sie tragen wohl der Ehren Kron,
Wo ward auf Erd ihr hohes Lob gemessen.

Und soll ich dann von zarten Frawen singen,
So mugt ihr hören ob ich's kann;
Gott well dass mir gelinge,
Ich wollt es lebt auf Erd kein Mann,
Der sich gen ainer Fraw hätt vergessen.

Ich lob die Frawen früh und spät,
Ihr Lob das will ich immer mehren;
Ein Mann der Frawen Huld nit hat,
Den wollt ich fürbas mit Gesang hie letzen.
Ich lob die werden Frawen zart,
Sie künnen uns wohl alle Leids ergetzen.

O raine Weib Aufhaltung aller Welte,
Gen Gott und gen der Mutter sein,
Ich's in Gesang hie melte,
Ist sie der höchsten Selde Schrein,
Kain Maister mag ihr hohes Lob bedenken.

Die Welt, die wär vor langer Zeit vergangen,
Und wären nit die raine Weib,
Nach ihr mich tut sehr verlangen;
Sie freuen mangen Mannes Leib,
Ihr werde Mann, daran sollt ihr gedenken.

Die Frawe kunnen wenden Leid,
Den Mannen all ihr Trauern wohl verhawen;
Was Blumen, Wies und Anger treit,

Ich lob sie für die Vögel in der Awen,
Dafür lob ich der edlen Frawen Minne,
Wie wohl dem Mann der eine hat,
Der hat sie lieb allda mit weisem Sinne.

Ich lob die Frawen für des Spiegel Wunne,
Dem Zimmer sie groß Freude geit;
Recht als die klare Sunne
Durchleucht den Tag in dieser Zeit,
Also erfreut die Fraw des Manns Gemüte.

O reines Weib dein Lob ich fürbas ehre.
Ein Mann der hat nit Frawen hold,
Der mit ihr Lob tut mehren.
Ich lob's für Silber und für Gold,
Ihr Lob das steht in also reicher Blüte.

O Fraw du selden reicher Hort!
Das ich dir hie sprich aus meinem Munde;
Ich lob sie in des Himmels Port
Ihr Lob ich auch nie aussprechen kunnte.
Des lob ich hie die Frawe zart mit Rechten,
Und wo ich in dem Lande fahr,
So muss mein Herz für zarte Frawen fechten.

Meister Stolle

1270

Er lebte gegen das Ende des dreizehnten Jahrhunderts und
stammte seiner Sprache nach aus Oberdeutschland. Vielleicht
war er jener Geistliche, dessen eine Urkunde von 1268 zu
Heidelberg gedenkt. Er dichtete nur Sprüche, die mit ihren Be-
ziehungen nach Oberdeutschland weisen, nach Kärnten und

Bayern. Er tadelt Kaiser Rudolf wegen seiner Kargheit, doch greift er auch den Papst an. Alle seine Gedichte sind in der gleichen sonettartigen Form geschrieben, die von den Meistersängern die Almentweise genannt wurde. Vielleicht hat er sie dem Italienischen entlehnt; vermutlich aber selbst erfunden, da er sie im ersteren Fall wohl in ihrer ganzen Reinheit entlehnt hätte, anstatt von der strengen Form abzuweichen. Nachfolgende Probe ist ganz frei übertragen, um der strengeren Form gerecht werden zu können.

Des Adels Erniedrigung

O weh dir, arme Ritterschaft, wie bist du zu gewahren
So arm und bloß, es müsste sich gar
        wunderlich gestalten,
Wenn sich dein Los dir besser wollt entfalten;
Die Armut lässt dir ach! Verachtung widerfahren.

Du hast es übel angelegt, um Besserung zu erringen,
Das Böse dient dir nicht zum Ruhm, das man
        von dir vernommen,
Und keine Wehr kann dir dagegen frommen,
Und hast du noch ein Recht, du kannst dies
        nicht erzwingen.

Und wenn du glücklich auch erreichst dies Ziel,
Zeit wär's, dass man dir helfen sollte,
So hast du doch verloren allzu viel.

Man zeihet dich: du seist ein Mann, der niemand
        folgen wollte,
So hört man viele Herrn Beschwer erheben.
Gott lass verarmen, die so reden, und nicht
        lang mehr leben!

(Z)

Herr Konrad, der Schenke von Landeck zu St. Gallen
1271–1306

Er machte Rudolfs Krieg gegen Ottokar und wahrscheinlich auch dessen Zug gegen den Pfalzgrafen Otto von Hochburgund mit.

Nun hat sich die Zeit verkehret,
Manchem dies die Sorgen mehret,
Wald und Aue die sind fahl;
Anger ebenso und Heide,
Die man sah in lichtem Kleide
In den Landen überall.
Ich beklag' die Vögelein,
Denn sie singen süße Töne
In des blüh'nden Maien Schöne,
Seht, die müssen traurig sein!

Wie der Winter uns will zwingen,
Doch will ich der Lieben singen,
Die mein Herze nie vergaß;
Denn sie ist ein Weib voll Güte,
Guter Trost für schwer Gemüte,
Sodass nichts mich freut wie das,
Mich, den Sehnsucht oft beschleicht;
Wenn ich denke, dass die Reine
Mich im Herzen lieb' und meine,
Das macht alle Sorgen leicht!

Fraue Minn', ich will dir danken
Immerdar ohn' alles Wanken
Ob dem freudenreichen Fund;
Dass du gabst sie mir als Fraue,
Der ich ganz mich anvertraue,

Die mir ruht in Herzensgrund.
Minne, tu' so wohl an mir:
Hilf und zwing' der Reinen Sinne
Dass sie mich, wie ich sie minne.
Sieh, dann wird gedienet dir!

Die viel Süße, die viel Treue
Die viel Liebe, Falschesfreie,
Der ich immer dienen will,
Ist von minniglicher Schöne!
Ob der Tugend ich sie kröne,
Der gewann kein Weib so viel!
So ist ihr Gebaren gut:
Sie hat echte Liebesstete,
Sie ist frei von arger Rede,
Ist in Züchten wohlgemut.

Könnte ich nur preislich singen,
Das müsst' ihr zu Lob erklingen,
Ihr, der Schönsten in der Welt!
Der viel Süßen, der ich diene,
Sing' ich diesen Sang von Wiene
Wo der König liegt zu Feld.
Der bedenkt des Reiches Not,
Ich bedenk', welch holde Grüße
Einst mir minniglich und süße
Gab ihr Mündlein rosenrot!
    (Franz Weber)

Konrad von Würzburg
1273–1287

Wahrscheinlich nach seiner Vaterstadt so benannt, bürgerlichen Standes, wanderte auf seine Kunst, lebte am Oberrhein, in Straßburg und Basel, wo er am 31. August 1287 mit seiner Frau und zwei Töchtern starb und in der Maria-Magdalenenkirche daselbst begraben wurde. Äußerst fruchtbar und formell sehr gewandt, versuchte er sich nach vielen Seiten und suchte den Mangel wirklich poetischen Gehalts durch Vielseitigkeit des Stoffs und Glanz der Form zu ersetzen. Seine lyrischen Gedichte sind Tanz-, Minne- und Mailieder, Klagen über den Verfall der Kunst, über die abnehmende Freigebigkeit der Reichen, und moralische Betrachtungen, oft in Fabelform gekleidet; auch geistliche Lieder auf Gott und die Jungfrau. Der leichte Fluss seiner Rede und seine Herrschaft über den Reim verleiten ihn zu Reimspielereien, sodass ganze Lieder gebildet werden, in denen jede Zeile aus einer oder zwei reimenden Silben besteht. (Vgl. unter Boppe, Seite 326 dieser Sammlung)

1. Klage

Wieder sollt’ ich singen
Von der Rosen Rot,
Und des Maien Güte,
Der mit reicher Blüte
Schmückt den wilden Hag;
Aber mich bezwingen
Leider! Sorg’ und Not,
Dass ich mit Getöne
Leichter Blumen Schöne
Nicht mehr preisen mag.
Ach, die Wunderholde,
So ich liebgewann,
Zürnt ob meinen Klagen.
Ihr soll ich entsagen,

Ich, so warm und treu?
Weh! An Minnesolde
Darbt ihr Untertan.
Nein! Ich weiß von Rosen
Heuer nichts zu kosen,
Nichts vom schönen Mai!
(Wolff)

2. Minnelied

Wiedrum will die Linde
Vom Winde
Sich entfärben,
Die dort vor dem Walde
Zu balde
Muss ersterben.
Trauern auf der Heide
Mit Leide
Man übet;
So hat mir die Minne
Die Sinne
Betrübet.

Mich haben Liebeswunden
Gebunden
Zu Sorgen;
Die muss ich mit Schulden
Nun dulden
Verborgen.
Die mit Augenspiele
Mich viele
Versehret,
Hat mein Leid aufs Neue
Mit Reue
Gemehret.

Gnade, Königinne!
O minne
Mich Armen.
Lass dich meine Schmerzen
Von Herzen
Erbarmen.
Mein Gemüt entbinde
Geschwinde
Von Leide!
Aus der Minne Feuer
Deine Steuer (Hilfe)
Mich scheide.
    (F. Born)

3. Fuchs und Affe

Zu dem Fuchs ein Affe sprach:
»Freund, mein Hintrer hat kein Dach;
Gib mir doch das Stück von deinem Schwanze,
Das dir hänget in den Mist.«
»Nein«, sprach er, »wie lang er ist,
Doch soll bleiben mir allein der ganze.
Ich tu' dir, wie der Karge tut, der auch in Kot und Erden
Lieber birgt die reiche Habe,
Eh' davon er eine Gabe
Einem Armen lässt zu Troste werden.«
    (Friedrich Rückert)

4. Der Menschenfresser

Zu eines Menschenfressers Haus im Wald
                zwölf Schächer kamen.
Von denen fraß er wehrlos elf, die schier
                ein Ende nahmen.

Nicht wollt' er erlahmen,
Bis auch der Letzte sei verzehrt.
Da wehrte sich der zwölft', und als ein Held
                  wollt' er gebaren.
Da sprach der Menschenfresser: »Jetzt magst du
                  die Wehre sparen;
Als zwölf euer waren,
Warum habt ihr euch nicht gewehrt?
Euch vergleicht sich ein Geschlecht, das ein
                  Gewalt'ger zwingen will.
Lass' es nicht von ihm sich still
Allmählich unterkriegen!
Anstemm' es miteinander sich, wenn er's
                  beginnt zu biegen!
Wenn es unter seine Füße sich will einzel schmiegen,
So wird's ihm erliegen
Am Ende ganz wie er's begehrt.«
   (Friedrich Rückert)

5. Wein und Essig

Scharfer Essig wird wohl aus dem besten Wein,
Wenn er sich verkehrt.
Wie es mit mir selber stehet, hat mich ein
Beispiel so gelehrt,
Ja, ich fühl's mit Trauer,
Mein Gemüt wird sauer.
Ungeschmacke Welt, zu klein
Hast du meinen guten Wein geehrt.
   (Friedrich Rückert)

Der Schulmeister von Esslingen
1273–1289

Von seinen Liedern und Sprüchen finden sich mehrere in der manessischen Handschrift. Er ist vermutlich der in einer Urkunde von 1280 vorkommende Magister *Henricus, rector scholarum* in Ezzelingen. Viele seiner Gedichte sind gegen Kaiser Rudolf von Habsburg gerichtet und voll Bitterkeit.

Der Wald hat seine Äste schön bekleidet,
Er hat aufgesetzt sich manchen stolzen Kranz;
Hei! Wie der Blick sich an der Heide weidet,
Die trägt eine Schleppe nun vom Blumenglanz,
Dabei höret man die Vögel singen
    Als wie Harfenklingen,
Rings im Feld herrscht ungezähmte Freude ganz.

Nur von scheuer Freude kann ich singen,
Leider, mir will zahm nicht eine Freude sein,
Vogelsang kann mir nicht Freude bringen,
Mich freut weder Laub noch Gras noch Blumenschein.
Hirsch und Has im Wald und im Gefilde
    Wurden nie so wilde
Als mein Freuen; wehe, Lieb, die Schuld ist dein.

Lieb, du koppelst alle meine Sinne,
Und gezähmet folgt dir immer mein Gedank';
Binde mir die Freude durch die Minne,
Brauchst dazu nicht Koppeln, nur die Ärmlein blank;
Traute, zu der ich in Lieb' entbrannte,
    Mir nicht helfen Bande,
Nur wenn mich umfängt dein zarter Leib so schlank!
  (Franz Weber)

Der von Kolmas
Um 1275

Dominus Henricus de Kolmas in Eisenacher Urkunden von
1274 bis 1279 erwähnt (aber nicht der Dichter); er stellt from-
me Betrachtungen an über Vergänglichkeit und späte Erkennt-
nis und bestaunt in scholastischer Weise das Wunder, dass die
Jungfrau Maria Christi Mutter und doch Christi Kind ist.

Vergänglichkeit

Wie sind mir die Tage,
Schon als ich ein Kind,
Was ich bitter beklage,
Verweht wie der Wind.
Könnt es mir helfen (nur hilft es mir nicht)
Dagegen zu streben,
So sollt es geschehn.
Wie Gras ist das Leben,
Ihr habt es gesehn,
Und im Tode verlöscht's wie ein flackerndes Licht.
Ach dass wir stets denken so wenig daran,
Und keiner auf Erden es ändern je kann.
Es kümmert uns nicht und es macht uns nicht Sorgen,
Denn im Honig ist uns die Galle verborgen.

Wohl denen, die werben
Ums himmlische Sein;
Dort endet das Sterben,
Dort werden allein
Erfüllt ihm die Wünsche mit ewiger Lust.
Nur Liebe dort waltet,
Der Hass muss vergehn,
Wie dies sich gestaltet,
Wer kann es verstehn,

Wenn irdischer Sorgen entbunden die Brust?
Da lebt man voll Frieden im Freudengemach,
Da rauchet kein Haus und da triefet kein Dach,
Dort bangt kein Mensch vor dem lähmenden Alter,
Dort kommen wir hin, zu Gott dem Erhalter!

Lasst's drum uns erflehen
Von Mutter Marie,
Dass wir es einst sehen,
Und Gott uns, den sie
Im Leibe getragen, dies Land uns erschließ!
Er hält ja umfangen
Der Welten Ring,
Doch weiter zu langen
Sein Walten erging,
Denn merket, welch Wunder der Himmel entließ,
Wogegen gering alle Wunder nur sind:
Sie ist Christi Mutter und dennoch sein Kind,
Zugleich eine Jungfrau in ewiger Schöne,
Dass Welt und Himmel Gott mit ihr kröne.

Als Pilger auf Erden
Ziehn flüchtig wir hin,
An sündigen Beschwerden
Klebt fest uns der Sinn,
Dass keiner daraus ihn vermöchte zu ziehn.
Wir wandern indessen
Den Weg unbeirrt,
Da gibt's kein Vergessen,
Zu zahlen dem Wirt,
Der Zehrung und Herberg uns täglich geliehn.
Drum zahlet! Dies Leben zerschmilzt gleich dem Zinn,
Es naht schon der Abend, der Morgen ist hin.
Ja lasst uns bei Zeiten erwägen, was fromme,
Dass nicht uns als Gläubiger die Nacht überkomme!
    (Z)

Herzog Johann von Brabant
Um 1280

Der berühmte Sieger in der Schlacht von Worringen, geboren
1251, starb 1294 an einer im Turnier erhaltenen Wunde. Sei-
ne anmutigen Gedichte gehören mit zu denen, welche den
Übergang vom höfischen Minnelied zum Volkslied der Refor-
mationszeit vermitteln.

1. Herba lori fa

Eines Maienmorgens früh
Stand ich auf und ging
Einem schönen Garten zu,
Der wonnig mich umfing.
Da fand ich drei Jungfrauen stehn,
Die eine sang vor, die andre nach:
Herba lori fa, Herba lori fa, Herba lori fa.

Als ich sah das schöne Kraut,
Das im Gärtlein war,
Und hörte solchen süßen Laut
Von den Mägdlein klar,
Freudig ward das Herze mein,
Dass ich musste stimmen ein:
Herba lori fa, Herba lori fa, Herba lori fa.

Die Allerschönste grüßt' ich schön,
Die darunter stund,
Die Arme ließ ich um sie gehn
Zu derselben Stund.
Küssen wollt' ich ihr den Mund.
Sie sprach: Lasst ab, lasst ab, lasst ab!
Herba lori fa, Herba lori fa, Herba lori fa.
    (Born)

Herba lorifa etc. der Akkord des begleitenden Instruments (Harfe?) nachgeahmt. In diesem Liede meint man die Weise fast herauszuhören, so melodisch ist der Rhythmus. Alle Lieder wurden bekanntlich gesungen und die Weise vom Dichter selbst erfunden.

(Franz Weber)

2.

Minniglich und gut,
Höfisch und reiner Sinne
Ist sie und wohlgemut
Die ich in Treuen minne.
Sie ist Königinne
In meines Herzens Grund,
Stets ist sie darinne
Jetzt und alle Stund.
Mich hat gefangen
Freundlich ein roter Mund
Und zwei lichte Wangen,
Dazu ein Hälslein rund.

Noch würd' ich gesund,
Gäb' mir Trost die Ohnegleiche
Die mich hat verwund't,
Gnade, ach, du Tugendreiche!
Ich muss bar an Hoffen
Sterben in kurzer Stund'.
Tut ihr mir nicht offen
Eure Güte kund.
Mich hat gefangen
Freundlich ein roter Mund
Und zwei lichte Wangen,
Dazu ein Hälslein rund.

Helle Augen klar,
Minnigliche liebe Wangen
Machen Leid's mich bar
Gnade sei ergangen!
Heiß zieht mich Verlangen
Zu euch allezeit,
Helft mir, dass mein Bangen
End' in Seligkeit!
Mich hat gefangen
Freundlich ein roter Mund
Und zwei lichte Wangen,
Dazu ein Hälslein rund.
    (Franz Weber)

3.

Ungleich ist's uns im Gemüt
Mir und den kleinen Waldvögelein,
Denn sie freuen sich der Blüt',
Glänzt durch Äste licht ihr Schein.
Drunter wollen ruhn sie diesen kühlen Maien
Und an neuem Sang und neuem Lied sich freuen.
Immer dienen ohne Lohn,
Das ist jämmerlich!
Wisset ihr, wer das getan?
Sehet, das bin ich.

Ich will dienen ihr in Treuen
Nimmer will ich von ihr lassen,
Will der Lohn dafür sie reuen,
Weh, wie könnt' ich da mich fassen?
Lass doch, Fraue Venus, mein erbarmen dich
Und gebeut der Lieben, dass sie tröste mich.
Immer dienen ohne Lohn,
Das ist jämmerlich!

Wisset ihr, wer das getan?
Sehet, das bin ich.

Immer quälen mich die Sinne,
Nacht und Tag, zu allen Stunden,
Das tut mit dem Pfeil die Minne,
Der erneut stets meine Wunden.
Die sind unverbunden, das ist allzu hart,
Und doch jag' ich wieder auf der alten Fahrt!
Immer dienen ohne Lohn,
Das ist jämmerlich!
Wisset ihr, wer das getan?
Sehet, das bin ich.
    (Franz Weber)

4. Dienen ohne Lohn
(Andere Fassung des Vorigen)

Gar ungleich stehet uns der Mut,
Mir, und des *Waldes Vögelein*.
Sie lockt in stille kühle Hut
Der Äste Laub und Blütenschein,
Darunter diesen lichten Mai
Gesang, Gezwitscher und Geschrei
Nach eig'ner Weise zu erneuen,
Und ihrer Liebe sich zu freuen.
Immer dienen ohne Lohn,
Das ist jämmerlich.
Wisset! Ach, der Unglückssohn,
Der es muss, bin ich.

Der Preislichen entwank' ich nie;
Ich bleibe stät, und acht' es Pflicht.
Doch ihrem Treuen lohnte sie
Des wunden Herzens Dienste nicht.

Ich trage meinen Schmerz umher,
Und lieb' und leide stündlich mehr.
Erbarmen, Königin der Minne!
O waltet, dass ich Trost gewinne.
Immer dienen ohne Lohn,
Das ist jämmerlich.
Wisset! Ach, der Unglückssohn,
Der es muss, bin ich.
  (Wolff)

Otto zum Turme
Um 1280

Ein ritterlicher Sänger aus dem Wallis, zwischen 1275 und 1330 in Urkunden nachgewiesen. Er singt noch zum Preise des Frühlings und der Geliebten, bei der ihm die Sprache versagt, doch hat die Schöne wohl gemerkt, wie sie ihm vor allen Weibern in Auge und Herz gekommen ist. (Vgl. Goedeke I, 253)

1. Minnelied

Ich unternahm's, den Falken gleich,
Die, kraft verweg'ner edler Art,
Aufschweben zu der Sonne.
Ich wagte hohen Flug zu euch,
Ihr, schönes Bild, wie keins noch ward,
Ihr, meiner Augen Wonne.
Euch lasst mich seh'n, und immer sehen!
Ja, schritt ein Kaiser stolz heran,
Er müsste kniend Liebe flehen.

Wohl mir! – Durch stetes Anschau'n ganz
An eure Glorie gewöhnt,
Frohlock ich im Gemüte;
Denn euer himmlischreiner Glanz,
Nach dem sich mein Gedanke sehnt,
Verkündet Weibesgüte.
Dass ich seit allen meinen Tagen
Kein Lieb so tadellos erfand,
Muss ich bei Pflicht und Eide sagen.

O *fänd'* ich gnadenreichen Mut,
Ich riefe, süßer Hoffnung voll:
»Ihr seid mein Wunsch, mein Leben!
Lohnt Minnedienst und Minneglut!« –
Ach, wenn ich Gnade *suchen* soll,
Muss ich verstummen, beben.
Doch eines habt ihr längst erfahren:
Im Geist und Herzen pfleg' ich euch,
Hold oder unhold, treu zu wahren.
　　(Wolff)

2.

Freut euch der viel lieben Zeit,
Werte, wohlgemute Jungen,
Und des lichten Maien Schein!
Schaut die Heide weit und breit:
Lichte Blumen sind entsprungen,
Man hört kleine Vögelein
In den Auen überall,
Drossel, Lerche, Zeisig, Meise,
Singen fröhlich ihre Weise
Mit der edlen Nachtigall.

Die freut sich an Maienblüt'
Und an süßer Sommerwonne,
Die so hohe Lust verleiht.
Also freut sich mein Gemüt
Dass des Herzens spiel'nde Sonne,
Meine Freude allezeit,
Sich vor allen Frauen gar
Sonder Furcht im Hochgemüte
Und voll reiner Weibesgüte
Aufschwingt, wie ein Edelaar,

Den sein Adel und sein' Art
In die freien Lüfte zwinget,
Wohin nie ein Vogel flog.
Zu ihm sich die Hohe schart,
Und sich auf nach Ehren schwinget.
Ihr Gebaren mich nicht trog:
Da ich sie zuerst ersah,
Wollt' mein Ahnen sich erfüllen
Mehr als je ich hofft' im Stillen,
Höchstes Glück empfand ich da!
        (Franz Weber)

Der Unverzagte
Um 1280

Die Heimat dieses Sängers ist unbekannt, doch könnte man ihn für einen Norddeutschen halten, da sich in seinen Gedichten einige niederdeutsche Formen finden. Es war ein fahrender Sänger, der, wie er selbst berichtet, viele fremde Länder durchzog und von seiner Kunst lebte. Sein Name rührt gewiss von seiner Freimut und der Kühnheit her, womit er alles Tadelnswerte rügte. Wie Meister Stolle tadelt auch er die Kargheit des Kaisers Rudolf.

Die Unberufenen

Toren hört man ihre Sänge preisen
Gerne nach der Affen Weisen;
Ihnen wohl gefällt das, was sie singen.

Armer Vogel, der zu fliegen glaubt,
Bis er selber sich des Wahns beraubt,
Wenn er nicht kann himmelaufwärts dringen.

Bleib du lieber still im Neste liegen,
Bis die Zeit kommt, die dich lehret fliegen,
Die dich lehret singen hell und stark;
Was du jetzt lässt hören ist nur Quark!
    (Z)

Graf Friedrich von Leiningen
Um 1288

Ein Ahne der noch jetzt in Baden lebenden Fürstenfamilie glei-
chen Namens, ist Verfasser des nachstehenden rührenden und
herzlichen Abschieds zweier Liebenden.

Fahr' hin zu guter Stunde!

Und muss ich scheiden so von ihr,
Dass ihre Minne mangelt mir,
O weh der leiden Reise,
Die gen Apulien ich tu':
Deine Gnade, Sel'ge, gib dazu,
Dich nicht so hart erweise.
Ein wenig sänft'ge deinen Mut
Und sprich aus rotem Munde
Zu mir allein das kurze Wort,
Daran liegt meiner Freuden Hort:
Fahr' hin zu guter Stunde!

»Zu guter Stund' sei deine Fahrt
Und Leib und Seele dir bewahrt,
Und Lob und Heil und Ehre.
Mein Wille hielte dich nicht hier,
Mein Flehn, noch Dräun; doch glaube mir,
Dass ich es heiß begehre.
Da deine Fahrt unwendbar ist,
Zwei Herzen in die Weite
Führst du, meins und deines hin,
Davon ich immer traurig bin:
Sei Gott denn dein Geleite.«
    (Karl Simrock)

Meister Johannes Hadlaub
Um 1293

Ein züricher Bürger, zugleich ein Freund der edeln Manessen,
und bei der sogenannten Manessischen Liedersammlung betä-
tigt; wanderte auch auf seine Kunst und kam u. a. nach Öster-
reich. Neben Parodien auf die Ausartungen der minniglichen
Lyrik und derben Schilderungen ländlicher Herbstschmausere-
en dichtete er eine Menge gar lieblicher und süßer Lieder, de-
ren einfach-kindlicher Ton oft rührend anspricht. In ihnen ver-
nehmen wir die letzten Klänge des reinen edlen Minnesangs.

1. Der Brief

Ach, es war so lange
Mir so weh nach ihr,
Dass ich nachsann bange,
Wie sie's erführe von mir.
Wie das Herz mir pochte,
Ein Pilgergewand ich nahm,
Und stand so heimlich ich mochte,
Da sie von Metten kam.
Ich hatt' einen Brief voll Klage,
Und einen Haken daran;
Den hing ich da vor Tage
Ihr unbemerklich an.

Dieser Mann muss toben –
Hat sie da wohl gedacht –
Was ward ich von dem groben
Angegriffen in der Nacht?
Sie fürchtet' eine Sehre,
Die ihr würde getan;
Aber um ihre Ehre
Schwieg sie still und entrann.

Ich ließ sie gerne gehen,
Dass bald sie käme hinein,
Eh jemand an ihr gesehen
Hätte das Briefelein.

Was sie da mit ihm machte,
Ist mir nicht worden kund,
Ob sie es recht bedachte
Oder warf an den Grund.
Las sie den Brief mit Sinne,
So fand sie süßen Schmerz;
Tiefe Rede von Minne,
Viel Not, die trägt mein Herz.
Ich sehe sie nicht gebaren
Dem gleich, dass meine Not
Sie irgend hab' erfahren;
Sie gibt mir noch den Tod.

Mich dünkt, der müsse sehen
Die Schön' in ihrer Lust
In meinem Herzen stehen,
Wer mir aufbräche die Brust;
So herrlich und erhaben,
So lieblich und so fein;
Dass ich sie so mag haben,
Das wieget mir nicht klein.
Das muss sie mir doch gönnen,
Wie auch sie sich fremdet mir;
Nie hab' ich finden können,
Was ich sonst noch such' an ihr.
          (Friedrich Rückert)

2. Im grünen Klee

In dem grünen Klee
Sah ich die Holde gehn;
Ach, was ward da Wonne wach!
Aus dem Blütenschnee
Fühlt' eine Glut ich wehn,
Die hinein ins Herz mir brach.
Sie, die Blume,
Und die Blumen klein
Leuchteten einander an mit Ruhme,
Dass die helle Wonn' aufging, –
Nie umfing
Mich so lichter Schein.
    (Friedrich Rückert)

3. Als sie ein Kind liebkoste

Ach, liebkosen sah ich sie ein Kindelein,
Davon sich mein
Gemüt erhob.
Sie umfing es und sie drückt' es an sich nah
Und mir geschah
So weh darob.
Sie nahm sein Antlitz in die Hände weiß,
Drückt' es an den Mund und an ihr Wangenpaar,
Sie küsst' es gar
So recht mit Fleiß.

Und es tat auch, wie ich hätte selbst getan.
Ich sah's umfahn
Auch sie fürwahr.
Unempfindlich ihrer Wonne schien es nicht,
Sein Angesicht
Ward freudenklar.

Wie hätt' ich mögen ohne Neid es sehn?
Ach, gedacht' ich, wär' ich dieses Kindelein,
Dem sie so fein
Lässt Lieb' geschehn!

Dann gewahrt' ich, wie das Kindlein von ihr kam,
Zu mir ich's nahm
So lieblich auch.
Wonnig deuchte mich, wie sie's gedrückt an sich.
Ich drückt's an mich
Nach ihrem Brauch,
Umfing es sanft, wie sie's zuvor umfing,
Küsst' es an die Stelle, wo ihr Kuss noch saß;
O wie mir das
Zu Herzen ging!

Manche meinen, nicht so ernstlich weh sei mir,
Wie ich von ihr
Es lang geklagt.
Ich sei ja gesund und kränklich würd' ich sehn,
Wenn ich von Wehn
So sehr geplagt.
Ob man's an mir nicht sieht, doch leid' ich Not.
Eine gute Hoffnung half mir all daher,
Wär' die nicht mehr,
So wär' ich tot.

    (Friedrich Rückert)

4. Die Begegnung

Ich begegnet' ihr, wo ganz sie ging allein
Und wollte fein
Sie grüßen doch.
Ich erschrak, dass mir das Wort im Mund zerrann,
Ich sah sie an,

Das konnt' ich noch.
Da ging sie ohn' auch dass sie grüßte mich;
Das verzagte mich nun gar, und mehr noch ja,
Dass ich sie sah,
So minniglich.
    (Friedrich Rückert)

5. Der Bote

Wie fern ich von der Schönen fahr',
Ich hab 'nen Boten, der fährt so mit Rate,
Der fährt zu ihr in einer Stund.
Ihn send' ich alle Morgen dar,
Zu ihr, und auch an manchem Abend spate,
Der Bote selber ist nicht kund
Der Hehren.
Er geht aus meines Herzens Grund,
Es ist mein Sinn,
Der fährt zu ihr, wie fern ich bin.
Sie seliges Weib!
Ach möchte mein Leib
Eben so oft zu ihr kehren!
    (Friedrich Rückert)

Der Kanzler
Um 1300

Ein Oberdeutscher, der besonders Sprüche moralischen und religiösen Inhalts dichtete, den er aus der Naturgeschichte und der Tierfabel schöpfte.

1.

Sommerwonne, wer dich schauen
Will, der wandle in die Auen,
Auf den Berg und in das Tal.
Wintergraue, kahle Äste
Grün geschmückt sind sie zum Feste,
Blumen sieht man überall.
Holder Lieder süße Weise
Singen kleine Vögelein.
Maie, das ist dir zum Preise,
Reif und Schnee mit kaltem Eise
Schwinden vor den Lüften dein.

Werte Alten und ihr Jungen,
Wen der Winter hat bezwungen,
Der soll jetzt nicht trauern mehr!
Schauet an die grüne Heide
Wie sie lacht, befreit von Leide,
Glänzend ganz und blumenschwer.
Wer im Grünen unter Blüte
Hoffen ein Umarmen mag,
Heuer noch von Frauengüte,
Der lass' alles Ungemüte,
Seinen Dank dem Mai der sag'!

Aus der Frauen Rosenmunde
Kommt, was tief im Herzensgrunde

Jeden Mann erfreuen mag;
Reiner Frauen süßes Lachen
Kann uns fröhlicher noch machen
Als der blütenreiche Hag.
Wie auch süß ein Ton erklinget.
Wie der Wald in Pracht auch steht,
Wie die Heide Blumen bringet,
Wie die Nachtigall auch singet,
Frauenhuld doch drüber geht!

2.

Ich wähnt' einst, dass Gunst der Frauen
Oft um kleinen Anlass bricht,
Doch zum Mann hatt' ich Vertrauen
Dass ihm Stete wäre Pflicht.
Anders hab' ich's nun befunden:
Wankt ein Mann in manchen Stunden.
Meine Liebste tut es nicht.

Preisen will ich und muss schelten
An der lieben Frauen mein
Eines, des ich muss entgelten
Und drum leiden Jammers Pein.
Schelten, weil's mir Kummer mehret,
Preisen, weil es hoch sie ehret:
Dass sie kann so stete sein.

Minne, kaum mehr kann ich glauben
Dass noch groß sei deine Macht,
Seit du dir Gewalt lässt rauben
Durch die Liebste Tag und Nacht!
Minne, du magst schämen dich,
Dass ein Weib mit Weibesstärke

Vor dir, Meisterin der Werke,
Fristen kann so lange sich!

3.

So schön, so stark, so weise
Kein Mensch, nicht Mann noch Weib,
Ist, den die Furcht nicht zwänge:
Das ist der grimme Tod,
Dass der zur Würmerspeise
Einst mache seinen Leib.
Sein Anfang ist Gedränge
Von Jammer nur und Not
Sein erster Laut ist Weinen,
Wie es sein letzter ist.
Zur Lust, so will mir scheinen,
Hat er nur kurze Frist.
In Not und Furcht und Leide
Es um sein Ende steht,
Wie er von hinnen scheide
Und wie es dort ihm geht!
      (Franz Weber)

Graf Konrad von Kirchberg
(oder Kilchberg)
Um 1300

Er gehörte vermutlich einem schwäbischen Grafengeschlecht
bei Ulm an. Seine Minnelieder treten durch sinnliche Naivität
außerhalb der höfischen Art. Ein Nachklang provenzalischer
Vorbilder ist der Refrain in seinen Liedern.

1. Mailied

Mai beseligt neu das Land,
Und zersprengt der Sorgen Band.
Kinder, Kinder, seid gemahnt,
Anzuschauen seiner Gaben Fülle.
Über Täler, auf den Höh'n
Liebt er Blumen auszusä'n
Ohne Zahl und wunderschön.
Schaut des Waldes grüne Hülle!
Höret dort die Nachtigall
Auf dem Blütenreise
Singen lobenswerten Schall.
Berg und Tal
Hat der Mai geschmückt zu seinem Preise.
Hüpfet, ihr Jungen!
Blumen sind wieder entsprungen.
Singet den Reihen!
Seid fröhlich, und segnet den Maien!

Wonnereiche Schar! Wohlan
Holde Kinder geh'n voran
Auf den rosenfarben Plan,
Wo die Blumen aus dem Grase dringen.
Leget an den Ehrenstaat!

Wo nun Liebe Lieb' empfaht,
Weiß der Mai wohl süßen Rat.
Lauscht! Belauscht der Vögel frohes Singen!
Auf zu zwei'n und zieret fein
Hut und Haar mit Kränzen!
Sah't ihr Maienblütenschein
Ja so rein?
Sammelt euch zu Liedern und zu Tänzen!
Hüpfet, ihr Jungen!
Blumen sind wieder entsprungen.
Singet den Reihen!
Seid fröhlich, und segnet den Maien!

Auf, du junger ernster Mann!
Säum' und träume nicht! Wohlan!
Zu den Kindern auf den Plan!
Alles Trauern muss ja heut' erschwachen.
Ist dein Herz und Minne wund?
Dort wird krankes Herz gesund.
Mancher rosenrote Mund
Wird dir lachen und dich fröhlich machen.
Sieh, der Blumen zarter Chor
Winkt auf jeder Aue.
Stille dringt es, wie zuvor,
Still empor,
Lieblich sprosst es aus dem Maientaue.
Hüpfet, ihr Jungen!
Blumen sind wieder entsprungen.
Singet den Reihen!
Seid fröhlich, und segnet den Maien!

Liebe! Fühlst du nicht den Mai?
Ach, geselle dich mir bei!
Dann erst bin ich sorgenfrei.
Du, mir ewig lieb vor allen Weiben!
Alles Guten übergut!

Komm, erfahre, wie sich's ruht
In der Maienlaube Hut.
Nur dein Lob, sonst nichts mehr will ich treiben.
Gern dien' ich um Minnedank,
Keusche, Wandelreine!
Meine Lieb' ist ohne Wank.
Ohne Dank,
Dir geweiht, viel Liebe, die ich meine!
Hüpfet, ihr Jungen!
Blumen sind wieder entsprungen.
Singet den Reihen!
Seid fröhlich, und segnet den Maien!
    (Wolff)

2. Ein Reigen

Auf, der Mai kam in das Land,
Der da löst der Sorgen Band:
Kinder, Kinder, seid gemahnt,
Mannigfalte Wonne kommt zu schauen.
Auf der lichten Heide breit
Sind die Blumen ausgestreut
Wie ein Teppich weit und breit:
So erscheint er grünen Waldesauen.
Da hört man die Nachtigall
Auf dem blühnden Reise
Singen wonniglichen Schall.
Berg und Tal
Hat der Mai bekleidet sich zum Preise.
Freuet euch, ihr Jungen,
Die Blumen sind entsprungen.
Nun singet den Reihen
Und seid fröhlich froh des lichten Maien.

Auf denn Kinder, Paar und Paar
Geh die freudenreiche Schar
Nach dem Anger rosenklar,
Wo die Blumen aus dem Grase dringen.
Leget an der Ehre Kleid:
Wo sich Lieb bei Liebe freut,
Gibt der Mai viel Süßigkeit.
Lauschet, lauschet, wie die Vögel singen!
Wie das sanft den Ohren tut:
Freut euch, stolze Laien.
Sah ich doch des Maien Blut
Nie so gut:
Lasst dabei tanzen, lasst uns reihen.
Freuet euch, ihr Jungen,
Die Blumen sind entsprungen.
Nun singet den Reihen
Und seid fröhlich froh des lichten Maien.

Ei, was säumst du. junger Mann?
Komm und kommt ihr all hindann
Zu den Kindern auf den Plan!
Allem Trauren wird die Kraft benommen.
Siecher Mann wird bald gesund,
Der von Minne wurde wund:
Mancher rosenfarbne Mund
Lacht ihm Lust ins Herz, das muss ihm frommen,
Wo man Blumen viel und Klee
Findet in den Auen:
Die sind wieder ohne Weh
Heur wie eh
Aufgedrungen in des Maien Tauen.
Freuet euch, ihr Jungen,
Die Blumen sind entsprungen.
Nun singet den Reihen
Und seid fröhlich froh des lichten Maien.

Ei, die Liebe, wo sie sei,
Wär ich heut ihr nahe bei,
Seht, so würd ich sorgenfrei,
Die mir lieb war stets vor allen Dingen.
Fröhlich in des Maien Blut
Bräch ich ihr den Schattenhut.
Aber alle Güte gut
Ist sie ja, ihr Lob so will ich singen
Gern um ihren Habedank.
Keusch und Tadelsreine
Ist die Liebe sonder Wank.
Ohne Dank
Sing ich der Geliebten, die ich meine.
Freuet euch, ihr Jungen,
Die Blumen sind entsprungen.
Nun singet den Reihen
Und seid fröhlich froh des lichten Maien.
　　(Karl Simrock)

Wizlav, Fürst von Rügen
Um 1304–1325

Dieser fürstliche Sänger, der Dritte seines Namens, erscheint seit 1284 in Urkunden; er ist geboren um 1266 und starb am 11. November 1325. Als 1304 sein Bruder starb, erhielt Wizlav das ganze Fürstentum. Er war zweimal vermählt. Sein Leben war sehr kriegerisch. Nach seinem Tod vermählte sich seine Witwe Agnes mit dem Herzog von Mecklenburg. Da Wizlav keine Söhne hinterließ, erhielt das Fürstentum Rügen keine eigenen Fürsten mehr und kam schließlich mit Pommern an Brandenburg. Er hat 27 Lieder und Sprüche gedichtet, und zwar niederdeutsch, wie denn überhaupt seine Stimme als die nördlichste erklang. Die Sprüche sind von ernstem, die Lieder von derbfröhlichem Inhalt. Neben dem Einfluss Reinmars von Zweter macht sich Steinmars Richtung in dem nachfolgenden, nur zum kleinsten Teil erhaltenen Herbstlied geltend. Der Goldener und auch Frauenlob dichteten Preissprüche auf Wizlav. (Vgl. Dr. F. Pfaff a. a. O. 246 und Goedeke I, 252)

Herbstlied

Es macht der Herbst uns reich genug,
Ihr Menschen, drum bedient euch gleich,
Kommt seine Huld euch in Bereich;
Er spendet euch mit gutem Fug
Wohl Bier und Met und Wein im Krug,
Gibt Rinder, Gänse, fette Schwein;
Die sollen all des Menschen sein,
Auch Enten, Hühner groß und klein.
Ja was auf Erden gewachsen ist,
Im Wasser auch die Fische,
Uns Menschen dient's zu jeder Frist,
Gibt Nahrung unserm Tische –
Des sollen wir froh sein, und ohne Wanken
Dem lieben Gott im Himmel danken.

(Z)

Ulrich Boner
Um 1324–1349

Einem zu Bern eingebürgerten Geschlechts entstammend, lebte Boner in seiner Vaterstadt als Predigermönch, war aber, wie man aus zahlreichen Urkunden ersieht, auch in mancherlei öffentlichen Angelegenheiten tätig. Seine Fabeln und Erzählungen hat er zu einem Ganzen unter dem Namen *Der Edelstein* vereinigt. Es mag dies Büchlein, sagt er in der gereimten Vorrede, mit Recht der Edelstein heißen, denn es trägt in sich Beispiele mancher Klugheit, und es erzeugt auch gute Gedanken wie der Dornstrauch ja die Rose hervorbringt. Wer nicht erkennet wohl den Stein und seine Kraft, des Nutz ist klein; wer obenhin die Fabel ansteht und inwendig nicht erkennt, der hat auch nur sehr kleinen Nutzen davon. – Boners Geburts- und Todesjahr ist nicht bekannt. Im Übrigen vergleiche die Vorbemerkung zum Stricker, Seite 211 dieser Sammlung.

Fabel von einem Pfaffen und einem Esel

Ein Pfaff war jung und dabei so klug,
Als einem Pfaffen ist genug;
Er war stolz und hochgemut,
Seine Stimme däuchte ihm sehre gut.
Des Singens er sich sehr befliss,
Er wähnte, niemand sänge gewiss
So schön wie er; das war sein Rat
Und darum sang er früh und spat
Und war so recht vor Singen toll.
Ob auch sein Sang nicht gefiele wohl
Den Leuten, dennoch er heftig sang –
Dazu ihn seine Narrheit zwang.
Nun einmal aber so geschah's;
Vorm Altar über alles Maß
Laut sang er, und es stand daneben

Eine Frau, die hatte ihr Es'lein eben
Verloren vor drei Tagen;
Drob tat sie sehr untröstlich klagen.
Da sie der Pfaffe weinen sach,
Er voller Güte zu ihr sprach:
Saget, Fraue, was weinet Ihr?
Was mag es sein? Das saget mir! –
Er wähnte, sie wär' in Andachtsbrunst
Gefallen ob seiner Singekunst.
Drum sagt' er: Soll ich Euch singen mehr?
Nein, Herr, es tut mir weh' gar sehr! –
Warum? Das sollt Ihr mir nun sagen.
Herr, Herr, sprach sie; ich muss Euch klagen,
Worüber ich geweinet hab'.
Meinen Esel, meine beste Hab',
Den haben die Wölfe gefressen;
Das kann ich nicht vergessen.
Wenn Ihr nun singet so glorreich,
So ist Eure Stimme völlig gleich
Der Stimme, die mein Esel hatt';
Drum mahnet Ihr mich auf der Statt
An meinen Esel. Herre mein,
Mich wundert, wie das möge sein,
Dass Eure Stimm' gleicht ganz und gar
Meines Esels Stimm' – 's ist wunderbar! –
Der üppige Pfaffe kam in Schand',
Seine Eselsstimme ward erkannt;
Doch er gefiel sich selbsten wohl,
Wie billig das ein Esel soll. – –
Wer wähnt, dass er der Beste sei,
Dem wohnet Torheit nahe bei.
    (Johannes Scherr)

Konrad von Altstetten
Um 1330

Ein sonst wenig bekannter Sänger aus dem heutigen Altstädten bei St. Gallen.

Heil dem Maien!
Lasst uns singen
Dieser sommerfrohen Zeit!
Wer im Reien
Hier will springen
Tanz auf Angers grünem Kleid.
Lasst uns hier den Mai begrüßen,
Denken auch der Schönen, Süßen,
Die uns scherzen
Lässt von Herzen –
Singt ihr Loblied weit und breit.

Heil den Händen,
Heil der Wange
Und den Lippen rosenrot!
Dürft ich senden
Ihr im Sange
Doch mein Herz, treu bis zum Tod.
Ja, ich wollt ihr wohl in Treue
Dienen alle Tag aufs Neue,
Dass die Süße,
Die ich grüße,
Ende meine Liebesnot.

Heil den Augen,
Heil dem Munde
Dunkelrot und schön von Bau!
Könnte taugen
Solche Kunde,
Würd ich gern die schöne Frau

Allen zeigen, dass man sehe
Und mir neidlos zugestehe:
Keinen freute
Je bis heute
Solches schönen Weibes Schau!

Heil dem Kinne,
Heil den Brauen
Und dem Halse lilienzart.
Ihre Minne
Ließ mich schauen
Stets der Seligkeit gepaart.
Aber an der Edeln, Süßen
Will mich nicht solch Glück begrüßen,
Kein Erbarmen
Lacht mir Armen,
Und mein Dienst bleibt mir erspart.

Heil dem Leibe!
Was erdenken
Mag der Wunsch, erfüllt ist's hier.
Keinem Weibe
Mochte schenken
Gott im Himmel größere Zier.
Er hat ihr zum Kleid gegeben
Sittenreines Tugendleben;
Seht die Reine,
Die ich meine,
Wie so züchtig steht es ihr!
   (Z)

Albrecht Marschall
von Rapperschwyl
Um 1330

Seine Stammburg liegt noch heute am Züricher See oberhalb
von Rapperswyl.

Sterndeutung

Wieder froh ist mein Gemüt,
Dass der Mai ringsum erblüht
Auf den jungen Reisen.
Aus dem zarten Knospenschwall
Lässt erfreut Frau Nachtigall
Klingen ihre Weisen.
Ach wie süße Melodein
Uns die Holde spendet!
Doch auch *Sie* mag selig sein,
Die da zu den Vögelein
Meine Seele wendet!

Keine mehr wie *Sie* es gibt,
Darum wünsche, wer mich liebt,
Dass sie *mein* soll werden.
Dann hab ich ein Paradies
Voller Glück, wie nie sich's wies
Einem Mann auf Erden.
Ach ihr engelhafter Leib
Strahlt in süßer Jugend,
Dass kein Wort es je beschreib;
Und dein Herz, du schönes Weib,
Ist voll reinster Tugend.

Die mich so macht jung und alt,
Hat zwei Sterne in Gewalt,
Die mich stets erfreuten,
Darin les ich freudenvoll,
Was mir noch geschehen soll ...
Kann ich's richtig deuten?
Ja sie strahlen hehr und hell
Und sie sagen beide:
Glücklich wirst du; komm, Gesell,
Komm in meine Arme schnell,
So wird Lieb aus Leide!
   (Z)

Christian von Lupin
Um 1340

Ein Sänger aus Thüringen.

Die Edle, Reine, die Vielschöne, Gute,
Das holde Weib,
Sie herrscht gewaltig mir in Sinn und Mute;
Ihr schöner Leib
Wird immer mir der allerliebste sein.
So rot ist nichts und nie ist etwas roter
Als ihr holdselig Mündchen süß und klein.

Ihr Lachen, Scherzen, ihres Auges Flammen,
Ihr stiller Gruß
Bewirkt, dass Leib und Seele mir mitsammen
Erschrecken muss.
Denkt nicht, bei andern fände gleiches man.
Seht ihren Hals, seht diese weißen Händchen,
Und saget, ob man Weißeres finden kann.

Gern wär ich ihr Gefangener ohn Erbarmen,
Wenn eng und fest
Sie mich nur hielt mit ihren weißen Armen
Ans Herz gepresst.
Nicht rächen wollt ich meines Leides Not.
Ihr Mündchen küsst ich nur und spräche: Siehe,
So straf ich ihn, weil er so süß und rot!
    (Z)

Der von Trostberg
Um 1340

Kommt, den Frühling zu begrüßen,
Blüten bringt er bunt und viel,
Blüten mit noch anderm Süßen,
Was dem Winter nie gefiel.
Darum freue unbeschwert
Alles sich der Sommerwonne,
Mir nur ist die Lust verwehrt.

Herrin, willst du Gnade spenden,
Klag ich gern dir meine Not.
»Könnt ich, Herr, *die* Not abwenden,
Wendete ich ab den Tod.«
Frau, ihr gebt ihn mir ja schier!
»Daran bin ich ohne Ursach«,
Sprach die Jungfrau drauf zu mir.

Sag mir, minnigliche Süße,
Mit dem Mündchen spitz und klein,
Wie dein Herz mich wohl begrüße,
Räuberin der Sinne mein?
»Ei, so sprecht, wie meint ihr das?

Kann ich euch die Sinne rauben«,
Fragte sie, »sagt an: durch was?

Tragt ihr Männer, ohne Wissen
Einer Frau, im Herzen sie,
Ei so seid der Sorg beflissen,
Dass ihr meldet wann und wie.
Bald mögt ihr erfahren dann,
Ob Erhörung euer Bitten
Bei der Liebsten finden kann.«

Herrin, wie dein Mündlein sagte,
Mach den Anfang ich bei dir:
Wenn ich nicht zu beichten wagte,
Denk der treuen Dienste hier.
Doch nun hilf mir, Herrin mein,
Soll ich aus Ungnade sterben,
Trägst die Schuld du ganz allein!
(Z)

Heinrich von Mogelin
Um 1350

Ein gelehrter bürgerlicher Dichter von Mügeln bei Pirna; stand bei Kaiser Karl dem Vierten in Gunst und kam (wohl noch vor 1346) nach Prag. Dann lebte er am Hof Rudolfs des Vierten von Österreich, dem er eine ungarische Chronik in deutscher Sprache widmete; auch verfasste er eine lateinische Reimchronik von Ungarn. Nach dessen Tod begünstigte ihn Hertnit von Petau, Marschall von Steier. Sein letztes Werk datiert vom Jahre 1371. Seine mit allerhand gelehrtem Kram prunkenden Gedichte brachten ihm großen Nachruhm bei den Meistersingern, weshalb sie ihn unter ihre alten Muster aufnahmen, ihn

aus Mainz stammen ließen und zum Doktor der Schrift mach-
ten. (Vgl. Goedeke I, 270)

Die Frau und der Falke

Es sprach eine Frau: »Mein Falk ist mir entflogen,
So weit ins fremde Land;
Mir banget: ihn, den ich mir aufgezogen,
Hält eine fremde Hand.
Ich lieh der Treue Fessel
Ihm immer wohl zu lang,
Nun macht mir gleich dem Stich der Nessel
Die Reue im Herzen bang.

Ich hoffe aber doch, er kommt mir wieder,
Ob er auch schweift soweit;
Wenn er verliert das Glöcklein, wenn ihn nieder
Zur Erde zwingt die Winterszeit,
Wenn ihm das Jagdgelüste
Vergeht im kahlen Wald,
Und er nicht sonstwo Nahrung wüsste,
Kehrt er gewiss mir bald.

Ach hätt ich einen Bussard statt des Falken,
Ob er auch nicht so risch
Und kühn, er blieb auf heimatlichem Balken.
Was hilft mir denn der Fisch
Tief in des Meeres Wellen,
Von allen Angeln frei?
Mir hilft kein Vogel in der Luft, der hellen,
Wie edel er auch sei!«
    (Z)

Oswald von Wolkenstein

1367–1445

Dieser Sänger stammt aus dem alten tirolischen Geschlecht von Villanders, dessen einer Zweig sich nach der Burg Wolkenstein nannte; er ward 1367 zu Trostberg geboren, verlor schon als Knabe das rechte Auge und ging mit zehn Jahren in die Welt auf eine Fahrt gegen die heidnischen Preußen. Oswald blieb unter schweren wechselnden Schicksalen acht Jahre in Preußen. Früh lernte er den späteren Kaiser Sigmund kennen. Auf weiten fernen Fahrten kam er bis nach Persien, zog mit Sigmund gegen die Türken und machte die unglückliche Schlacht bei Nikopolis 1396 mit. Grauhaarig und sehr gealtert kam er nach Tirol zurück. Ein Liebeshandel mit dem Edelfräulein Sabina Jäger verlief ungünstig. Sie legte ihm eine Pilgerreise nach Jerusalem als Liebesprobe auf. In Jerusalem erhielt er den Ritterschlag. 1400 kam er nach Hause, fand seinen Vater auf dem Sterbebett und die treulose Sabina verheiratet. Oswald lebte einige Zeit seinen Gutsherrenpflichten zu Hauenstein und Kastelrutt. 1402 ging er mit Ruprecht von der Pfalz nach Italien. Zurückgekehrt verwickelte er sich in die tirolische Politik auf seiten des Adelsbundes an der Etsch gegen den neuernden Herzog Friedrich mit der leeren Tasche von Österreich. Er vermählte sich mit Anna von Ems, nach deren Tod mit Margareta von Schwangau, die ihn überlebte. 1407 zog er nach Spanien gegen die Mauren und wohnte 1411 der Einnahme Ceutas bei. Nach einer Dichterfahrt über Lissabon, Granada, Kastilien, Südfrankreich befand er sich 1413 wieder in Tirol und machte 1414 das Konzil zu Konstanz mit. Im Jahre 1415 zog er mit Sigmund nach Perpignan zu Papst Benedikt dem Dreizehnten und fand große Auszeichnung bei der Königin von Aragonien, wo er als arabischer Fürst auftrat. Zu Hause schloss er sich tätig wieder dem Adelsbund an. Seine erste Geliebte Sabina, der er stets ein treues Andenken bewahrte, lockte ihn in einen Hinterhalt. Oswald ward gefangen und sollte sechstausend Gulden für alte An-

sprüche auf Hauenstein erlegen. Herzog Friedrich nahm ihn in
Gewahrsam, entließ ihn aber dann, als die Wolkensteiner die
Summe zahlten. Wie zur Strafe starb Sabina bald darauf. Os-
wald aber blieb infolge der Gefangenschaft stets an einem
Fuß gelähmt. Als sich später Friedrich mit Kaiser Sigmund aus-
söhnte, geriet Oswald aufs Neue in harte Gefangenschaft, bis
ihn der Herzog aus freiem Entschluss losgab. Noch machte er
den unglücklichen Feldzug gegen die Hussiten mit, zog mit
Sigmund nach Italien zur Krönung, kehrte aber bald für immer
in die Ruhe der Heimat zurück, wo er am 2. August 1445 an
der Wassersucht starb. Er hinterließ fünf Söhne und zwei Töch-
ter und ward zu Neustift begraben. [Nach Dr. Friedrich Pfaff.]
Seine Gedichte haben daher einen Umfang des Stoffes und ei-
ne Vielseitigkeit der Form wie bei keinem andern Dichter der
Zeit. Er sang heitere Tanzweisen und dunkle Allegorien, from-
me Marienlieder und üppige Grasliedlein, alles in leichter
Sprache, die sich in der Überwindung von Schwierigkeiten ge-
fällt. Nachfolgende Proben rühren von Oswalds meisterhaftem
Verdeutscher Johannes Schrott her (Stuttgart, J. G. Cottasche
Buchhandlung 1886).

1. Erste Jugend

Es hatte sich gefügt, zehn Jahre war ich alt,
Dass ich entschlossen war, zu sehn der Welt Gestalt.
Seitdem hab' ich bewohnt viel Winkel heiß und kalt,
Im Elend unter Christen, Griechen, Heiden.
Im Sack drei Pfennige, dazu ein Stücklein Brot,
Das war mein Reisegeld von Haus für alle Not.
Durch Freund' und Feinde hab' ich manchen
                    Tropfen rot
Vergossen, seit ich mich gewandt zum Scheiden.
Ich ging zu Fuß mit schwerer Buß,
Bis mir erstarb
Nach vierzehn Jahr der Vater. Zwar

Zuvor erwarb
Ich, weil ich's stahl, ein Ross einmal,
Von fahler Farb'.
Der Ritt misslang: ich musste Strafe leiden.
Als Bot' und Koch ich nicht zu hoch,
Zu gut nicht war,
Und grade recht zum Pferdeknecht.
In niedrer Schar
Am Ruder sah mich Candia.
Von Widerhaar
Ein Kittel musste mich am Festtag kleiden.

2. Land- und Meerfahrten

Nach Preußen und Littauen, Türkei und Tartarei,
Nach Frankreich, Lombardei und Spanien dabei,
Fuhr ich auf eignen Sold dahin mit Königen zwei:
Ruprecht und Sigmund, mit des Adlers Streifen.
Französisch, katalanisch, auch mohrisch,*
                    kastilianisch,
Lateinisch, windisch, russisch, lombardisch
                    und romanisch,
Zehn Sprachen kann ich reden mit
                    eigenem Germanisch,
Auch lernt ich geigen, trommeln, pauken, pfeifen.**
Im Inselmeer fuhr ich umher
Nach manchem Strand
Auf großen Schiffen. Die Stürme pfiffen,
Der Tag verschwand.
Die wilden Wogen mit Zischen flogen
Auf Schiffesrand.

* Arabisch.
**Die genannten Fertigkeiten sind natürlich nur die ersten jungen-
  haften Rudimente für Oswalds spätere musikalische Bildung.

Im Schwarzen Meer lernt' ich ein Fass ergreifen.
Denn mir zerbrach mit Ungemach
Mein Schiff, zum Hohn,
Dass ich sogar ein Kaufmann war!
Ich kam davon,
Ein Reuß und ich. Das Fahrgut wich
Mit Zins und Lohn
Hinab zum Grund, und ich schwamm auf den Reifen.

3. Am Minnehof

Die Königin von Aragonien, die war so
                       schön und zart,*
Ich kniete vor ihr willig und bot ihr meinen Bart.
Sie flocht hinein ein Ringlein mit Händchen
                    weißer Art,
Und lispelte: *Non may plus disligaides!***
Dann nahm sie mit den Fingern ein Messingnädelein,
Durchstach (so war es Sitte) mit Kunst die
                    Ohren mein,
Und durch die Öhre zog sie zwei andre Ring' hinein,
Die trug ich lang nach Vorschrift meines Eides.
Ich ging zur Stund' zu Sigismund.
Er hatte fast
Vor meinem Tragen ein Kreuz geschlagen.
»Ei doch wie hast

---

* Die Vornahme dieser höfischen Zeremonie fällt in die Zeit der An-
wesenheit des Dichters mit König Sigmund in Perpignan 1415.
Der Königshof von Aragonien war wegen seiner Pflege von Musik
und Poesie während des ganzen Mittelalters berühmt. Die er-
wähnte Königin ist Margarita, die Gemahlin König Ferdinands von
Aragonien. – Oswald war am 16. Februar 1415 zu Konstanz in den
Dienst des Königs Sigmund aufgenommen worden, und bezog von
ihm eine Jahresbesoldung von 300 ungarischen roten Gulden.
** »Niemals aufgelöst!«

Du dich geschmückt, bist du verrückt?
Seltsamer Gast« –
Er freundlich sprach – »tun dir die Ring' nichts Leides?«
Ich war zur Schau für Mann und Frau,
Ein lustig Ding.
Neun waren hier von Königszier,
Ein edler Ring
In Perpignan, der eifrig an
Dem Luna hing.
Der zehnte, Sigmund, und die Herrn von Praides.*

4. Tagelied

Lass die Sorgen!
Dich verborgen
Hält mein Schutz.
Schließe nur die Äuglein zu,
Wenig ist der Tag uns nutz,
Ihm zum Trutz!
Liebes Herz, noch ist es früh.
All dein Trauern,
Und dein Lauern
Lass!
Mutiges Vertrauen fass!
Tust du das,
Bist du immer mein,
Liebes Mädchen, das soll sein.

Sollst mich strafen,
Da verschlafen
Ich die Stund'!
Fort schon ist der Morgenstern.

* »Die von Praides« sind ein nicht weiter bekanntes Herrenge-
schlecht.

Komm, du rosenroter Mund,
Mach' gesund
Alle meine Sehnsucht gern!
Köpfchen fromm,
Komm
An mein pochend Herz gesenkt!
Ärmlein seien lieb verschränkt,
Scherzgelenkt
Üben wir der Liebe Brauch.
»Liebster Mann, das wünsch' ich auch!«

Schon das Graue
Hat der blaue
Tag entwandt,
Vogeltöne hör' ich viel:
Tag, wer hat nach dir gesandt?
Dein Gewand
Kleidet nicht der Liebe Spiel.
Deinen Preis
Rühm' ich leis,
Keckes Licht!
»Guten Tag, lieb Angesicht,
Weine nicht!
Meine Worte haben Eil',
Lebe wohl, dir wünsch' ich Heil.«

5. Die vielsprachige Liebe

Der Dichter sendet aus weiter Ferne in sieben Sprachen seine
Huldigung.*

---

* Dieses aus seltsamem Sprachgemenge zusammengesetzte Lied ist
eine liebenswürdige Renommisterei des Dichters, beweist aber
auch dessen lernbegierigen Sinn, mit dem er Länder und Völker
betrachtete. – Das vieldeutige Wort *krapp* wurde hier dem Sinn an-
bequemt.

1.

Dô fraig amors,   Du wahre Liebe
Adjuva mê   Hilf mir!
ma lot, mîn ors,   Mein Ross,
na moy serccê   Gleichwie wie mein Herz,
rent mit gedank,   Rennt in Gedanken,
frau, pûraty,   Frau, nur zu Dir,
eck lopp, ick slapp,   Ich laufe oder schlafe,
vel quô vado,   Wo immer ich wandere.
we segg, mein krapp,   Wahrlich, mein Rappe
ne dirs dobrô   Hält nirgends lange.
jû gsloff, ee franck,   Ein freier Sklave
mershy voys gry.   Grüßt dich mit Dank!
teusch, welisch mach,   Deutsch und welsch sprech' ich,
franzoisch wach,   Französisch sing' ich,
ungriischen lach,   Ungarisch spring' ich,
prôt bindisch pach,   Brot, windisches, brech' ich,
flemming sô krach,   Flämisch wein' ich,
latein die sibend   Als siebente Sprache
sprâch.   Rede Latein ich.

2.

Mille schenna,   Zartliebstes Weib,
yme, man gûr,   O sieh! Mein Herz
per omnia,   Überall,
des leibes spur   Mein ganzes Leben,
centza befui   Ohne Scherz
met gschôner bar   Mit schönstem Streben,
dut servirary   Dienet Dir,
pur tzschatti gais,   Wenn Deinen Willen
nem tudem fray,   Ich auch nicht kenne.
kain valsche rais,   Auf meinen Reisen,
got wett wol twin   Gott weiß es, wie

egk de amar.　　Ich ohne Falsch Dich liebe.
Teutsch, welisch　　Deutsch und welsch
mach etc.　　sprech' ich usw.

3.

Demit mundesch,　　Was immer Du willst,
margarita well,　　Schöne Margarita,
ex profundes,　　Aus Herzenstiefe
das tu ich snell,　　Tu' ich es gern,
dat loff, draga griet,　　Das glaube, teures Gretchen,
permafoy,　　Bei meiner Treu!
in recommisso,　　In deine Gnade
dyors ee not　　Bei Tag und Nacht
my ty commando　　Ich mich empfehle,
wo ich trott,　　Wo ich trabe,
yambre twoya,　　Teure, bin ich
allopp my troy.　　Dein in ganzer Treue.
Teutsch, welisch　　Deutsch und welsch
mach etc.　　sprech' ich usw.

6. Die Eidgenossen

1.

Osw.　　Hör *Margaret*,
Mein Gretslein,
Mein zartes Buhl,
Herzmaienzeit,
Nie weiche mir von Zucht und Ehr!

Marg.　　Wie es auch geht,
Mein *Oselein*,
In deiner Schul

Treustetigkeit
Will ich erlernen immer mehr.

O.   Dies Wort will ich behalten mir,
Und schreiben in des Herzens Grund
Aus deinem rosenroten Mund.

M.   Mein Hort! Mir ist es so wie Dir,
Denn ich will nimmer wanken
Auch nicht mit einem Gedanken!
Gedenk lieb Oselein an mich:
Dein Gretlein soll erfreuen Dich.

2.

O.   Du kannst mich nicht
Erfreuen mehr,
Als dass ich läg
In deinem Arm,
Verschlossen einem Klausner gleich.

M.   So schöne Pflicht
Wird mir nicht schwer.
Ich tu's nicht träg,
Mach ich Dir warm,
Das ist gar wenig mühereich.

O.   Nimm Eidgesellin meinen Dank!
Das will ich Dir vergessen klein.
Du bist es, die ich mein', allein,
Und keinen Wandel, keinen Wank,
Herzlieb, von mir erwarte,
Dank Dir, Du meine Zarte!

M.   Zartliebster Mann, mir ist so wohl,
Wenn ich Dich traut umschließen soll.

7. Gott

1.

Der oben schwebt,
Und unten hebt,
Der vor und rückwärts, neben strebt,
Und ewig lebt,
Und immer ohne Anfang war,
Der, Jung und Alt,
In Urgewalt
Besitzt der Einheit Vollgehalt
In Dreigestalt,
Geheimnisvoll und klar;
Der wirklich starb und war nicht tot,
Den keusch empfing und den gebar mit keiner Not,
Und den uns bot
Die Jungfrau auserlesen;
Der alle Wunder stiftete,
Die Burg der Hölle brach, den Teufel drin vergiftete,
Das Dunkel lüftete,
Und neu erschuf die Wurzeln aller Wesen:

2.

Er sieht hinein
In jeden Schrein,
In jedes Herz, mag's noch so fein
Verschlossen sein:
Er schauet die Gedanken.
Ihm Untertan

Ist jedermann,
Wie Sonne, Mond, der Sterne Bahn,
Der Erde Plan,
Der Flüsse Fall, der Wogen Schwanken.
Ihm alle Kunst entsprossen ist:
Der jeder Kreatur die rechte Form bemisst,
Zu jeder Frist
Mit wunderbarer Zier sie kleidet.
Drum alle Tiere zahm und wild
Ihm dankbar sind, weil er nicht hasset ihr Gebild,
Und sie so mild
Mit reicher Nahrung weidet.

3.

Das Firmament,
Die Erde kennt
Kein Grundgestell und Postament.
Das Wasser rennt
Auf unbekannten Wegen.
Der Wunder Zahl
In Berg und Tal
Zu singen, ist viel tausendmal
Die Kunst zu schmal,
Ich bin beschämt, verlegen.
Der mir den Geist gegeben hat,
Leib, Ehre, Seele, Gut und jede gute Tat.
Er sei mein Rat,
Wie ich ihm würdig danke.
Dass ich der Feinde Weg verbau',
Und keiner weder hier noch dorten mich verhau',
O keusche Frau,
Hilf, dass ich nimmer wanke!

8. Der Himmelspfarrer Christus*

Wer tugendsam und ehrenhaft,
Der wünsch' uns Freude, Heil und Kraft!
Von Schande niemand singen mag,
Der sie genau betrachtet.
Es ist ein alt gesproch'nes Wort:
»Rechttun das ist ein großer Hort.«
Denn es kommt alles an den Tag,
Was mancher oft nicht achtet.
Herr Christus von der Sternpfarrei
Ist gütig, aber klug dabei.
Wer ihn will täuschen im Gericht,
Der müsste früh erwachen.
Er borgt – doch nicht für alle Tag',
Und firmt mit einem Backenschlag
Auf einmal den verlog'nen Wicht,
Dass ihm vergeht das Lachen.

9. Erziehung

Mich wundert sehr an einem Mann,
Wenn er sein Kind nicht ziehen kann,
Und lässt es dann
Frei schalten ohne Rute.
Er dünkt mich wahrlich nicht sehr weis',
Und gleitet aus wie auf dem Eis,
Mit kleinem Preis,
Bei seinem eig'nen Blute.
»Gut Mütterlein, hast du gelesen
Denn nie: Je lieber Kind, je schärfer auch der Besen«?
Das ewige Wesen
Allein macht sie vernünftig.

---

* Im Text: *Herr cristan in der obern pfarr.*

Denn seht ihr ihnen Böses nach,
Gewinnt im Alter ihr zum Lohn viel Ungemach,
Und große Schmach
Wird euch nicht fehlen künftig.

10. Marienlied

Ave Mutter, Königinne,
Fromm und mild von ganzem Sinne!
Ohne dich kein Weg der Minne
Führt zur tränenreichen Welt.
Deiner Gnade Huld von oben,
Deinen treuen Schutz wir loben!
Ewig thronst du hocherhoben,
Höher als das Sternenzelt.

Ave mamater, o Maria
Pietatis tota pia,
Sine te non erat via
Deploranti saeculo.
Gratia tu nobis data,
Quam fidelis advocata
Coeli thronis es praelata
In aeterno solio.

Bruder Hans
Um 1375

Der Dichter, aus dessen größerer niederdeutscher Dichtung
(Bruder Hansens Marienlieder, herausgegeben von Minzloff,
1863) das nachstehend mitgeteilte Ave Maria stammt, war
von Geburt ein Niederdeutscher, lebte um 1375 und trat als

»Bruder Hans« in den geistlichen Stand. Das »geistliche Lenz-
lied« bildet den Strophenanfängen nach die Worte *Ave Maria*
und ist in der sog. jüngeren Titurelstrophe gedichtet.

Ave Maria
(Ein geistlich Lenzlied)

Aufs neu mit goldnem Schimmern
Will sich die Sonne zeigen,
Die Vöglein baun und zimmern
Sich hier und da ihr Nest in grünen Zweigen.
Aufschlug der Sommer schon sein Zelt im Walde,
Er wohnt in Busch und Felde,
Auf Au und Anger schon und grüner Halde.

Voll Freude und Entzücken
Seh ich mit Blumenkränzen
Sich Au und Anger schmücken,
Wo hell der Sonne Strahlen wieder glänzen.
Und fröhlich von den Bergen schallt hernieder
Der kleinen Vögel Singen,
Die sich in Liebe jetzt vereinen wieder.

Es sucht ein jedes Vöglein
Ein Weibchen zu erhalten,
Sie zittern mit den Flüglein,
Wie es vor Zeiten auch getan die Alten.
Es preist mit Sang und Dank des Schöpfers Güte,
Und alles singt und schmettert
So gut es kann mit freudigem Gemüte.

Manch Bächlein sieht man gleiten
Durch grüne Wiesenauen,
Und wo sich Klippen breiten,
Da sprudeln laut die Wellen, die sich stauen.

Vom hohen Bergeshaupt zum Tal hernieder
In süßen Trillern schallen
An Wohllaut reich die Nachtigallenlieder.

Allum ist alles Wonne,
Ist Freude, Lust und Lieben,
Seitdem die milde Sonne
Den Winter hat mit Frost und Eis vertrieben.
Des freu sich von Geschöpfen, was da lebe:
Mensch, Vogel, Fisch, Gewürme,
Was da nur laufe, krieche, schwimm und schwebe.

Rein minnigliche Herzen,
Die Gottes Huld erstreben,
Erfreut es jetzt, zu scherzen,
Wo sie in so beglückten Tagen leben,
Womit ihr Gott in minniglicher Weise
Sie hat beschenkt so gütig,
Dass man ihn heut und ewiglich drum preise.

Ist's nicht der Minne Meister,
Der Minne hat geschaffen?
Der Minnespender heißt er!
Drum lasst uns nicht nach Erdenminne gaffen,
Lasst niemals seiner Minne uns vergessen,
Die er uns hat erwiesen;
Lasst uns nicht minnen, was die Würmer fressen!

Ach, Kaiserin meiner Sinne,
Maria, Mutter, Reine,
Hilf, dass auch ich nur minne
Dein holdes Kind, weil du mein Trost alleine.
Begeistre mich, dass ich, um dich zu loben,
Auch davon jetzt kann singen,
Wie wunderschön es ist bei dir dort oben!
    (Z)

Walther von der Vogelweide
Um 1170–1230

Walther, der gedankenreichste, vielseitigste und männlichste Lyriker des deutschen Mittelalters, war von Geburt, wie es scheint, ein Franke (nach andern ein Böhme aus Dux), ritterlicher Abkunft, aber unbegütert. Singen und Sagen lernte er, nach eigener Aussage, in Österreich und führte dann ein wanderndes Sängerleben, als Begehrender die Höfe der Könige und Fürsten Deutschlands aufsuchend. Am liebsten und öftesten weilte er an denen von Österreich und von Thüringen. Seine erste Dichterzeit fällt in die Neunzigerjahre des 12. Jahrhunderts, wo er wohl die meisten seiner Minnelieder gesungen hat. Nach Kaiser Heinrichs des Sechsten Tod (1197) nahm er lebhaften Anteil an den öffentlichen Angelegenheiten und hielt zu Philipp dem Hohenstaufen bis zu dessen Tod durch Otto von Wittelsbach, worauf er sich zu Otto dem Vierten, dem nunmehr allein rechtmäßigen Kaiser wandte. Als auch dieser das Reich verlor, ergriff Walther mit Entschiedenheiten die Partei Friedrichs des Zweiten, des großen Hohenstaufen. Während dieses Zeitraums hatte er zweimal längere Zeit am Hof des Landgrafen Hermann zu Eisenach verweilt, auch 1207 an dem bekannten Sängerkrieg auf der Wartburg teilgenommen. Nach Hermanns Tod (1215) finden wir ihn wieder in Wien bei Herzog Leopold dem Siebenten. Mit Friedrich dem Zweiten stand er in dauerndem Verkehr. Seine letzten Lieder sind etwa aus dem Jahre 1228, da Kaiser Friedrich seinen Kreuzzug vorbereitete, dem Walther, allem Vermuten nach, beigewohnt hat. Geistesfrische und Jugendlichkeit bis ins höhere Alter bewahrend, starb der Dichter, wohl bald nach 1230, zu Würzburg, wo er auf dem Lorenzgarten des neuen Münsters begraben liegt. Seine Grabschrift ist uns noch erhalten.

Walther war ein Dichter, den man mit Stolz und ohne Vorurteil den größten Sängern des Auslandes an die Seite setzen darf. Er sang die zartesten und innigsten, mitunter auch heitersten und mutwilligsten Minnelieder, er sang mit tiefen und ergreifenden Worten das Lob des Herrn und der Mutter Gottes, aber er blieb nicht, wie andere, hierbei stehen; er sang auch die Vergänglichkeit der irdischen Dinge, die Ehre des deutschen Volkes, die Pflichten und Würden des Kaisers, die Obliegenheiten der Fürsten und Lehensmänner, die Zwistigkeiten des Papstes mit Kaiser und Reich, und die Herrlichkeit der wahren Kirche, die nicht nach zeitlichem Gut trachtet, oft in dem Ton der ernstesten, immer aber wohlwollenden und von höhnischer Tadelsucht weit entfernten Rüge. Er war eben neben dem Dichter zugleich ein ganzer deutscher Mann mit entschiedener Gesinnung und strengen Grundsätzen, voll aufrichtiger Frömmigkeit und klarer Einsicht in das Leben und durchdrungen von echter und ernster Vaterlandsliebe, dabei bescheiden vor sich selbst, den Gewaltigen gegenüber unerschrocken offen. »Lob wie Tadel, Liebe wie Hass gab er nur aus Überzeugung hin, unbestochen durch Gunst oder Ungunst. Stets erscheint seine Begeisterung durch Weisheit gemäßigt, und die Weisheit durch Begeisterung dichterisch belebt und seine Frömmigkeit wehrt ihm die freieren Gedanken nicht, die Friedrich der Zweite kühn in Umlauf setzte. In solcher Art vielseitig, wie keiner der höfischen Lyriker mehr, fruchtbar tätig auf allen seiner Kunst zufallenden Gebieten (nicht ganz ohne Grund hielt man ihn auch für den Verfasser der berühmten Spruchsammlung, genannt: »Freidanks Bescheidenheit«) hat Walther den Gipfel der Vollendung inne, von dem die Folgezeit nur hinabgeführt hat. Ihm dankte, da er lebte, und da er starb und noch lange nach seinem Tod der Ruhm, die Nachahmung und die Klage vieler.«

Die Übertragung sämtlicher Gedichte rührt vom Herausgeber dieser Sammlung her und ist entnommen dessen Buch: *Walthers von der Vogelweide sämtliche Gedichte*, aus dem Mittelhochdeutschen übertragen und mit Anmerkungen versehen. Buchschmuck von Franz Stassen. (Bücher der Weisheit und Schönheit, Verlag von Greiner und Pfeiffer. Stuttgart 1907, X und 183 Seiten 4°, geb. Mk. 2.–)

1. Frühlingssehnsucht

Winter allorts uns mit Schaden bezwang,
Kahl ist der Wald und die Felder sind blank,
Wo einst so lieblich manch Stimmlein erklang!
Würfen die Mägdlein erst Straßen entlang
Wieder den Ball, kläng auch Vogelsang!

Könnt ich verschlafen im Winter die Zeit!
Wach ich indessen, so schafft es mir Leid,
Dass er sein Zepter so weit schwingt und breit!
Endlich besiegt ihn der Mai doch im Streit:
Blumen dann pflück ich, wo heut es noch schneit!

2. Winterverdruss

Die Welt man bunt und prangend sah,
Grün Wald und Anger fern und nah,
Die kleinen Vöglein sangen da,
Jetzt ruft die Nebelkräh ihr Krah!
Verfärbte sich die Welt etwa?
Grau ist sie allenthalben ja –
Viel Nasenrümpfens drob geschah.

Ich saß auf grünem Berg im Klee,
In bunten Blumen schritt das Reh;
Nun zwischen mir und diesem See
Ging alle Augenlust Ade!
Wo wir uns Kränze wanden eh,
Da liegt nun Reif und tiefer Schnee,
Der tut den armen Vögeln weh.

Die Toren lachen laut: Hihi!
Die Armen, ach, wie winseln sie,
Und tun mir leid, weiß keiner wie!

Drei bittre Sorgen hab ich, die
Der harte Winter mir verlieh;
Doch drückten sie mich nun und nie,
Wenn erst ein Frühlingsvogel schrie!

Eh ich noch länger lebte so,
Äß ich die Krebse lieber roh!
O Sommer, mach uns wieder froh.
Du ziertest Busch und Au, allwo
Beim Blumenspiel mein Kummer floh:
In Lust entbrannt ich lichterloh,
Da trieb der Winter mich ins Stroh!

Mit Esau lag ich träg in Ruh,
Mein glattes Haar ward rau im Nu;
Ach Sommerlust, wo weilest du?
Ich sah so gern dem Feldbau zu,
Und eh ich länger so vom Schuh
Mich drücken ließ, wie jetzt ich's tu,
Eh würd ich Mönch in Toberlu!

Ein Spiel mit fünf Vokalen, das vom Truchsess von St. Gallen
(Hagens Minnesänger 1, 298) und von Rudolf dem Schreiber
(ebenda 2, 264) nachgeahmt wurde. In der zweiten Strophe
habe ich mir der Reinheit der Reime wegen einige Freiheiten
einräumen müssen. Toberlu (Schönau) war ein berühmtes Zis-
terzienserkloster an der Dober, das heutige Dobrilugk (Reg.-
Bez. Frankfurt).

3. Traumdeutung

Als der Sommer wiederkam,
Alle Blumen wonnesam
Aus dem Grase drangen
Und die Vöglein sangen,

Bin ich hingeschritten,
Wo aus Feldesmitten
Hell ein frischer Born entsprang:
Schnell floss er den Wald entlang
Bei der Nachtigall Gesang.

Dicht am Bronnen stand ein Baum,
Da entspann sich mir ein Traum;
Und mir war's: zum Bronnen,
Schritt ich aus der Sonnen;
Schatten wollt ich finden
Unterm Dach der Linden.
An dem Quell ich niedersaß,
Aller Sorgen ich vergaß
Und entschlief im weichen Gras.

Und ich sah in Traumeswahn
Meer und Land mir untertan,
Sah den Geist geborgen
Hier vor allen Sorgen,
Sah dem Leib gegeben
Ungebundnes Leben.
Alles Weh entschwand mir da,
Weiß der Herrgott, wie's geschah,
Niemals schönern Traum ich sah!

Gern ich dort noch länger schlief!
Aber eine Krähe rief
Mit unzeitigem Schalle.
Krähn, wärt ihr doch alle,
Wo ihr müsst dran glauben!
Mir solch Glück zu rauben!
Vom Gekreisch ich so erschrak,
Dass – wenn da ein Stein nur lag –
Wär's gewiss ihr letzter Tag!

Doch ein Weib, das hochbetagt,
Tröstete mich unverzagt:
Als mein Leid ich klagte,
Mir die Wackre sagte,
Was der Traum bedeute –
Hört es, lieben Leute:
Zwei und einer, das sind drei,
Und erklärte mir dabei,
Dass mein Daum ein Finger sei!

4. Frau und Frühling

Wenn die Blumen aus dem Grase dringen,
Gleich als lachten sie empor zur Sonne,
Morgens früh an einem Tag im Mai,
Und die Vögel lieblich dazu singen
Ihre schönsten Weisen – welche Wonne
Meinet ihr, dass dieser ähnlich sei?
Ach, man glaubt sich halb im Himmelreiche;
Soll ich's sagen, was ich dem vergleiche,
Wohl! So sag ich, was mein Aug erquickt
Heut und immerdar, wenn ich's erblickt.

Denkt: ein schönes Edelfräulein schritte
Reich- und feingeschmückt die Straße nieder,
Dass sie unterm Volke sich ergeht,
Fröhlich in der Dienerinnen Mitte.
Züchtig blickt sie um sich hin und wieder,
Wie die Sonne neben Sternen steht.
Ach, der Mai mit allen Wundergaben
Kann doch nichts so wonnigliches haben,
Als ihr süßer Leib – mit leichtem Sinn
Gäb ich alle Blumen für sie hin.

Wollt ihr, ob ich Wahrheit künde, schauen?
Kommt zum Mai, wenn festlich er gekleidet
Einzug hält mit seinem ganzen Tross!
Schaut ihn an und schaut die edeln Frauen!
Sagt, für wen der Sieg sich nun entscheidet,
Sagt, ob ich kein bessres Spiel genoss –?
Ja, und wenn mich einer wählen hieße,
Dass ich eines hier fürs andre ließe –
Rasch entschied ich mich: Eh nicht der Mai
März wird, geb ich nicht die Herrin frei!

5. Tanzlied

»Nehmt, Herrin, diesen Kranz«,
Sprach ich zu einer wunderfeinen Magd,
»So zieret ihr den Tanz
Mit diesem Blumenschmuck, wenn ihr ihn tragt!
Hätt ich viel köstliche Gesteine,
Sie wären all die euern;
Lasst, Herrin, mich's beteuern,
Dass ich es treulich mit euch meine!

Ihr seid so wohlgetan,
Dass ich euch gern ein Kränzlein geben will,
So gut ich's winden kann.
Ich weiß viel Blumen stehn in Hüll und Füll,
Wohl weiß und rot, fern in der Heide,
Wo lieblich sie entspringen
Bei muntrer Vöglein Singen:
Da sollten wir sie brechen beide!«

Sie nahm, was ich ihr bot,
Gleich einem Kind, das ein Geschenk beglückt!
Ihr ward die Wange rot,
Als ob die Lilie Rosenfarbe schmückt.

Den Blick sah ich sie schamhaft neigen,
Da ward mir von der Süßen
Zum Lohn ein holdes Grüßen –
Und bald noch mehr: des lasst mich schweigen!

Ich glaubte niemals mehr
An größre Wonne, als ich da besaß.
Es fielen auf uns her
Viel Blüten von den Bäumen in das Gras.
Ach wie ich da vor Freuden lachte,
Weil mich mit süßen Wonnen
Das Traumbild hielt umsponnen –
Da kam der Tag und ich erwachte!

Mir ist von ihr geschehn,
Dass ich den Mägdlein all zur Sommerszeit
Nun muss ins Auge sehn,
Ob ich sie wiederfand? O Seligkeit!
Wie? Wenn sie wär in diesem Tanze?
Ihr Frauen, habt die Güte,
Rückt aus der Stirn die Hüte:
Ach – fänd ich sie doch unterm Kranze!

6. Erstes Erblicken

Gelobt die Stunde, da ich sie erkannte,
Die Leib und Seele mächtig mir bezwungen,
Wo ich gebannt zu ihr die Sinne wandte,
Die sie durch ihre Tugend mir entrungen!
Dass ich ihr folgen muss, nicht anders kann,
Das wirkte ihre Schönheit, ihre Güte
Und ihres Lachemundes rote Blüte.

Die Sinne halt ich und das Herz gewendet
Auf die Geliebte nur, die Liebe, Reine.

O würde doch uns beiden es vollendet,
Was ich von ihrer Huld zu ernten meine.
Was ich auf Erden noch an Lust gewann,
Das wirkte ihre Schönheit, ihre Güte
Und ihres Lachemundes rote Blüte.

7. Rosenlese

Möcht ich's doch erleben, dass ich Rosen
Mit der Minniglichen könnte lesen;
Wollt ich doch sie herzen so und kosen,
Als ob längst wir Freunde schon gewesen.
Würde mir ein Kuss zur rechten Stunde
Von dem roten Munde,
Wär ich gleich von allem Leid genesen.

Was nützt weise Rede, was soll Singen?
Was hilft Weibesschöne, was soll Gut?
Seit man keinen sieht nach Freuden ringen,
Seit man ohne Scheu nur unrecht tut,
Dass es Milde, Treue, Zucht und Sitte
Nicht mehr bei uns litte,
Ist verzagt an Liebeslust der Mut.

8. Die verschwiegene Nachtigall

Unter der Linden
Bei der Heide,
Wo unser zweier Bett gemacht,
Da mögt ihr finden,
Wie wir beide
Pflückten im Grase der Blumen Pracht.
Vor dem Wald im tiefen Tal,

Tandaradei!
Lieblich sang die Nachtigall.

Ich kam gegangen
Hin zur Aue –
Mein Trauter harrte schon am Ort.
Wie ward ich empfangen,
O Himmelsfraue!
Des bin ich selig immerfort.
Ob er mich küsste? Wohl manche Stund,
Tandaradei!
Seht, wie ist so rot mein Mund.

Da tät er machen
Uns ein Bette
Aus Blumen mannigfalt und bunt.
Darob wird lachen,
Wer an der Stätte
Vorüberkommt, aus Herzensgrund:
Er wird sehn im Rosenhag,
Tandaradei!
Sehen, wo das Haupt mir lag!

Wie ich da ruhte,
Wenn man es wüsste,
Barmherziger Gott – ich schämte mich.
Wie mich der Gute
Herzte und küsste,
Keiner erfahr es als er und ich,
Und ein kleines Vögelein –
Tandaradei!
Das wird wohl verschwiegen sein!

9. Gegenliebe

Ob ich dir zuwider,
Danach frag ich nicht: ich minne dich!
Eins nur beugt mich nieder,
Du schaust mir vorbei und über mich.
Solltest, Lieb, das meiden,
Denn mit schwerem Leiden
Trag ich solchen Herzensschaden:
Trage mit – ich bin zu hart beladen!

Soll's aus Vorsicht kommen,
Dass du stets blickst über mich hinfort?
Tust du's mir zum Frommen,
Dann erspar ich dir mein Tadelwort.
Meide denn mein Auge,
Falls dir's lieber tauge,
Blick herab zu meinen Füßen
Tief, so tief du kannst, um mich zu grüßen!

Wenn ich überschaue
Alle, die mein Herz mit Lust erbaut,
So bleibst du nur, Fraue:
Ohne Schmeichelei bekenn ich's laut!
Sind sie auch erlesen
Und von edelm Wesen,
Angetan mit stolzem Mut,
Oder hoch geboren: *Du bist gut!*

Darum dich besinne,
Herrin, ob ich dir ergeben sei?
Eines Freundes Minne
Frommt nicht, ist die andre nicht dabei.
Minne taugt nicht einsam,
Freuet nur gemeinsam,

So gemeinsam, dass sie dringt
Durch zwei Herzen und kein drittes zwingt!

10. Schönheit und Anmut

Mein herzgeliebtes Mägdelein,
Gott schütze dich in Ewigkeit!
Und könnt ich besser denken dein,
Wär ich zu besserm Lob bereit.
Doch, was kann ich weiter sagen,
Als: dass keiner mehr dich liebt als ich!
Und das schafft mir, ach! so harte Plagen.

O, lass sie schelten nur, dass ich
Nicht höhern Flug geb meinem Sang:
Doch sie verkennen sicherlich,
Was Schönheit ist, ihr lebelang!
Nein, sie werden's nie gewinnen:
Die nur Äußres reizt und eitles Gut –
Sagt, verstehen die das rechte Minnen?

Wie oft mit Schönheit Hass sich paart,
Nach Schönheit drum ein Tor nur geizt;
Liebe ist guter Herzen Art,
Drum Liebe mehr als Schönheit reizt.
Liebe kann ein Weib verschönen,
Bloße Schönheit kann dies nimmermehr –
Sie vermag kein Weib wahrhaft zu krönen!

Sieh! Ich ertrage und ertrug,
Und werde Tadel noch ertragen.
Du bist ja schön und hast genug,
Sie mögen, was sie wollen, sagen.
Treulich will dich meine Seele minnen –

Mehr gilt mir dein gläsern Fingerlein
Als die Schätze aller Königinnen!

Bist du mir unverbrüchlich treu,
Bin ich um dich der Sorge bar,
Dass jemals Herzeleid aufs neu
Um deinethalb mir widerfahr.
Aber nie will dein ich heißen,
Hast du, Herrin, diese Tugend nicht –
Mag mir auch darob das Herz zerreißen!

Mit dem gläsernen Fingerlein (Glasring) will der Dichter ver-
mutlich auf die Armut oder den bescheidenen Stand seiner Ge-
liebten hindeuten.

11. Erhörung

Ritter
Mich hat ein wunniglicher Wahn
Und einer lieben Hoffnung Trost
In sehnsuchtsvolle Not gebracht.
Soll mir noch jemals Freude nahn,
Wird Rettung mir nicht zugelost,
Als wenn geschieht, was ich gedacht,
Dass mein sie wird mit Seel und Leib,
Die mir verleiden ander Weib,
Das ich um sie doch ehren muss.
Denn ich begehre andern Lohn
Von keiner doch als holden Gruß.

Frau
In Güte und ohn Falschheit lebt
Ein Mann, der mir gebieten mag;
Zu folgen ihm wird mir nicht schwer. –
Dass er mir treu, mich froh erhebt,

Wenn ihm Ermuntrung auch gebrach:
Von großer Liebe schreibt sich's her.
An ihm ist mir, muss ich gestehn,
Ein schönes *Weibesheil* geschehn.
Uns beiden winkt nun Seligkeit,
Weshalb mein Herz den schönsten Ort
Für seine Tugend ihm verleiht.

Ritter

Ein Weib hat mich beständiger Lust
Versichert und die Not gewandt,
Solange als ich Leben habe.
Ich bin mir ihrer Huld bewusst;
Wird süßer Trost mir zuerkannt,
Das mag wohl heißen Freundesgabe.
Ein *Mannesheil* hab ich erschaut,
Als sie in Treuen mir vertraut,
Ich müss in ihrem Herzen sein!
Darum es niemand wundernimmt,
Fühl ich mich ledig aller Pein.

12. Die Liebste im Bade

Das wundervoll geschaffne Weib!
O würde mir ihr *Habedank*!
Es steh ihr minniglicher Leib
Voran in meinem Hochgesang!
Sang jeder Frau gern Lob und Preis,
Doch diese hab ich mir erwählt;
Wer aber eine andre weiß
Und lobt, sei nicht darum geschmählt.
Er hab gleich mir auch Weis und Wort,
Und lob ich hier, so lob er dort!

Ihr Antlitz ist so wonnereich,
Als ob's mein Himmel wollte sein:
Fürwahr, wem anders wär es gleich?
Es strahlt in himmlisch-holdem Schein!
Zwei Sterne glänzen dran voll Pracht,
O könnt ich darin spiegeln mich;
Und wären sie in meiner Macht,
Manch Wunder wohl begäbe sich.
Ich würde wieder jung zumal
Und kennte keine Liebesqual.

Gott schuf die Wangen ihr mit Fleiß,
Und keine Farbe er verdarb:
Welch reines Rot, welch reines Weiß,
Hier rosiglich, dort lilienfarb!
Ich seh es wohl genau so gern,

(Man rechne mir's als Lästrung an)
Als Himmelsrund und Himmelsstern –
O weh, was lob ich dummer Mann?
Nun wächst ihr Stolz gewiss noch mehr:
Dann büßt's mein Mund am Herzen schwer!

Ihr Hälslein, wie auch Fuß und Hand,
Vollkommen ist's und wohlgebaut –
Was ich noch sonst zu loben fand,
Hab ich noch lieber angeschaut.
Ich hätte ungern *decke dich*
Gerufen, als ich nackt sie sah –
Nicht sah sie mich, doch traf sie mich;
Noch heute schmerzt mich's hier wie da;
Wo sich die Liebliche enthob
Dem Bad – Preis sei dem Ort und Lob!

Sie hat ein Küssen, das ist rot,
Gewönn ich das für meinen Mund,

So wär ich ledig aller Not
Und gleich für Lebenszeit gesund!
Wem sie das an die Wange legt,
Der schmiegte sich nicht nah genug;
Es duftet, wenn man's nur bewegt,
Als wär es voller Wohlgeruch.
Dies Küsschen soll sie leihen mir:
So oft sie's fordert, gäb ich's ihr!

(Küssen und Küsschen Wortspiel mit *Kissen*)

13. An die Neugierigen

Sie fragen hin und her, ihr Fragen endet nie,
Nach meinem Lieb und wer sie sei?
Des bin ich müde längst – wohlan: ich nenne sie,
So endet doch die Quälerei!
Ungnad und Gnade heißt der Herrin Doppelnam,
Doch beide Namen sind einander wenig gleich:
Macht jener arm, macht dieser reich;
Wer mir da nimmt den reichen,
Den armen habe der mit Scham!

Das unverschämte Volk: ließ es mich doch in Ruh!
So hätt ich weder Hass noch Neid.
Nun lass ich sie allein, wie's guter Zucht kommt zu,
Und ihnen bleibe Schmach und Streit.
Denn seht! So war's bestellt, als Sitte noch befahl:
Es wehrten hundert einem unbescheidnen Mann,
Bis dass er besser sich besann
Und sich besinnen musste –
So groß war der Verständigen Zahl.

Es war bei den Minnesängern ein Gebot der Sitte, den Namen der Geliebten zu verschweigen; vgl. das Gedicht Nr. 30,

Walther und Hildegund, wo er am Schluss ebenfalls die Zu-
dringlichkeit und Neugier scherzhaft abfertigt.

14. Sommerlob

Wie schön die Heide auch vielfarbige
      Buntheit schmückt,
Ich muss dem Wald doch zugestehn,
Dass wonniglicher er mit Reizen ward beglückt;
Jedoch am besten ist dem Feld geschehn.
Drum Heil, o Sommer, dir ob deiner Emsigkeit,
Und Sommer, weil ich stets doch lobte deine Tage,
So still mit Trost auch meine Klage,
Ich will dir beichten, was mich quält:
Die lieb mir ist, der bin ich leid!
Der Guten kann ich nicht vergessen, will's auch nie,
Die alles Denken mir entführt.
So oft ich singen will, so oft find ich für sie
Ein neues Lob, das ihr gebührt.
Für heut genüg ihr dies, bis ich sie wiederseh:
Den Augen tut es wohl, die ihren Liebreiz schlürfen;
Die ihre Tugend preisen dürfen,
Die Lieder tun den Ohren wohl:
Drum *Heil* sei ihr und Weh mir, Weh!

15. Die Augen des Herzens

Sommerlust und Winterfreuden sind
Gutem Manne, der nach Trost sucht, hold;
Doch an wahrer Freude bleibt ein Kind,
Wem sie niemals Frauenhuld gezollt!
Darum wisse jedermann:
Alle Frauen soll man ehren,
Doch die Beste steh voran!

Ohne Freude taugt der Beste nicht,
Darum hab ich sie mir auserwählt,
Weil mein Herz, so oft es von ihr spricht,
Immer nur von ihrer Huld erzählt.
Wenn mein Aug sich zu ihr schwang,
Bracht es stets so frohe Kunde,
Dass mein Herz vor Freude sprang.

Dass ich sie so lange Zeit nicht sah,
Weiß der Himmel, wie es nur geschehn –
Sind des Herzens Augen ihr so nah,
Dass ich *ohne* Augen sie gesehn?
Ist geschehn ein Wunder gar,
Dass mein Herz, das augenlose,
Sie gesehen immerdar?

Fragt ihr mich, was es für Augen sind,
Die da schauen über Berg und Land?
Die Gedanken, die die Sehnsucht spinnt,
Sehn vom Herzen aus durch Dach und Wand.
Hütet sie auch noch so gut –
Immer sehn sie scharfen Auges
Herz und Wille, Sinn und Mut.

Werd ich jemals ein so seliger Mann,
Dass sie mich auch ohne Augen säh?
Schaut mich ihr Gedanke jemals an,
Holdeste Vergeltung mir geschäh!
Treue Neigung lohne sie,
Zeige mir auch guten Willen –
Mein Gedanke lässt sie nie!

16. Liebe und Gegenliebe

Was hab ich nach der schönen Zeit
An Hoffnung doch und Wünschen eingebüßt!
Was mir der Winter tat zuleid
Das, hofft ich, wird im Sommer mir versüßt.
So glaubte ich an Bessrung immerdar;
Wenn töricht oft mein Glaube war,
Ich doch die Hoffnung Freundin hieß.
Dabei misslang mir's immer neu,
Nie blieb mir eine Freude treu –
Sie ließ mich, eh ich selbst sie ließ.

Macht mich nur Wahn vergnügt und froh,
Heiß ich zu Unrecht ein zufriedner Mann.
Doch wem sein Glück es fügt also,
Dass seiner Liebsten Neigung er gewann,
Und bleibt dabei auch freudenreich sein Sinn,

(Des ich nun leider ledig bin)
Der spotte deshalb doch nicht mein,
Wenn Liebes ihm sein Liebchen tut:
Auch ich war gerne hochgemut,
Könnt es mit ihrem Willen sein.

Welch selig Weib, welch seliger Mann,
Die treu und innig sich einander weihn!
Sie werden würdiger alsdann
Und williger zu allem Edeln sein;
Geheiligt ist all ihre Lebenszeit.
Auch der ist selig sonder Streit,
Der ihrer Tugenden hat acht,
Sodass es ihm zu Herzen geht.
Heil auch der Frau, die das versteht
Und ihn zu freuen ist bedacht.

Für unnütz hält es mancher zwar,
Dass er dem Dienste guter Frauen lebt,
Doch ist's dem Törichten nicht klar,
Dass er dadurch nur Wert und Heil erstrebt?
Mit leichtem Tand ist freilich auch vergnügt
Leichtfertiger Sinn, der leicht sich fügt.
Doch wer um Wert und Würde front,
Der dien um edeln Weibes Gruß.
Wen sie von Herzen grüßen muss,
Dem Wert und Würde köstlich lohnt!

Ja Herrgott, was gedenkt denn der,
Dem ohne Dienst es immer doch gelang?
Es sei ein *Sie*, es sei ein *Er*,
Wer also minnen mag, hab wenig Dank,
Will er noch treuen Dienst gar übersehn.
Von züchtigem Weib wird's nicht geschehn,
Die merkt auf guten Mannes Sitte
Und hält die schlechten von sich fern,
Nur eine Törin sieht es gern,
Folgt ihr ein Tor auf Schritt und Tritte.

17. Liebesglück

Ich bin jetzt so von Herzen froh,
Dass schier ich Wunder schon zu tun beginne.
Und leicht mag es sich fügen so,
Dass ich erringe meiner Herrin Minne.
O seht, dann steigen mir die Sinne
Wohl höher als der Sonnenschein –
O Gnade, Königinne!

Nie, dessen bin ich mir bewusst,
Hab ich zu ihr mein Auge aufgeschlagen,
Dass es mir nicht gestrahlt vor Lust!

Den harten Winter ließ mich's leicht ertragen,
Die andern mocht er weidlich plagen,
Mir war indes, als käm der Mai
Mit seinen blauen Tagen.

Hier diesen wonniglichen Sang
Hab ich gesungen meiner Frau zu Ehren.
O wisse sie mir dafür Dank,
Stets will ich andrer Lust um sie vermehren.
Und mag sie auch mein Herz beschweren,
Was macht's, wenn sie mir Leides tut?
Sie kann's in Freude kehren!

Es sollte niemand raten mir,
Dass ich mich trennte von dem holden Wahne.
Entfremd ich meine Liebe ihr,
Wo fänd ich eine also Wohlgetane,
Die nie etwas von Falschheit ahne?
Sie ist so schön, doch besser als
Helene und Diane.

* * *

Vernimm, o Freund, wie's mit mir steh,
Mein trauter Walther von der Vogelweide,
Wie ich um Rat und Hilfe fleh:
Die süße Herrin tut mir viel zuleide.
O könnten wir's ersingen beide,
Dass ich mit ihr erst Blumen bräch
Wohl auf der lichten Heide!

18. Abzählspiel

Ich war in zweifelvollem Wahn
Recht tief befangen und gedachte,

Du bleibst ihr nicht mehr untertan,
Als mich ein Trost ihr wiederbrachte.
Doch nein! Trost kann's nicht heißen, sei es drum!
Und ist's auch nur ein Tröstlein schwach und klein,
So klein, wenn ich euch's melde, lacht ihr mein –
Doch freut sich niemand, der nicht weiß warum?

Ein kleines Hälmchen macht mich froh,
Es sagt: es soll mir Gunst geschehen.
Ich zähl die Knoten an dem Stroh.
Wie ich's bei Kindern oft gesehen.
Nun hört und zählet mit, ob sie es tu?
Sie tut's, tut's nicht; sie tut's, tut's nicht, sie tut's!
Wie oft ich zähl, stets kommt heraus was Guts –
Mein Trost ist's; *Glaube* nur gehört dazu!

Wie lieb sie mir von Herzen sei,
So möcht ich dennoch dies erleiden:
Auch andern steht der Zutritt frei –
Ich darf sein Werben keinem neiden.
Jedoch soweit ich sehn kann, glaub ich nicht,
Dass einer mir sie wankend machen kann,
Ich wünscht – hört sie noch lang die Gecken an –
Dass sie betrog bald ihre Zuversicht.

19. Das Bohnenlied

Welch Lob verdient Frau Bohne,
Dass man im Liede rühmen soll
Die grobe Fastenspeise?
Denn vor und nach der None
Ist schimmlig sie und madenvoll,
Wenn sie noch wächst am Reise.
Ein Halm ist reich an Kraft und gut,
Weil er uns allen Liebes tut;

Er freut den Sinn und hebt den Mut,
Und wie erst schmeckt sein Samen!
Aus Grase wird der Halm zu Stroh,
Und macht so manches Herze froh,
Ob hoch, ob klein, gut ist er so:
Frau Bohne, *libera nos a malo.*
Amen!

Nach Lachmanns Vermutung ist die Deutung dieses Spruches folgende: Ein Tadler hätte Walthers Lied »Abzählspiel« (s. oben) als »keiner Bohne wert« getadelt, die man dagegen schon eher besingen könnte. Darauf habe Walther nun mit obigen Scherzreimen erwidert.

20. Das rechte Maß

Aller Würdigkeit Verleiherin,
Das seid ihr allein fürwahr, Frau Maße!
Wohl dem, der stets euern Willen tat.
Schämen braucht er um bescheidnen Sinn
Nicht bei Hofe sich noch auf der Straße,
Darum such ich, Herrin, euern Rat,
Dass ihr mich belehret, recht zu werben.
Werb ich niedrig? Hoch? Mir bringt's Verderben!
Niedrig werben brachte fast mir Tod,
Nun macht das *zu hoch* mich krank –
Unmaß, schaff mir keine Not!

Niedre Minne leicht uns sinken macht,
Dass der Mut nach schlechter Liebe ringet:
Solche Minne bringt unrühmlich Weh.
Hohe Minne hat's soweit gebracht,
Dass der Sinn nach hoher Würde dringet:
Die lockt jetzt mich, dass ich mit ihr geh.
Doch, Frau Maß, welch zögernd Sinnen?

Herzensliebe führt mich schnell von hinnen:
Denn schon hat mein Aug ein Weib ersehn,
Und wie lieblich sie auch spricht,
Leicht mag doch mir Leid von ihr geschehn!

21. Ungleiche Teilung

Ich hab *so* von ihr gesprochen,
Dass sie mancher nun auf Erden lobt.
Wird das nun an mir gerochen,
Wehe mir, dann hab ich gut getobt,
Dass ich die mit Ruhm bedacht
Und mit Lob gekrönet,
Die dafür mich höhnet:
Dies, Frau Minne, schmälert eure Macht!

Noch, Frau Minne, klag ich bitter,
Übt Gericht und urteilt über mich,
Eurer Ehre kühner Ritter
Wider Ungetreue, das war ich!
In dem Streite schoss mich wund
Euer Pfeil im Herzen,
Sie blieb frei von Schmerzen,
Ihr ist wohl – und ich blieb nicht gesund.

Herrin, lasst mich des genießen,
Denn ich weiß, mehr habt ihr Pfeile noch.
Wollt sie ihr ins Herz doch schießen,
Dass sie meines Grams Genossin doch!
Wollet, edle Königin,
Eure Wunden teilen
Oder meine heilen,
Dass ich nicht allein verletzet bin.

Ich bin euer schon, Frau Minne,
Zielt dahin, wo man euch widersteht.
Helfet, dass ich Sieg gewinne:
Herrin, nein, dass sie euch nicht entgeht!
Lasst mich auch das Ende sagen:
Dass, wenn sie entrinnt,
Wir geschieden sind –
Wer soll euch sein Weh dann ferner klagen?

22. Minne als Botin

Ich hilf- und freudenloser Mann,
Warum doch mach ich manchen froh,
Der mir es niemals danken kann?
O weh, was tun die Freunde so?
Ja, »Freund« – was ich von Freunden sage!
Wenn ich nur einen hätt, vernähm er meine Klage.
Nicht Rat noch Freundschaft steht mir zu Gebot.
Nun tu mir, wie du willst, o minnigliche Minne.
Kein Mensch erbarmt sich meiner Not.

Sieh, minnigliche Minn, wie bald
Verlor ich meinen Sinn an dir.
Einziehn und ausziehn mit Gewalt
Durchs Tor des Herzens willst du mir.
Wie kann ich ohne Sinn genesen?
Du wohnst an seiner Statt und bist, wo er gewesen,
Schickst ihn zu der Geliebten mein,
Doch er *allein* kann nichts erreichen dort, Frau Minne:
O weh, du solltest selbst dort sein!

Frau Minne, gnädig schau darein!
Für solche Botschaft will ich dir
Zeitlebens gern zu Willen sein!
Nur sei auch liebevoll zu mir.

Ihr Herz ist voller Freudigkeit
Und ausgeschmückt fürwahr mit reinster Lauterkeit.
O könntest du darinnen sein,
So lass mich ein, dass wir drin miteinander sprechen,
Denn stets misslang's, bat ich allein!

Ach gnadenreiche Minne, sieh,
Warum denn schaffst du mir solch Weh?
Du zwangest *dort*, nun zwing auch hie!
Versuch, ob sie dir widersteh.
Nun zeig einmal, wie stark du bist,
Und sag nicht, dass ihr Herz vor dir verschlossen ist.
So künstlich ist kein Schloss erdacht,
Dass dir sich's nicht erschlöss, du Meisterin der Diebe!
Schließ auf – sie trotzet deiner Macht!

23. Gewalt der Minne

Wer gab dir, Minne, die Gewalt,
Dass du so übermächtig bist?
Du zwingst wie spielend Jung und Alt,
Dagegen hilft nicht Kraft noch List.
Doch lob ich Gott, seitdem dein Band
Mich fesselt und ich nun erkannt,
Wo treuen Dienst man rühmlich weiht –
Davon will ich nicht lassen: o Gnade, Königinne,
Lass dir mich widmen meine Zeit!

24. Glückes Ungunst

Frau Glück schenkt Gaben rings um mich,
Doch mir kehrt sie den Rücken zu;
Will meiner nie erbarmen sich –
Nun ratet, was ich dabei tu?

Ihr Antlitz zeigt sie ungern mir,
Lauf ich um sie herum, bleib ich doch hinter ihr,
Denn ihr beliebt's, mich nicht zu sehn.
Dass doch zu besserm Ende
Ihr Aug im Nacken stände,
Dann müsst es wider ihren Wunsch geschehn!

25. Doppelter Verschluss

Was hat die Welt zu geben
Wohl Holdres als ein Weib,
Dass es ein Herz mit tiefer Sehnsucht liebt?
Was gibt mehr Lust zu leben
Als reizgeschmückter Leib?
Ich wüsste nichts, was höhere Wonne gibt!
Eignet dem ein Weib mit Glutverlangen,
Der ihr ganz zu Lobe lebt,
Der ist tröstlich-freudenvoll umfangen –:
Nichts auf Erden *mehr* den Sinn erhebt!

Mein Lieb ist zwier verschlossen,
Zu der ich Liebe trag:
Durch Hüter und durch ihren stolzen Sinn.
Hat jenes mich verdrossen,
Ach! Schon seit manchem Tag,
So bringt mir dies nur Sehnsucht zum Gewinn.
Sollt ich diese beiden Schlüssel hüten
Ihres Leibs und ihrer Tugend,
Viel des Leids solch Amt mir könnt vergüten:
Ihre Schönheit gibt stets neue Jugend.

Die Hüter möchten scheiden
Von meiner Liebsten mich,
Der ich in Treuen diente Jahr um Jahr.
Die Liebe zu verleiden,

Begab sie dessen sich:
Hoffende Minne nähr ich immerdar!
Mag die Hut mir ihren Anblick rauben,
Bleibt *ein* Trost mir doch dabei:
Meine Liebe muss sie doch erlauben,
Zwingt sie eins, bleibt doch das andre frei!

26. Minne, zweier Herzen Wonne

Sagt mir jemand, was ist Minne?
Weil ich's halb nur weiß, wüsst ich gern mehr.
Hat's ein andrer besser inne,
Lehr er mich's, warum sie schmerzt so sehr?
Minn ist Minne, wenn sie freut,
Schmerzt sie, ist es nicht die rechte Minne,
Und ich weiß nicht, welchen Namen man ihr beut!

Mach ich's klar euch wie die Sonne,
Was der Minne Wesen sei – sprecht *Ja!*
Minn ist zweier Herzen Wonne,
Teilen beide gleich, so ist sie da!
Doch tritt keine Teilung ein,
Kann ein Herz allein sie nicht erfassen:
Darum spende du mir Hilfe, Herrin mein!

Frau, ich habe schwer zu tragen;
Willst du helfen mir, so hilf beizeit.
Bleibst du aber taub den Klagen,
Sag es frei, so end ich diesen Streit!
Bin hinfort ein freier Mann.
Aber eines solltest du bedenken:
Dass dich schwerlich einer besser feiern kann!

Darf sie Hass für Liebe geben?
Soll ich Lust ihr schaffen für mein Leid?

Soll ich rühmend sie erheben,
Wenn sie's kehrt zu meiner Niedrigkeit?
Übel tat ich, ihr zu traun!
Doch was sprech ich Blinder denn und Tauber?
Wen die Liebe blendet, kann nicht richtig schaun!

27. Wahre Minne

Wer sagt, dass Minne Sünde sei,
Der schädigt sie, spricht er so schlecht:
Ihr wohnt so manche Tugend bei,
Die man genießen soll mit Recht.
Ihr eignet Treu und Seligkeit,
Wer Böses tut, der schafft ihr Leid.
Die *falsche* Minne mein ich nicht,
Die könnt »Unminne« heißen gar –
Die will ich hassen immerdar.

28. Wesen der Minne

Minne ist weder Mann noch Weib,
Hat keine Seele, keinen Leib,
Kein Abbild kann von ihr geschaffen werden,
Kund ist ihr Name, fremd ist sie auf Erden,
Und kann doch niemand ohne sie
Des Himmels Gnade je gewinnen.
Drum traue allen, die da minnen:
In falsche Herzen kam sie nie!

29. Macht der Minne

Viel falsche Münz in unsern Tagen
Wird nach der Minne Bild geschlagen.

Doch wer da ihr Gepräge recht erkannt,
Dem setz ich meinen Kopf zum Pfand:
Folgst ihrer Fügung du mit treuem Sinn,
So weiß ich, dass dir Notzeit nimmer schadet,
Weil Minne so im Himmel ist begnadet –
Ich fleh um ihr Geleit dahin!

30. Walther und Hildegund

Die mir Winters Freuden viel genommen,
Ob es Weib sei oder Mann,
Mag der Sommer ihnen gut bekommen –
Weh, dass ich nicht fluchen kann!
Leider kenne ich nicht mehr
Als den bösen Fluch »unselig« –
Doch der wöge allzu schwer!

Noch zwei arge Flüche kenn ich auch,
Wähl als passend sie geschwind:
»Hörten sie doch Esel schrein und Gauch
Morgens, wenn sie nüchtern sind!«
Wehe ihnen dann, den Armen!
Wüsst ich aber, dass sie's reute,
Wollt ich mich um Gott erbarmen.

Zeigt Geduld man gegen Ungeduld,
Ist's den Unverschämten leid.
Wen die Bösen hassen ohne Schuld,
Dankt es seiner Tüchtigkeit.
Wenn mich Liebe trösten wollte,
Die allein mich trösten kann,
Nicht ihr Leid mich kümmern sollte!

Schwören will ich bei der Liebsten Leib,
Hör sie's selbst aus meinem Mund:

Lieb ich ander Mädchen, ander Weib,
Packe mich der Höllenschlund!
Hegt sie irgend Treu und Liebe,
So vertraut sie meinem Eid,
Dass mein Herz beruhigt bliebe.

Herrn und Freunde, helfet mir beizeit,
Sonst ergeht mir's schließlich so:
Kann ich siegen nicht im Minnestreit,
Werd ich niemals wieder froh.
Meines Herzens tiefe Wunde,
Die muss immer offen stehn,
Wenn mich *sie* nicht küsst mit süßem Munde.
. . . .
Meines Herzens tiefe Wunde,
Die muss immer offen stehn,
Wenn nicht *sie* mich heilt bis tief zum Grunde
. . . .
Meines Herzens tiefe Wunde,
Die muss immer offen stehn,
Wenn sie heil nicht wird von . . . .
                              Hildegunde.

Walthers Geliebte heißt natürlich nicht Hildegunde, er spielt
mit diesem Namen nur auf das alte Heldengedicht »Walther
und Hildegunde« an. Vgl. auch Nr. 13.

31. Wider die Merker

Ach, es wär uns allen
Eines Heiles wieder Not:
Dass man rechter Freude
Wär wie einst bedacht.
Doch mir muss missfallen,
Schier zu meiner Freude Tod,

Dass der Jugend Freude
Heut fast Schmerzen macht.
Was nützt ihr denn der junge Leib,
Mit dem die Jugend sollte minnen?
Hei! Wolltest du auf Freuden sinnen,
Dazu hilft, Jüngling, nur ein Weib!

Freude nur gibt *mir* noch
Heute Grund zum Fröhlichsein,
Um der Liebe willen,
Wie mein Los auch fällt.
Weilt mein Leib auch *hier* noch,
Ihr gehört das Herz allein;
Deshalb wohl für sinnlos
Mancher längst mich hält.
Und sollten sie zusammenkommen,
Mein Leib, mein Herz und beider Sinne,
So würden sie des werden inne,
Dass sie mir Freuden oft genommen.

Listger Merker Spähen
Lässt nun keinem Heil geschehen;
All ihr Lauern ärgert
Werter Leute viel.
Darob muss ich schmähen:
Wollt ich sie nun heute sehn,
Käm ich nicht zu meiner
Freuden süßem Ziel.
Die Zeit doch hoff ich zu erleben,
Wo ich sie einsam treff und willig –
Dann fort! Ihr Merker, wie es billig:
Dann wird mir Liebe viel gegeben.

Wohl manch einer *fragt hier*
Nach der Liebsten – wer sie sei,
Der ich jahrlang dienend

Steh in Minnelohn?
Doch das missbehagt mir,
Darum sag ich: »Es sind *drei*,
Denen ich gedienet –
Denk der *vierten* schon!«
Indes weiß sie es ganz allein,
Die so mir Herz und Leib zerteilet,
Die Liebliche verletzt und heilet,
Der gern ich mag zu Willen sein.

Darum, Herrin Minne,
Greif auch *sie* mit Minne an,
Die mich zwingt und lange
Hielt in Zwang und Hut.
Dessen sei sie inne,
Dass die Minne zwingen kann –
Ach! Wenn sie auch fühlte
Minnigliche Glut!
O möchte sie doch glauben mir,
Dass ich sie minne und sie meine;
Beweis ihr, Minne, drum das eine:
Ich dien ihr gerne – und nur ihr!

32. Der Kaiser als Spielmann

Wenn ich mich selber rühmen soll,
Bin deshalb ich ein züchtger Mann,
Weil ich ertrage ohne Groll
Viel Unfug, den ich rächen kann?
Ob ihn ein Klausner trüge?
Glaub's nicht, dass er sich füge!
Fänd er Gelegenheit wie ich,
Und griff ihn dann ein Zörnelein,
Glaubt mir's: er rächte doppelt sich,
Doch ich – aus Sanftmut – lass es sein!

Dies und noch mehr ertrüg ich froh,
Doch hört nur erst: Warum? Wieso?

Einst lehrtet ihr mir's, Herrin, so:
»Wer euch beschwerte euern Mut,
Den wolltet ihr bald machen froh,
Dann hätt er Scham und würde gut.«
Habt ihr mir's so erkläret,
So seht, dass ihr's bewähret!
Ich freue *euch, ihr* schafft mir Pein!
Schämt euch! (Dies Wort ist herbe zwar)
Doch wollt ihr wahr dem Wort nach sein,
So werdet gut – dann spracht ihr wahr.
Ihr seid so gut, ich weiß wie sehr,
Und stets wird eurer Güte mehr!

Wohl seid ihr, Herrin, schön und wert,
Doch stünde Gnade schön dabei;
Was tut es, dass man euch begehrt?
Gedanken sind ja wohl noch frei!
Ich ließe gerne jeden
Wünschen, träumen und reden!
Doch wenn ich zu vermessen bin,
Wer ist's denn, der euch Lieder singt?
Wollt ihr's nicht hören, hört nicht hin,
Doch weiß ich, dass es Dank mir bringt.
Wenn euch mein Lied bei Hofe tönt,
So werd ich drob mit Ruhm gekrönt.

Wohl habt ihr in ein Prachtgewand
Gekleidet, Frau, den reinen Leib,
Ein besser Kleid ich niemals fand:
Ihr seid ein reichgeschmücktes Weib;
Segen und Heil erblicket
Man sinnreich drin gesticket!
Getragnes Kleid, nie nahm ich's zwar,

Fürs Leben nähm ich gern dies Kleid.
Der *Kaiser* würd ihr Spielmann gar,
Wenn sie's ihm zum Geschenke weiht.
Wohlan, so rührt die Saiten froh,
Herr Kaiser ... aber *anderswo*!

33. Lob der Liebe

Ein neuer Sommer, neue Zeit,
Ein süßes Hoffen, lieber Wahn
Behagen mir im Widerstreit,
Mit Freudenhoffnung angetan.
Doch *eins* mir größre Freude gibt
Als aller Vöglein Singefleiß:
Wer Frauenschönheit schätzt und liebt,
Erwirbt sich immer Dank und Preis.
So hoff ich von der Herrin mein,
Bei ihr muss größre Freude sein,
Die schöner als das schönste Weib:
Anmut verklärt den holden Leib.

Ich weiß es wohl, der Liebreiz macht
Ein schönes Weib erst schönheitsvoll,
Doch die auf Tugend stets bedacht,
Am meisten man begehren soll.
Der Schönheit Krone *Liebe* ist,
Wie Gold fasst einen Edelstein;
Nun sagt, ob ihr was Bessres wisst
Als edeln Mut bei diesen zwein?
Das höht und würdigt erst den Mann,
Und wer da Liebesmühe kann
Um seine Herrin recht ertragen,
Der kann von wahrer Liebe sagen!

Wenn schon ein Blick beseligen kann,
Mit dem die Holde auf uns sieht –
O welch ein Glück erst der gewann,
Dem liebres noch von ihr geschieht.
Der fühlt sich noch an Freude reich,
Wenn jenem hinschmilzt seine Lust;
Denn was ist jener Wonne gleich,
Die Treue weiß in fremder Brust?
Ja, Keuschheit, Schönheit, reine Zucht,
Glückselig, wer sich brach *die* Frucht!
Wer diese drei vor Fremden preist,
Bleibt rechten Sinnes unverwaist!

Was taugt ein Mann, der nicht begehrt,
Zu werben um ein reines Weib?
Und wenn sie ihm auch nichts beschert,
Es adelt ihm doch Seel und Leib.
Er tu der *einen* wegen so,
Dass er den andern wohlbehagt,
So macht ihn *eine* doch so froh,
Dass er der andern gern entsagt.
Daran gedenk ein edler Mann:
Viel Heil und Ehre hängt daran.
Wer gutes Weibes Minne hat,
Der schämt sich aller Missetat!

34. Verzaubert

Wunder nimmt mich immer, was dies Weib
Denn an mir ersehn?
Dass sie mir verzaubert Herz und Leib,
Was ist ihr geschehn?
Hat sie keine Augen,
Warum täuscht sich ihr Gesicht?

Aller Männer schönster bin ich nicht –
Leugnen will nicht taugen.

Ob ihr jemand etwas von mir log?
Ei! So schau sie doch
Meine Schönheit an, die sie betrog!
Und sie will mich noch?
Nur den Kopf betrachtet –
Ist der wohlgetan?
Wirklich, sie betrügt ein eitler Wahn,
Wenn sie's recht beachtet.

Tausend Männer gibt es, wo sie weilt,
Schöner von Gesicht –
Etwas Kunst hat Gott mir zuerteilt,
Aber Schönheit nicht.
Meiner Kunst erfreuten
Sich schon viel, ist sie auch klein,
Pfleg ich sie doch als Geschenk zu weihn
Allen lieben Leuten.

Will sie Kunst statt Schönheit an mir preisen,
Tut sie daran gut,
Will sie das, muss dem ich Lob erweisen,
Was an mir sie tut.
So will ich mich neigen
Und ihr gern zu Willen sein –
Was bedarf sie denn der Zauberein?
Ich bin doch ihr eigen.

Nun vernehmt auch von der Zauberkraft,
Die zu eigen ihr:
Schönheit, Ehre ziert sie – und sie schafft
Lust und Schmerzen mir.
Dass sie Kunst ersonnen
Wider mich – das kann nicht sein:

Ihres Wesens Lieblichkeit allein
Bringt mir Weh und Wonnen!

35. Geistige Nähe

Die Herrin weilt zuzeiten hier,
Von ihrer Güte hoff ich's freudenvoll,
Da ich mich nie getrennt von ihr.
Wenn diese jene Minne suchen soll,
So wird sie häufig in Gedanken
Abwesend sein, wie ich es bin.
Mein Leib ist hier, bei ihr mein Sinn verweilt!
Und der bleibt treu ihr ohne Wanken.
Ich ließ es herzlich gern geschehn,
Wenn er nur drob nicht mein vergesse.
Was hilft's, ob ich die Augen schlösse?
Sie würden durch mein Herz sie sehn.

Ich lebte still und unbedroht,
Ständ nur die Lüge nicht im Ehrenkleid.
Wie lang noch währt die Zeit der Not?
Was ihnen lieb, verschafft mir Herzeleid.
Wie mich das schmerzt, wenn man im Lande
So keck es treibt und unversteckt –
Da bleibt kein Braver ungeneckt:
Untreue, Sünde, Falschheit, Schande
Empfehlen sie, wenn man sie fragt.
O weh, dass man sie nicht vermeidet –
Das wird den Frauen noch verleidet,
Auch sind viel Herrn schon drob verzagt!

36. Verlorene Liebesmüh

Meine Herrin ist ein grausam Weib,
Dass sie also lieblos an mir tut.
Hielt ich meinen jugendfrischen Leib
Ihr zu Diensten doch und hohen Mut!
O, wie war ich da beglückt:
Hin ist's und verdorben!
Was hab ich erworben?
Anders nichts als Kummer, der mich drückt.

Weh um meiner Jugend Wonnezeit,
Deren ich so viel versäumt bei ihr!
Ewig schafft es meinem Herzen Leid,
Wird die Hoffnung so zunichte mir.
Nicht des Zwanges hartes Muss
Wecket meine Klage –
Die verlornen Tage
Reuen mich und machen mir Verdruss.

Schöner Antlitz sah ich nimmerdar,
Aber nicht ins Herz ihr könnt ich sehn;
Drum ward ich betrogen ganz und gar:
Meiner Treue ist's zum Lohn geschehn.
Hätt ich doch der Sterne Schar,
Monde all und Sonnen
Zum Geschenk gewonnen,
Ja, bei Gott – ich gäb sie ihr fürwahr!

Niemals nahm ich solcher Sitte wahr:
Ihren treusten Freunden ist sie gram,
Doch mit Feinden tut sie freundlich gar,
Was noch nie ein gutes Ende nahm.
Ja, so wird zuletzt es gehn,
Freund und Feind, sie beide

Lassen sie im Leide –
Lässt sie Unrecht Freund und Feind geschehn.

Niemals sei es meiner Herrin leid,
Reit und frag ich um in fremdem Land
Nach der Frauen Wert und Lieblichkeit –
Ihrer sind gar manche mir bekannt,
Tugendsam und schön dazu!
Doch es gibt nicht eine,
Große nicht noch kleine,
Die durch Sprödigkeit mir wehe tu!

37. Treue

Die Treue schafft nur Angst und Not,
Und mag es auch nicht ruhmlos sein,
So kenn ich doch ihr Ungemach!
Seitdem die Herrin mir gebot,
Beständiger Treue mich zu weihn,
Musst ich nur seufzen Weh und Ach!
So lasst mich doch aus eurer Hand, Frau Treue;
Doch, ob ich bäte auch aufs Neue,
Sie bleibt sich treuer als ich ihr!
Schier bringt mich noch ins Grab die Treue –
O Liebste, so hilf *du* denn mir!

Wie könnte *der* verlangen Dank,
Dem Treue Liebesglück erwarb,
Nimmt er der Treue freudig wahr?
Doch wem's mit Treue nie gelang,
Wenn der mit ihr es nie verdarb,
Seht, dessen Treu ist wunderbar.
So hab auch ich in Treuen heiß gerungen,
Doch ist mir, ach! noch nichts gelungen;
Das wende, süße Herrin mein,

Dass ich durch meine Treu, die unbezwungen,
Ein Spott der Falschen müsste sein!

Hätt ich nicht meiner Freuden Teil
Auf dich gesetzt, vielholdes Weib,
So würde wohl noch alles gut!
Doch seit mein Glück und all mein Heil,
Und was ich bin an Seel und Leib,
Auf dir nur wandellos beruht –
So schuf ich selber mir die größten Leiden,
Sollt ich von dir mich, Liebste, scheiden:
Wohl übel wäre dies getan.
Doch sollst du daran denken, wie in Leiden
Ich lang schon zieh die dunkle Bahn.

O Frau, ich weiß, wie dir zumut:
Dass du der Treue innig pflegst,
Das durft ich längst mit Augen schaun.
Es nahm dich stets in Treu und Hut
Die reine Güte, die du hegst –
Ein sicherer Schutz den edeln Fraun.
So freut mich deine Güte, deine Ehre,
Nicht wüsst ich, was mir lieber wäre,
Sprich: Heißt dies unbescheiden sein?
Ich hoffe, dass es Vorteil mir beschere,
Dass ich so treu begehre dein!

38. Frauenpreis

1.

Durchsüßet und geblümet sind die reinen Frauen,
Es gibt so Wonnigliches nirgend anzuschauen
In Lüften noch auf Erden hier in allen grünen Auen!
Selbst Lilien- oder Rosenblüten, wenn sie blinken

Im Maientau durchs Gras, selbst kleiner Vögel Sang
Ist farblos gegen solchen Glanz, ist ohne jeden Klang,
Als wenn man schaut ein schönes Weib! Es schützt
                    den Mut vorm Sinken,
Und alles Trauern löscht es in derselben Stund,
Wo huldreich lacht in Lieb ein süßer roter Mund,
Und Pfeile schießt ein glänzend Aug in
                    Mannes Herzensgrund.

2.

Vielsüße Herrin, hochgelobt, voll reiner Güte!
Dein keuscher Leib gibt wonneschwellend
                    Hochgemüte,
Dein Mund ist roter als die taugetränkte Rosenblüte.
Gott hat erhöht und hehr geschaffen reine Frauen,
Dass man sie dienend ehren soll und preisen
                    immerdar.
In ihnen ruht der Erde Hort mit aller Lust fürwahr,
Und klar und lauter tönt ihr Lob, darf man
                    die Süßen schauen!
Bei Unmut oder Traurigkeit ist nichts so gut,
Als zu betrachten still ein Fräulein wohlgemut,
Wenn sie ein lieblich Lächeln schenkt dem Freund
                    in reiner Glut.

39. Nähe der Geliebten

Sagt, ist es übel oder gut,
Dass ich mein Leid verbergen kann?
Man sieht mich immer wohlgemut;
Doch trauert mancher andre Mann,
Der nicht die Hälfte meines Grams gewann,
Obwohl ich häufig mich gebärde,

Als kennt ich Not nicht und Gefährde.
Nun möge Gott es fügen so,
Dass ich noch einmal werde
So recht von Herzen froh!

Wie kommt's, dass ich so manchem Mann
In seiner Not schon Trost gereicht
Und ich mich selbst nicht trösten kann,
Wenn mich kein Wahn darin beschleicht?
Ich minn ein Weib, das Güte nur erweicht:
Sie lässt mich jedes Wort beginnen,
Doch kann ich nie ein End gewinnen.
Darüber wär ich längst verzagt,
Wollt sie nicht lächelnd sinnen,
Wenn sie mir was versagt.

Droht ihrem Herzen nicht Gefahr,
(Von außen scheint sie freudenreich)
Und hütet sie der Zucht fürwahr,
So kommt an Huld ihr keine gleich.
Der andern Glanz wär neben ihrem bleich,
Falls Gott so reich ihr Herz geschmücket,
Wie mich ihr äußrer Reiz entzücket;
Mir wird bei solcher Tugend doch,
Dien ich ihr unverrücket,
Der Lohn beschieden noch!

Falls noch mein Glück im Zweifel liegt,
Den leicht die Liebste gütevoll,
Wenn sie den Willen hat, besiegt,
So trag dies Leid ich ohne Groll.
Sie fragt mich, was kein andrer fragen soll:
Wie lang sie treu mich werde sehen?
Mein Glück und Trost pflegt zu bestehen
Vor allen Frauen doch in ihr.

Nun möge mir geschehen,
Was ich ersehnet mir.

Gar viele reden desto mehr,
Wenn sie bei ihrer Holden sind:
In ihrer Nähe wird mir's schwer,
Und weniger weiß ich als ein Kind,
Und fühle alle meine Sinne blind.
Mich hielten andre für betöret,
Da sie nicht viel auf Worte höret,
Doch gutes Wollen weiß zu sehn.
Ich hab's! – Mein Mund es schwöret –
So wahr mir Liebes soll geschehn!

40. Liebesglaube

Mancher fragt mich, was ich klage,
Und behauptet immer, dass es nicht von Herzen geh.
Der vergeudet nur die Tage,
Denn ihm ward von wahrer Minne weder wohl
                                    noch weh;
Davon ist sein Herz ihm krank!
Wer bedächte,
Was die Minne brächte,
Der verstände meinen Sang.

Minne ist ein altes Wort,
Doch nach ihrem Wirken unbekannt: es ist mal so!
Sie ist aller Tugend Hort,
Ohne Minne wird wohl keiner recht im Herzen froh!
Da solch Glaube fest mir steht,
Gib, Frau Minne,
Mir auch frohe Sinne;
Schlimm ist's, wenn solch Trost zergeht!

Da ich treu der Holden bin,
Will ich immer hoffen, dass sie mir gewogen sei.
Täuschte mich mein Herz hierin –
Wohnte meiner Hoffnung leider wenig Freude bei.
Aber, Gott, sie ist so gut!
Weiß die Gute,
Wie mir ist zumute,
Weiß ich, dass sie wohl mir tut.

Kennte sie die Treue mein,
Alles Liebe, Gute würde mir von ihr beschert.
Doch wie sollte das wohl sein?
Seit mit süßem Worte falscher Minne man begehrt,
Dass ein Weib nicht wissen mag,
Wie man's meine?
Diese Not alleine
Schafft mir manchen trüben Tag.

Wer ein Weib zuerst betrog,
Hat sich schwer vergangen an den Männern,
                an den Fraun.
Hält man noch die Liebe hoch,
Wenn nicht mehr der Freund dem Freunde sicher
                wagt zu traun?
Herrin, fern bleib euch der Schmerz!
Meinem Minnen
Lasset Trost gewinnen
Durch ein liebevolles Herz!

41. Selige Minne

Freudenvoller ward noch niemals mir zumute:
Und ich fühle, dass ich singen muss.
Wohl ihr, dass sie mir dies immer hält zugute!
Zum Gesang mahnt mich ihr lieber Gruß.

Die mein immer hat Gewalt,
Mag mir leicht den Kummer wenden
Und mir senden
Freude mannigfalt.

Gebe Gott, dass mir's noch gut an ihr gelinget,
Seht, so wär ich für mein Leben froh.
Die mir Herz und Leib mit Freuden reich
                                durchdringet,
Nie bezwang ein Weib mich jemals so.
Früher war mir's unbekannt,
Dass die Minne zwingen sollte,
Wie sie wollte,
Bis bei ihr ich's fand.

Süße Minne, du, seit deiner süßen Lehre
Folgend mich ein Weib gefangen nahm,
Bitte auch, dass sie mir ihre Gunst beschere,
Dann wird Rettung mir aus diesem Gram.
Ihrer Augen heller Schein
Hat mich also lieb empfangen,
Dass zergangen
Kummer mir und Pein.

Stets beglückt es mich, dass ich so gutem Weibe
Dienen darf um minniglichen Dank.
Und mit diesem Trost ich oft mein Leid vertreibe,
Dass mein Unmut machtlos niedersank.
Endet so sich meine Not,
Werd ich gern der Wahrheit inne,
Dass es Minne
Keinem besser bot!

Minne, deine Gunst kann wunderselig machen,
Und dein Zwang vernichtet Freuden viel.
Lehrst du nicht das Leid mit hellen Augen lachen,

Wo du lieblich übst dein Wunderspiel?
Du kannst frohem Lebensmut
Solche Wirrungen erlesen,
Dass dein Wesen
Wohl und wehe tut!

42. Vier Worte

Die verzagt sind aller guten Dinge,
Halten mich für ebenso verzagt:
Doch ich hoff, dass sie noch Trost mir bringe,
Der ich meinen Herzensgram geklagt.
Weigert sie mir Liebes nicht,
Acht ich wenig, was ein Böser spricht.

Neid zwar will ich immer gern erleiden;
Dazu, Herrin, helf mir deine Huld,
Dass sie mich mit vollem Recht beneiden,
Und mein Glück an ihrem Gram ist schuld.
Schaffe, dass ich froh besteh,
Mir ist wohl dann, ihnen weh!

Frau und Freundin möcht ich allzu gerne,
Herrin, sehn in dir in einem Kleid.
Ob mir dann die Freude nicht mehr ferne,
Die mein Herz erhofft seit langer Zeit?
Freundin ist ein süßes Wort,
Aber Frau bringt Ehre fort und fort.

Herrin, Freudenjubel ließ ich schallen,
Gönntest du die beiden Worte mir,
Lass von mir auch zweie dir gefallen,
Die vielleicht kein Kaiser gäbe dir:
Freund und Diener sei ich dir,
Und du werde Frau und Freundin mir!

43. Vanitatum vanitas

Freu ich mich, so freu ich harmlos mich,
Dass man mir mein Glück wohl gönnen kann.
Heimlich brüstet meine Freude sich:
Was ist wert ein prahlerischer Mann?
Wehe denen, die so manche Fraun
Schon in bösen Ruf gebracht!
Heil mir, dass ich dies bedacht:
Ihnen soll ein edles Weib nicht traun!

Jedes Ehrenmannes Trefflichkeit
Will ich hören und gern weitersagen,
Wer da anders handelt, tut mir leid,
Und ich will es ruhig nicht ertragen.
Doch der Prahler und der Lügner Schar
Soll erfreuen nicht mein Sang,
Mir ist's nicht zu Lust und Dank –
Freute der sie nur ein wenig gar!

Mancher klagt, dem reiches Glück gewährt;
Aber ich trag ständig frohen Mut.
Wenn mein Herz auch keine Freude nährt,
Kommt es dennoch meinem Sinn zugut.
Soviel wahre Freuden mich entzückt,
Herzeleid war stets dabei;
Blieb ich von Gedanken frei,
Wüsst ich wahrlich nichts, was mich bedrückt.

Wenn Gedanken meinen Geist befehden,
Kommt wohl mancher, spricht mir freundlich zu,
Schweigend hör ich hin und lass ihn reden,
Denn was will er, dass ich andres tu?
Lieh ich ihm noch Ohr und Auge da,
Könnt ich wissen, was er spricht. –

Doch ich habe beides nicht,
Und so weiß ich weder Nein noch Ja.

Nie auch ging mir nur ein halber Tag
Ganz in ungemischter Lust dahin;
Wenn ich jemals ganzer Freude pflag,
Ich doch heut von ihr verlassen bin.
Alle Freuden dieser Welt verblühn,
Wie die Blumen welken hin,
Darum soll auch nicht mein Sinn
Mehr um falsche Freuden sich bemühn.

44. Gegen die Neider

Verzagte Zweifler sprechen : es sei nun alles tot.
Und keiner wäre, der noch singe.
Sie sollen doch bedenken die allgemeine Not,
Wie alle Welt mit Sorgen ringe.
Kommt Sangestag, so höret man singen wohl
                    und sagen,
Man weiß noch Lieder:
Ich hört ein Vögelein erst jüngst dasselbe klagen.
Das duckte nieder
Und sprach: Ich singe nicht, erst muss es tagen!

Vor edeln Frauen schelten die Losen meinen Sang,
Ich spräche als ein Weiberfeind.
Vereint euch dreist zum Streite, mir ist vor
                    euch nicht bang,
Ein Feigling, wer da mutlos greint!
Wer sprach von deutschen Frauen so schön
                    ohn Unterlass?
Nur dass ich scheide
Bei ihnen gut und bös. Das ist ihr ganzer Hass!

Lobt ich sie beide
Mit gleichem Preis – welch Rühmen wäre das?

Doch lob ich eine Tugend an euch, o Hass und Neid!
Dass, wenn man euch als Boten sendet,
Ihr bei den Biederleuten so gern zu Hause seid
Und auch den eignen Herren schändet.
Und wenn ihr keinen Biedern, ihr Späher,
                könnt erspähn,
Den ihr beschweret,
So hebt in euer Haus euch heim: es muss geschehn,
Dass ihr entehret
Verlognen Mund und missgunstvolles Sehn!

Mit der allgemeinen Not spielt Walther auf die damals in
Deutschland herrschenden politischen Wirren an.

45. Nutzlose Schönheit

Sah man je ein besser Jahr,
Sah man je ein schöner Weib?
Doch das tröstet nicht fürwahr
Einen unglückseligen Leib!
Wem zu früher Morgenstunde
Schon ein Unglückszeichen kam:
hat den ganzen Tag nur Gram.

Einer will ich helfen klagen,
Der ich Freuden wünschen wollte,
Dass in diesen falschen Tagen
Schönheit Macht nicht haben sollte.
Hat durch solche Schönheit einst
Ruhm ein ganzes Land bekommen:
Was kann jetzt die Schönheit frommen?

46. Weib oder Frau

Weib muss der Frauen höchster Name bleiben,
Der mehr als »Frau« (scheint mir) sie ziert und ehrt,
Meint eine, unfein wär's, sich »Weib« zu schreiben,
Die hör mich erst, eh sie sich dessen wehrt.
Gibt's Unweiber unter Frauen,
Unter Weibern gibt es keine.
Weibes Name ist zu schauen,
Voller Zartheit nur und Reine.
Ist oft Frauen nicht zu trauen,
Weiber sind doch alle Frauen.
Dass ein Titel oft nur höhnt,
Ist bei Frau man wohl gewöhnt:
Doch der Name Weib sie alle krönt!

Uhland bemerkt hierzu: »Der Grund dieses Vorzuges ehrt un-
sern Sänger: er beruht darin, dass in solchem Gegensatz das
Wort Frau nur den zufälligen Vorrang höherer Geburt bedeu-
te (Frau = Edeldame), der Name Weib dagegen das innere
Wesen edler Weiblichkeit bezeichne.« – Dieses Lied gab ver-
mutlich auch den Anstoß zu dem bekannten Streit zwischen
Regenbogen und Frauenlob über den Vorzug von Weib und
Frau (Hagens Minnesänger 2. 345b. f). Vgl. Seite 304 dieser
Sammlung.

47. Der Minne Brauch

Minne freut sich eines Brauchs,
Wenn sie den doch meiden wollte,
Ziemte ihr es gut!
Dient zur Qual manch armen Gauchs,
Den sie doch nicht quälen sollte –
Ach, dass sie das tut!
Ihr sind vierundzwanzig Jahr

Lieber stets als vierzig gar,
Stellt sich übel immerdar,
Wenn sie sehn muss graues Haar.

Minne war gewogen mir,
Schenkte reichlich mir Vertrauen,
Heute nimmermehr.
Wirbt ein Jüngrer jetzt bei ihr,
Pflegt sie scheel auf mich zu schauen,
So von oben her.
Armes Weib, was dünkt sie sich?
Ach, vergeblich schminkt sie sich –
Toren täuscht sie sicherlich:
Sie ist älter doch als ich!

Minne nahm sich nun zum Ziel,
Jungen Gecken Gunst zu wahren
Wie ein albern Kind.
Ob ihr der Verstand entfiel?
Welch ein närrisches Gebaren –
Sie ist wirklich blind!
Stellte sie ihr Rauschen ein,
Wollte sie bescheiden sein –
Stößt sich doch noch obendrein,
Dass mir's schafft im Herzen Pein.

Minne halt es mir zugut,
Während sie so mühsam ringet,
Setz ich still mich her:
Trage einen hohen Mut,
Ähnlich dem, der tanzt und springet –
Und was will sie mehr?
Diene ihr, wie ich's vermag,
Habe sie für sechse Plag,
Dass sie mir am letzten Tag
Jeder Woche nur behag!

Der Sinn ist: Die Minne mag an den sechs Werktagen von ir-
gendeinem bedient werden, am Sonntag will ich ihr dienen.

48. Frühlingslied

Es tat der Reif den kleinen Vögeln weh,
Da schwiegen sie im Leide;
Jetzt wieder hör ich sie so hold wie ch
Auf neu ergrünter Heide.
Die Blumen stritten mit dem grünen Klee:
Wer länger wäre?
Ich sagte meiner Herrin diese Märe.

Uns hat des Winters Frost und andre Not
Gar viel getan zuleide.
Ich glaubte schon, nie wieder Blumen rot
Zu sehn auf grüner Heide.
Es schmerzte gute Herzen, wär ich tot,
Die Lust verlangen
Und sonst auch gerne sangen oder sprangen.

Versäumt ich solchen wonniglichen Tag,
Mit Recht ich Tadel leide,
Denn für die Lustbarkeit wär hart solch Schlag –
O weh, dass ich nun meide
Die Freuden alle, deren einst ich pflag.
Dass Gott euch segne:
O wünschet doch, dass mir auch Heil begegne!

49. Weltmacht des Goldes

Ich lenkte von der Seine bis an die Mur die Schritte,
Vom Po bis zu der Trave kenn ich der Menschen Sitte:
Die meisten kümmert's nicht, wie sie erwerben Gut.

Sollt ich's gewinnen so, dann kusch dich, hoher Mut!
Reichtum war stets begehrt, nur ging er nimmermehr
Der Ehre vor, doch heut schätzt man das Geld so sehr,
Dass mit Gewalt bei Frauen Gold vor die Ehre tritt,
Und spricht im Fürstenrate sogar bei Kaisern mit.
Weh dir, o Gut, du schufest des römischen
                                Reichs Verfall,
Du bist nicht gut, denn *Übel* geht mit dir überall!

50. Wiener Gastlichkeit

Kann einer sagen, der da lebe,
Ob reichlicher Geschenk es gebe,
Als wir beim Wiener Fest empfangen haben?
Man sah den jungen Fürsten schenken,
Als wollt er an den Tod schon denken:
Es wurden Schätze hier verteilt an Gaben.
Man gab da nicht zu dreißig Pfunden,
Nein, Silber gar, als wär's gefunden,
Man gab auch fürstliches Gewand.
Es ließ der Fürst, das fahrend Volk zu freuen,
Die Böden und die Keller leeren;
Und Rosse, als ob's Lämmer wären,
Verschleudert er mit offner Hand.
Da brauchte keinen alte Schuld zu reuen,
Wo er so reiche Großmut fand!

Das Lied schildert das Fest der Schwertleite am 28. Mai 1200.
Schwertleite ist die Aufnahme eines Knappen in die Ritter-
schaft.

51. Der Eisenacherhof (1204–1208)

Ich rate jedem an, wer am Gehöre leidet,
Dass er Thüringens Hof zu Eisenach vermeidet:
Denn wer dort weilt, wird sicher ganz betört.
Ich drängte auch herzu, bis ich's so weit gebracht;
Abwechselnd ein und aus ziehn Gäste Tag und Nacht –
Ein Wunder, dass man bei dem Lärm noch hört!
Der Landgraf lebt so wohlgemut,
Dass er mit stolzen Helden verschwendet
                    Hab und Gut,
Davon ein jeder wohl ein Kämpe wär!
Um seinen Übermut ist es nichts Kleines:
Denn koste tausend Pfund ein Fuder guten Weines –
Es blieb doch keines Ritters Becher leer!

Dieser Spruch entstand zwischen 1198–1203, als W. vergeblich versuchte, beim Thüringer Landgrafen Aufnahme zu finden.

52. Ungastliches Kloster

Man pries von je
Mir Tegernsee
Als Haus, das gastlich offen steh:
Es schreckte mich
Der Umweg nicht
Von einer Meile wohl vom graden Wege.
Ich bin ein wunderlicher Mann,
Dass ich mir selbst nicht raten kann,
Und stets zu fremdem Volke Zutraun hege.
Ich schelt es nicht, doch gnade Gott uns beiden!
Man gab mir Wasser.
Und, als ein Nasser,
Musst von des Abtes Tisch ich scheiden.

Die berühmte Benediktinerabtei, gestiftet 736, aufgehoben
1804.

53. Notlüge

Niemand hat sich wohl erwählt
Angemessnern Trost denn ich!
Wenn mich Not und Sehnsucht quält,
Schein ich froh und tröste mich.
Also hab ich oft mich selbst betrogen,
Andrer wegen Freude mir erlogen –
Doch solch Lügen lohnet sich.

Mancher, der mich ansieht, denkt,
Glücklich sei mein Herz und froh;
Freude ward mir nicht geschenkt,
Werd ich froh, geschieht's nur so:
Werden deutsche Männer wieder gut,
Tröstet die mich, die mir weh jetzt tut,
Dann werd ich auch wieder froh!

54. Deutschland voran

Heißen sollt ihr mich willkommen,
Der euch Neues meldet, das bin ich!
Was ihr alles sonst vernommen,
War nur Wind – drum fraget jetzo mich!
Aber Lohn will ich;
Wenn ihr den nicht scheut,
Will ich manches melden,
Was das Herz erfreut!
Seid bedacht und ehret mich!

Deutschen Frauen will ich sagen
Solche Märe, dass sie aller Welt
Wohl von Herzen soll behagen:
Und ich tu es ohne Gut und Geld.
Denn wer nahm als Sold
Wohl von Frauen Lohn?
Drum sag ich bescheiden:
Es erfreut mich schon,
Grüßen sie mich lieb und hold!

Länder hab ich viel gesehen,
Und die besten prüft ich allerwärts.
Übles möge mir geschehen,
Würde je abtrünnig mir das Herz,
Dass mir wohlgefalle
Fremder Sitte Brauch;
Wenn ich unwahr spräche,
Sagt, was hälf mir's auch?
Deutsche Zucht geht über alle!

Von der Elbe bis zum Rheine
Und zurück bis in das Ungarland
Sind die besten Fraun alleine,
Die ich auf der weiten Erde fand.
Weiß ich recht zu schauen
Wackern Sinn und Leib,
Helf mir Gott – ich schwöre,
Dass das deutsche Weib
Besser ist als andre Frauen!

Deutscher Mann ist wohlerzogen,
Deutsche Fraun sind engelschön und rein,
Wer sie tadelt, hat gelogen,
Anders kann es wahrlich nimmer sein.
Zucht und reine Minne,
Wer sie ehrt und liebt,

Such in deutschen Landen,
Wo es beides gibt –
Lebt ich doch noch lang darinne!

Dieses Lied verbreitete sich bald nach Bekanntwerden allgemein. Ulrich v. Lichtenstein singt davon in seinem *Frauendienst* (Lachmann, Seite 240): »Dies Lied mir in das Herze klang, Es tat im Innern mir so wohl, Denn ich ward da von Freuden voll. Es schien so süß mir, schien so gut, Von ihm ward ich gar frohgemut.«

55. Lebensneige

Ihr werten Männer, reinen Frauen,
Nun ziemt sich's, dass man mir den Zoll
Ehrfürchtigen Grußes bieten soll
Und tiefer ihn als sonst lass schauen.
Ihr habt nun bessern Grund als je vorher;
Fragt ihr warum? So habt Bescheid:
Wohl vierzig Jahre sang ich oder mehr
Von Minnelust und -seligkeit.
Gleich andern hoff ich Glück und Heil:
Nun hab ich keins, ihr habt's allein.
Mein Sang soll euch stets dienstbar sein –
Und euer Dank nur sei mein Teil.

Nun lasst fortan mich gehn am Stabe,
Auf dass ich werb um Würdigkeit
Mit unverzagter Freudigkeit,
Wie ich's gehalten schon als Knabe.
So werd ich, zwar gering, in Ansehn sein
Und dennoch froh ob kleiner Ehr –
Die Bösen kränkt's, ob mich es kümmert? Nein!
Mich ehrt der Wackre desto mehr.
Die Würde Edler ist so gut,

Man muss das höchste Lob ihr geben –
Es gibt kein lobenswerter Leben,
Als wer recht bis ans Ende tut.

Ich hatt ein schönes Bild erkoren,
Weh mir, dass ich es je gesehn,
Und ach! ihm Rede musste stehn,
Da 's Reiz und Sprache nun verloren!
Ach, alles floh – wohin, das weiß ich nicht:
Das Bildnis schwieg mir fürder ganz.
So kerkerbleich ward 's rosige Gesicht,
Den Duft verlor es und den Glanz.
Mein Bild, sollst du mein Kerker sein,
So lass mich nur heraus aus dir,
Ein Wiedersehen feiern wir –
Ich muss doch noch in dich hinein!

Welt, wie du lohnst, hab ich gesehen:
Was du mir schenktest, nimmst du mir.
Wir scheiden alle nackt von dir –
Schäm dich, soll's mir auch so ergehen!
Ich habe Leib und Seel (das war zu viel)
Wohl tausendmal gewagt um dich.
Nun, wo ich alt, treibst du dein Gaukelspiel
Und zürn ich, so verlachst du mich.
O, lache eine Weile noch,
Dein Jammertag wird auch bald kommen,
Der nimmt dir, was du uns genommen –
Und brennt dich dann zur Strafe doch!

O könnt ich froh gen Himmel fahren!
Wie manchem doch mit meinem Lied
Ich Lust und Fröhlichkeit beschied –
Konnt ich dabei mich selbst bewahren?
Irdischer Liebe Lob tat weh der Seele:
Es sei nur Lüge – sagte sie –

Wo wahrer Liebe Stetigkeit nie fehle,
Da sei stets Freude, Täuschung nie!
Mensch, flieh ein Glück, das trügerisch,
Und halte treue Minne wert:
Mir scheint, die du bisher begehrt,
Sei nicht bis auf die Gräte Fisch!

56. An Frau Welt

Zürne, Welt, mir nicht so sehr,
Wenn ich auf Belohnung denke,
Grüße mich ein wenig mehr,
Einen Liebesblick mir schenke.
Du kannst mich wohl pfänden
Und mein Glück beenden,
Das steht, Frau, in deinen Händen.

Du hast manches gute Ding,
Deren eins sollst du mir schenken;
Welt, mein Dank wär nicht gering,
Was du solltest wohl bedenken.
Wich ich Spannenbreite
Je von deiner Seite,
Sprich, seitdem ich dir mich weihte?

Doch wie soll ich folgen dir,
Suchst du dich mir zu entwinden:
Willst du dich entziehen mir?
Nun, ich werde mich dreinfinden.
Groß ist deine Eile,
Mir wird, ob ich weile,
Nur Verschmähn von dir zuteile.

Wie ist denn dein Herz bestellt
Wider mich? Bei mir ist gut,

Was ich will – was willst du, Welt?
Willst du mehr als hohen Mut?
Willst du bessres Leben,
Als an dem dich eben
Zu erfreun, was ich gegeben?

Tu, o Welt, was ich dich bitt:
Folge weiser Leute Tugend.
Du verdirbst dich selbst damit,
Nimmst du nur der Toren Jugend.
Mach, dass alte Ehren
Wieder zu dir kehren
Und dein Ingesind belehren.

57. Abschied von der Welt

Herr Walther
Frau Welt, ihr sollt dem Wirte sagen,
Dass ich ihn längst befriedigt habe,
Die ganze Schuld ist abgetragen,
Dass er vom Brett die Kreide schabe!
Wer ihm was schuldet, mag wohl sorgen;
Eh ich in seinem Schuldbuch stand,
Wollt ich beim Juden lieber borgen.
Er schweigt bis an den letzten Tag,
Dann aber nimmt er sich ein Pfand,
Wenn jener nicht bezahlen mag.

Frau Welt
Du zürnest ohne Ursach, Walther,
Du bleibst noch länger hier bei mir.
Ich war dein Ehrenschatz-Behalter,
Und allen Willen ließ ich dir,
Sooft du etwas dir erbatest!
Nur dieses drückte mich zuschwerst,

Dass du es, ach! so selten tatest.
Drum überleg's: hier lebst du gut,
Doch wendest du von mir dich erst,
So wird dir nimmer froh zumut!

Herr Walther
Frau Welt, ich hab so lang gesogen,
Mich zu entwöhnen ist es Zeit.
Mich hat dein Liebesblick betrogen,
Er, der so süße Lust verleiht.
Solang ich dir ins Auge schaute,
Hat mich dein Antlitz süß erquickt,
Dass ich von Herzen dir vertraute.
Doch hässlich warst du ganz und gar,
Seit ich von rückwärts dich erblickt,
Drum schelt ich dich auch immerdar.

Frau Welt
Nun, kann ich dich nicht halten weiter,
Tu eines noch, was ich begehr:
Denk manches Tages, froh und heiter,
Und schau noch manchmal zu mir her,
Falls Langeweile dich bedrücke.

Herr Walther
Des will ich gerne sein bedacht,
Müsst ich nicht fürchten eure Tücke,
Von der sich niemand recht bewahrt.
Gott geb, Frau Welt, euch gute Nacht:
Zur ewigen Herberg geht die Fahrt!

58. Vermächtnis

Ich teile, eh ich scheide nun,
Mein fahrend Gut und liegend Land,

Damit deshalb der Streit mag ruhn,
Was dem und dem sei zuerkannt.
All mein Unglück will ich denen lassen,
Die da immer neidisch sind und hassen,
Und der Reue Bitterkeit.
All mein Grämen
Soll der Lügner nehmen,
All mein töricht Sinnen
Kriegen jene, die so treulos minnen –
Und den Frauen geb ich Sehnsuchtsleid.

Nun wartet, lasst mich wiederkommen,
Jetzt weiß ich, wie die Fraun gesinnt.
Auch hab ich eine Kunst vernommen,
Wie mancher vieler Gunst gewinnt.
Leib und Seligkeit will ich verschwören,
Keine sollte meiner sich erwehren.
Gott behüte! Was ich sage!
Richten sollte,
Wenn Gott wollte,
Alle, die so frevelnd schwüren,
Dass die Augen aus dem Kopfe führen
Und sie zehnmal stießen sich am Tage!

59. Einst und jetzt

O weh! Wohin entschwunden ist mir doch
                    Jahr um Jahr?
War nur ein Traum mein Leben? Ach, oder
                    ist es wahr?
Was ich als wirklich wähnte, war's nur ein
                    Traumgesicht?
So hätt ich denn geschlafen und wüsst es selber nicht?
Nun bin ich wach geworden und mir blieb unbekannt,
Was mir zuvor vertraut war wie diese jener Hand.

Und Leut und Land, darin ich von Kindheit
                    an erzogen,
Sind mir so fremd geworden, als wär es schier erlogen.
Die mir Gespielen waren, sind heute träg und alt,
Umbrochen ist der Acker, geforstet ist der Wald.
Wenn nicht genau wie einstmals noch heut
                    das Wasser flösse,
Fürwahr, ich wähnte wirklich, dass Unglück
                    mich umschlösse.
Mich grüßet lauwarm mancher, der sonst mich
                    gut gekannt,
Die Welt ist voller Ungnad und fiel aus Rand
                    und Band.
Mit Schmerz denk ich an manchen so
                    wonnevollen Tag,
Der spurlos mir zerronnen als wie ins Meer
                    ein Schlag:
Für Ewigkeit, o weh!

O weh, wie sich gehaben die jungen Leute nun,
Wie sind sie voller Kleinmut und wie verzagt sie tun!
Sie wissen nur von Sorgen, doch warum tun sie so?
Wohin den Blick ich wende, ich sehe keinen froh.
Das Tanzen, Lachen, Singen verging in Not und Leid,
Nie hört ich Christen klagen ob solcher Jammerzeit.
Seht an den Schmuck der Frauen, der einst
                    so zierlich stand,
Selbst stolze Ritter tragen ein bäurisches Gewand.
Jüngst sind uns Unglücksbriefe von Rom
                    zuhand gekommen:
Man gab uns Recht auf Trauern, die Freude
                    ward genommen.
Nun schmerzt mich's tief – wir lebten dereinst
                    so freudevoll –
Dass ich mein lustig Lachen in Tränen tauschen soll.
Die Vögel unterm Himmel betrübt selbst unsre Not:

Was Wunder, wenn's mich selber betrübt bis
                in den Tod?
Ich dummer Mann, was sprech ich im Zorn
                manch unnütz Wort?
Wer Erdenwonnen nachgeht, verscherzt die
                andern dort
Für Ewigkeit, o weh!

O weh, man hat vergiftet uns mit der Süßigkeit,
Im Honig seh ich schweben die Galle allezeit.
Die Welt ist außen lieblich, ist weiß und grün und rot,
Doch innen schwarz von Farbe und finster
                wie der Tod.
Wen sie verführt, verleitet, der suche Trost und Heil,
Ihm wird für kleine Buße Verzeihung noch zuteil.
Daran gedenkt, o Ritter, auf dass es euch gelinge,
Ihr tragt die hellen Helme, tragt Panzer, Kettenringe.
Ihr tragt den Schild, den festen, und das
                geweihte Schwert!
Wollt Gott, ich selber wäre solch eines Sieges wert,
So wollt ich armer Sünder verdienen reichen Sold,
Nicht mein ich Hufen Landes, nicht mein
                ich Fürstengold:
Des ewigen Lebens Krone, die wollt ich selig tragen,
Die leicht ein Söldner könnte mit seinem
                Speer erjagen.
Könnt ich die selige Reise doch wagen über See,
So wollt ich jubelnd singen und nimmermehr o weh –
Für ewig nicht, o weh!

Mit den Briefen ist der im September 1277 gegen Kaiser
Friedrich geschleuderte Bannstrahl gemeint.

60. Wahlstreit

1. Die drei Dinge

Ich saß auf einem Steine
Und deckte Bein mit Beine,
Den Ellenbogen stützt ich auf
Und schmiegte in die Hand darauf
Das Kinn und eine Wange.
So grübelte ich lange:
Wozu auf Erden dient dies Leben? ...
Und konnte mir nicht Antwort geben,
Wie man drei Ding erwürbe,
Dass keins davon verdürbe.
Die zwei sind *Ehr* und *irdisch Gut*,
Das oft einander Abbruch tut,
Das dritte *Gottes Segen*,
Der allem überlegen.
Die hätt ich gern in *einem* Schrein;
Doch leider kann dies niemals sein,
Dass weltlich Gut und Ehre
Mit Gottes Gnade kehre
In ganz dasselbe Menschenherz.
Sie finden Hemmnis allerwärts:
Untreu hält Hof und Leute,
Gewalt geht aus auf Beute,
Gerechtigkeit und Fried ist wund,
Die drei genießen kein Geleit,
Eh diese zwei nicht sind gesund.

2. Der Waise

Ein Wasser hört ich quellen,
Sah drin die Fische schnellen;
Ich schaute alles auf der Welt:

Laub, Gras und Röhricht, Wald und Feld,
Was kriecht und fliegt und geht
Und auf den Beinen steht.
Dies sah ich und verkünde das:
Nicht eins davon lebt ohne Hass.
Das Wild und das Gewürme,
Die streiten heftige Stürme;
So auch die Vöglein unter sich,
Doch tun sie dies einmütiglich,
Sonst würden sie zunichte,
Wenn keiner ist, der richte.
Sie küren Könige, ordnen Recht
Und setzen Herren ein und Knecht.
O weh dir deutschem Lande,
Wie fällst du doch in Schande –
Die Mücke wählt sich einen Herrn,
Und du bist aller Würde fern!
Bekehre dich! Und mehre
Nicht noch der Fürsten Ehre.
Die armen Könige drängen dich,
Den Waisen setz dem Philipp auf
Und andre lass nur beugen sich!

3. Der Klausner

Im Stillen wollt ich schauen
Nach Männern und nach Frauen,
Und sah und hörte nach und nach,
Was jeder tat, was jeder sprach.
Zu Rom hört ich mit Lügen
Zwei Könige betrügen.
Daraus entstand der größte Streit,
Der wohl gewesen aller Zeit:
Ich sah sich wild entzweien
Die Pfäfflein und die Laien.

Die Not war über alle Not.
Es wurden Leib und Seele tot –
Die Laien durften siegen,
Die Pfaffen unterliegen.
Da ließen sie die Schwerter ruhn
Und trugen Priesterkleider nun:
Sie bannten, wen sie wollten,
Nicht wen sie bannen sollten.
Bald lag im Schutt manch Haus des Herrn,
Da hört ich einen Klausner fern
In seiner Zelle klagen
Und unter Tränen sagen
Dem Himmlischen sein Herzeleid!
O web, der Papst ist allzu jung,
Hilf, Herrgott, deiner Christenheit!

Das Spruchgedicht 1 entstand 1198 und bezieht sich auf die
Zerrüttungen in Deutschland nach Heinrichs des Sechsten Tod.
Dieser starb am 28. September 1197, und es wurde von den
staufisch gesinnten Fürsten (da der Papst Heinrichs dreijähri-
gen Sohn, nachmaligen Kaiser Friedrich den Zweiten, nicht
anerkannte) Heinrichs Bruder Philipp von Schwaben, der
jüngste Sohn Barbarossas, zum König gewählt, der für den un-
mündigen Knaben die vormundschaftliche Regierung führte.
Die welfische Partei erhob zum Gegenkönig den zweiten Sohn
Heinrichs des Löwen, Otto von Braunschweig, den nachmali-
gen König Otto den Vierten. In der im ersten Teil angedeuteten
Stellung ist der Dichter in der Pariser und Weingartner Hand-
schrift abgebildet: »Ein Barett auf dem lockigen Haupt, in rei-
chem blauen Gewand mit rotem Unterkleid, blickt er nach-
denklich zur Erde und hält in der Rechten eine Schriftrolle sei-
ner Lieder, die aufgerollt emporschwebt zwischen dem
symbolischen Wappenschild und Helm mit den Vogelgebil-
den.« – Hagen.
    Der Spruch 2 fällt in die Zeit vom 6. März bis 8. September
1198 und bildet eine Aufforderung, der Herrscherlosigkeit des

Reiches ein Ende zu machen. Die armen Könige sind die im Vergleich zu Philipp unbedeutenden Mitbewerber um den deutschen Thron. Der Waise ist der wertvollste Edelstein in der deutschen Kaiserkrone, den der Sage nach Herzog Ernst aus dem Hohlen Berge mitgebracht hatte. (Vgl. dazu aber: Lessings Briefe antiquarischen Inhalts Nr. 49)

Der Spruch 3 entstand nach Simrock 1198. »Der in Vers 17 erwähnte Bann wird auf die von Innozenz exkommunizierten deutschen Heerführer in Italien oder auf Philipps ersten Bann gehen.« Die Betrogenen in Vers 6 sind Philipp und Friedrich von Sizilien. V. 10: Unter den Laien ist die Partei Philipps, unter den Pfaffen die Ottos zu verstehen. Innozenz war bei seiner am 8. Januar 1198 erfolgten Wahl erst 37 Jahre alt.

61. Vorsatz

Mag um so weiser jemand sein,
Je größer seiner Hörer Schar,
So trügt in meinem Fall der Schein,
Weil es an mir nicht offenbar.
Fragt mich um Rat die halbe Welt,
Irr ich doch selbst im Dunkeln sehr,
Und bin mit Recht so schlimm bestellt,
Dass Rat zu schenken mir sehr schwer.

Bring einem andern es Gewinn,
Wohl merk ich's, dass es mich beirrt;
Will mich drum vorsehn fürderhin,
Dass nicht mein Wort verdeutelt wird.
Ich scheide besser Freund und Feind,
Und wenn sich wieder einst ein Tor
Mit mir wohl zu beraten meint,
Dann schweig ich und schütz Kopfweh vor.

62. An die Jungfrau

Maria, lichtes Frauenbild,
Du Hochgelobte, Süße,
Hilf mir durch deines Kindes Ruhm
Und Heiligtum,
Dass meine Schuld ich büße.
Du aller Gnaden reiches Meer,
Der Tugend voll und Güte,
Du Königin hehr,
Aus deren edelm Herzen reich
Uns Gottes Geist erblühte.
Heil sei uns allen, dass du Ihn geboren,
Der dir als Schöpfer, Vater, Kind erkoren!
Den Höhe, Breite, Tiefe, Länge
Nach irdischen Maßen nie umfange.
Dein kleiner holder Leib hat ihn umfangen!
Kein Wunder groß wie dieses ist;
Die du der Engel Königin bist,
Du trugst ihn ohne Schmerz und Bangen!

63. Wirt und Gast

»Willkommen seid, Herr Wirt!« – dem Gruße
          muss ich schweigen,
»Willkommen, lieber Gast!« – da muss ich
          mich verneigen.
Heimat und Wirt: wie traut die beiden Worte klingen,
Herberg und Gast: wie rau sie mir zu Ohren dringen!
Wie gern erlebt ich's doch, dass mir auch
          Gäste kämen,
Die unter frohem Dank spät Abschied von
          mir nähmen.
»Seid heute hier, seid morgen dort« – Zigeunerart
          ist das!

»Ich bin daheim, ich will nun heim« – ist
                    besserer Verlass.
Der Gast fällt wie ein Schach fast stets zur Last,
Macht drum zum Wirt mich heimatlosen Gast,
Dass nicht das Schach mit Gottes Hilf
Bei euch mehr halte Rast!

An Otto, als ihm Friedrich II. schon »Schach bot«.

64. Das Lehen

Ich hab ein Lehn, Gottswunder! Ich hab, ich
                    hab ein Lehen!
Nun brauch ich nicht zu fürchten den Frost
                    mehr an den Zehen,
Und will bei kargen Herren von jetzt an
                    nicht mehr flehen.
Der edle milde König hat trefflich mich beraten,
Dass ich des Sommers Milde, des Ofens Glut gewann,
Jetzt sehen mich die Nachbarn mit größrer Güte an,
Und sehn nicht mehr den Popanz in mir, wie
                    sonst sie taten!
Zu lange unverschuldet lag ich an Armut krank,
Ich war vor Zorn verbittert, dass ich nur Galle trank,
Nun hat des Königs Güte gereinigt Herz und Sang!

Um 1215 erfüllte Friedrich Walthers Wunsch und erteilte ihm
in der Nähe Würzburgs ein Lehen.

65. Enttäuscht

Ich soll vom Lehn des Königs an dreißig
                    Mark erzielen,

Doch ach! Noch niemals Zinsen davon für
          mich entfielen,
Die über Meer verfrachten ich könnt in Schiff
          und Kielen.
Groß klingt das Wort: ein Lehen! Doch so ist
          mein Gewinn,
Dass man ihn weder greifen noch sehn und
          hören kann,
Wie häuften da in Kästen sich also Taler an?
Nun rate, Freund: behalt ich's? Wie, oder
          geb ich's hin?
Der Pfaffen Disputieren das schlag ich in den Wind,
Ich weiß, dass ihre Truhen gefüllt bis oben sind –
Doch prüfet ihr die meinen: ihr sucht und
          seht euch blind!

Vers 8: Der Papst hatte 1216 geboten, als Beitrag zu den Kosten des Kreuzzuges den zwanzigsten Teil des Einkommens beizutreiben, und zwar bis zum Mai 1217.

66. Verfall des Reiches

Ich selber erblickte vor Zeiten den Tag,
Wo Preis uns erschollen von sämtlichen Zungen!
Wo irgendein Land in der Nähe uns lag,
Da bat es um Frieden, sonst ward es bezwungen.
Wie haben wir damals nach Ehre gerungen,
Da rieten die Alten, da taten's die Jungen.
Doch wo nur bestechlich die Richter heut sind,
Haec fabula docet – was? Sieht man geschwind,
Und was nun die Folgen? Sagt dem es, der blind!

67. Wegweiser zum Himmel

Die Weisen raten dem, der in den Himmel wolle,
Dass er den Weg vorher mit Fleiß bestellen solle,
Damit kein Räuber kommt, der ihm
                    den Eingang wehre.
Ein Achter heißet Mord, der lässt uns nicht zum Ziele,
Ein andrer heißet Brand, ihn drückt
                    des Bannes Schwere.
Ein Dritter Wucher heißt, der fällte schon gar viele,
Doch Wegelagerer derart gibt es noch mehre:
Sie sperren dir den Weg und heißen Hass und Neid,
Dann gibt's nach Geld und Gut schamlose Gierigkeit,
Und noch manch andrer liegt im Hinterhalt bereit.

68. Schlechte Ratgeber

Wer er auch sei, ein Schalk ist's, der da
                    mit Vorsatz trügt,
Und seinen Herrn verleitet, dass er betrügt und lügt.
Sein Bein erlahme ihm, wenn er im Rate steht,
Doch ist so vornehm er, dass er im Rate sitze,
So wünsch ich, dass ihm lahm die falsche Zunge geht,
Die unserm guten Herrn das Herz zur Bosheit dreht.
Soll Witz die Lüge sein – so sind das frevle Witze!

Man riete lieber dann: »Lasst ihr in euerm Kragen
So falsch Gelübd! Ihr dürft Gelobtes nicht versagen!«
Erfüllt's, eh euerm Ruf der Kalk und Schmuck
                    ist abgetragen.

Bezieht sich auf die schlechte Umgebung Ottos: auf die unge-
treuen Räte, Schmeichler und Schmarotzer. Die höheren Räte
saßen, die untergeordneteren standen.

69. Zuchtlosigleit

Wer zieret nun den Ehrensaal?
Der jungen Ritter Zucht ist schmal,
Die Knechte pflegen bäuerischer Dinge
Mit Worten und mit Werken auch;
Wer züchtig ist, der heißt ihr Gauch,
Nehmt wahr, wie schnell der Unfug weiterdringe.
Vor Zeiten strafte man die Jungen
Ob ihrer dreisten Lästerzungen.
Heut heißt es, das ist Würdigkeit;
Prahlhänse schelten reine Frauen.
Weh ihren Häuten, ihren Haaren,
Die sich nicht können froh gebaren,
Als wenn sie Frauen Schmerz erregt!
Da mag man Sünde bei der Schande schauen,
Die mancher selbst sich auferlegt.

Die Strafe an Haut und Haar – Stäupen und Scheren – galt als
eine der entehrendsten. Grimms Rechtsaltertümer 702 ff.

70. Salomos Lehre

Die Väter haben schlecht erzogen
Die Kinder; beide sind betrogen:
Sie freveln wider Salomonis Lehre.
Der sagt: dass wer die Rute spare,
Am Kinde einst den Lohn gewahre:
Denn Ungestraften mangle Zucht und Ehre!
Einst stand es um die Welt so gut,
Heut ist sie voller Übermut –
So war es nie vordem im deutschen Land.
Das Alter wird verspottet von den Jungen –
Nur zu! Verspottet nur die Alten!
Euch bleibt das Gleiche aufbehalten,

Wenn erst die eigne Jugend schwand.
Dann hört ihr's zwitschern, wie ihr selbst gesungen –
Dies Wort und mehr ist mir bekannt!

Interessant ist an diesem Gedicht die Beschwörung der »Guten alten Zeit«, was – wie hieraus zu sehen – also schon im dreizehnten Jahrhundert (vgl. auch Dante) an der Tagesordnung war, ja vielleicht überhaupt schon immer der Fall war, solange es Menschen gibt.

71. Niedrige Ratgeber

Wo unten steht ein hoher Mann,
Ein niedrer aber obenan
Im hohen Rat, da ist der Hof entehrt.
Nie soll ein unverständger Mann
Rat geben, wo er's doch nicht kann;
Wie kann er heilen, was mich nicht beschwert?
Die Hohen stehen vor den Kemenaten,
Die Niedern sollen nun das Reich beraten:
Doch, da es ihnen fehlt an Kunst,
So können sie mit eitelm Dunst
Auch nur das arme Reich betrügen –:
Die Fürsten lehren sie das Lügen
Den Glauben stören sie, das Recht,
Sind nicht Gesetzeswächter:
Drum steht es um die Krone schlecht
Und um die Kirche schlechter!

72. An die Fürsten

Ihr Fürsten, adelt euer Herz durch reinste
                    Güte immer,

Je sanfter ihr den Freunden seid, dem Feind
               seid desto grimmer.
Bewahrt das Recht und danket Gott, dass er
               euch Macht gespendet,
Drob euer Volk in treuem Dienst euch Gut
               und Blut verschwendet.
Seid mild, habt freundlich offne Hand, lasst stets
               euch würdig schauen,
So lobt euch gern die Ritterschaft, so preisen euch
               die Frauen.
Auch Treue, Milde, Scham und Zucht sollt ihr
               mit Freuden tragen,
Verehret Gott, beugt nicht das Recht, wenn Arme
               vor euch klagen.
Misstraut den Räten, die da falsch und eitel
               Lügen spinnen,
Folgt gutem Rat, so werdet ihr das Himmelreich
               gewinnen!

73. Lebensart

Zu zwein bin ich geschickt, wie ungeschickt ich bin,
Das ist mir eigen schon von Kindesbeinen.
Ich zeige gern bei Frohen frohen Sinn,
Und lache ungern, seh ich jemand weinen.
Mit den Leuten bin ich froh,
Mit den Leuten will ich sorgen;
Ist mir nicht zumute so,
Schadet's: Leid und Lust zu borgen?
Wie sie sind, so will ich sein,
Dass sie nicht verdrießet mein –
Doch die nie bedauern,
Wenn ein andrer fühlet Pein,
Mögen auch bei Frohen trauern.

Vordem als minniglich man noch um Minne warb,
Ist mein Gesang auch freudenhell erklungen,
Da minnigliche Minne nun verdarb,
Da hab ich auch unminniglich gesungen.
Immer, wie es grade steht,
Soll man angemessen singen:
Wenn der Unfug nun vergeht,
Soll auch mein Lied höfisch klingen.
Noch kommt Lust und Sangestag:
Wohl dem, der's erwarten mag!
Wer mir glauben wollte:
Ich erkenne Ton und Schlag,
Wo und wie man singen sollte!

Vor Frauen sang ich einst allein um ihren Gruß;
Den hab ich für mein Lob als Lohn erhoben.
Da ich umsonst des Lohns nun harren muss,
Lass andre ich um solche Grüße loben.
Wo ich nicht erwerben kann
Solchen Gruß mit meinem Sange,
Denen als ein stolzer Mann
Zeig ich Rücken oder Wange.
Das besagt: mir ist um dich
Ebenso wie dir um mich.
Frauen will ich ehren,
Die da dankbar zeigen sich –
Nicht die stolzen Überhehren!

Vernehmt: was uns allsamt so großen Schaden tut,
Ist, dass die Fraun uns wenig unterscheiden!
Sie fragen nicht, ob einer bös, ob gut:
Und dieser Gleichmut lässt uns Wackre leiden.
Unterschieden sie uns noch,
Dass auch sie sich sondern ließen,
Beiden Teilen müsste doch
Nur ein Vorteil draus entsprießen.

Was steht wohl, was übel an,
Wenn man es nicht scheiden kann?
Frauen: lasst euch lehren:
Zürntet ihr nicht, wollt ein Mann
Über einen Kamm euch scheren?

74. Schlimme Zeit

Die Weisen sprechen für und für:
Auf Erden stünd es traurig wie noch nie,
Dieweil man wenig Freude spür;
Doch stritt ich immer zornig wider sie,
»Sie möchten ganz veralten,
Es würde doch nie wahr.«
Ihr Wort missfiel mir gar;
So stritt ich mit den Alten!
Sie haben recht behalten
Schon länger als ein ganzes Jahr.

Mein Auge großes Wunder sieht,
Dass manchem, der es nicht verdient wie ich,
Doch Freude blüht und Glück geschieht.
O weh dir, Welt, wie steht es doch um dich?
Wenn Gott nun hätt erkoren
Dem einen klugen Sinn,
Dem andern Glücksgewinn,
Dann wäre reichen Toren
Die Ehre nicht verloren,
Wär ich so reich als arm ich bin.

Vordem, als alle waren froh,
Da wollte niemand hören meine Klage;
Jetzt aber geht es manchem so,
Dass sie mir willig glauben, was ich sage.
Mag Gott im Himmel senden

Bald wieder bessre Zeit,
Er geb uns Seligkeit,
Dass unsre Sorgen enden.
Ach, könnt ich sie doch wenden –
Doch mich drückt noch besondres Leid.

75. Sittenverfall

Ohne Lust so manches Leid,
Wer ertrüge das wohl länger noch?
Wär's nicht Unbescheidenheit,
Rief ich: »Holla, Glück – komm näher doch!«
Ach, Frau Fortuna bleibt mir fern,
Und keinen Menschen sucht sie gern,
Der Treue hält:
Ist's so, was wird sodann aus mir in aller Welt?

Weh, welch dürftiger Gewinn
Täglich meinem Blick vorüberfährt?
Dass ich so verachtet bin
Doch in Sitten, und mir's keiner wehrt!
Ja, mit den guten alten Sitten
Ist man allerorts jetzt schlecht gelitten,
Denn Ehr und Gut
Hat heute leider nur, wer Böses liebt und tut!

An der Männer Unrecht sind
Frauen schuld – das ist nun leider so!
Als ihr Herz noch hochgesinnt,
War die Welt um ihretwillen froh.
Wie gut von ihnen sprach man da,
Als man sie wohlgesittet sah –
Nun kann man schauen,
Dass Unrecht Liebe nur erwirbt bei allen Frauen.

Komm ich zu den Frauen hin,
Hab ich über nichts so große Klage,
Als: dass ich je zücht'ger bin,
Ich mir desto minder Gunst erjage.
Sie lästern alle guten Brauch,
Doch gibt's verständige Frauen auch:
Die mein ich nicht –
Die schämen sich, wenn man von schlechten
                              Frauen spricht!

Reines Weib und guter Mann,
Alle solche sollen selig sein!
Wo ich denen dienen kann,
Tu ich's gern, dass sie gedenken mein.
Doch dieses sag ich unbeirrt,
Sofern die Welt nicht besser wird,
So will ich leben
So gut ich kann und mich des Singens ganz begeben!

76. Die Kläffer

Ein Völkchen bringt uns wenig Frommen:
Wenn das erst wär vertrieben,
Sich manchem wohlerzognen Mann
Am Hof ein Plätzchen beut.
Die lassen nicht zu Wort ihn kommen,
Da sie das Schreien lieben;
Könnt er, was man nur Gutes kann,
Es hülfe ihm kein Deut!
»Ja, ich und andre Toren,
Wir schrein ihm in die Ohren,
Kein Mönch, singt er die Horen,
Macht größeres Gebrüll.«
Wohl sollte Ehre bringen
Bescheidnen Mannes Singen,

Doch Narrenschellenklingen –
Hier schweig ich lieber still!

77. Verfall der Zucht

O Welt, wie schlimm es um dich steht,
Dass solche Dinge man begeht,
Die ohne Schmerz kein Edler kann ertragen.
Schier bist du ohne alle Scham,
Weiß Gott, ich bin dir herzlich gram –
Denn du bist heut ganz aus der Art geschlagen.
Hast du dir Ehren noch erhalten?
Man sieht bei dir kein fröhlich Walten,
Wie man es sah manch frühern Tag.
Was haben milde Herzen zu entgelten,
Dass man nur lobt die geizigen Reichen?
Welt, du hast Lacher ohnegleichen,
Dass ich es nicht beschreiben mag.
Auf Wahrheit hört man heut, auf Treue schelten –
Der Ehre ist's ein harter Schlag!

78. Kunstverfall

Weh euch, höfischen Gesängen,
Dass dich ungefüge Töne
Allgemach vom Hof verdrängen,
Grad, als ob euch Gott verhöhne!
Weh, wie eure Würde niederliegt,
Keinen eurer Freunde stimmt es froh –
Doch, es muss so sein – drum sei's denn so:
Unkunst, du hast obgesiegt!

Wer uns Freude wiederbrächte,
Die der wahren Kunst entquölle,

Wie man dessen rühmend dächte,
Wo sein Name nur erschölle!
Ja, das war ein hofgerechter Mut,
Wie ich stets mich sehnte, ihn zu schaun –
Ziemend wär es allen Herrn und Fraun:
Wehe, dass es keiner tut!

Die das gute Singen stören,
Derer gibt es ungleich mehre,
Als die lieber Wohlklang hören;
Darum folg ich alter Lehre:
Nimmer in die Mühle trat ich noch,
Wo der Stein im Schwung so knarrend schleift,
Und das Rad so schrille Weisen pfeift –
Das ist übles Harfen doch!

Die so dreist und vorlaut schallen,
Derer muss ich zürnend lachen,
Weil sie selbst sich wohlgefallen
An so kunstlos-groben Sachen.
So im Tümpel sich die Unke spreizt,
Die sich am Gequak so wohlbehagt,
Dass davor die Nachtigall verzagt
Und mit ihrem Wohllaut geizt.

Wenn man Unfug schweigen hieße,
Tönten neu bald bessre Lieder,
Wenn man aus der Burg ihn stieße,
Käm die alte Freude wieder.
Jagten ihn die großen Höfe fort,
Soll es wohl mit meinem Willen sein:
Unfug, kehre bei den Bauern ein,
Denn dein Ursprung stammt von dort!

79. Gleichnis vom Gärtner

Wo gutgeratne Kräuter sind
In einem grünen Garten,
Da sollte sie ein weiser Mann
Wohl nehmen recht in Hut.
Er soll sie kosen wie ein Kind
Und scharfen Auges warten;
Wohl lohnen sie mit Lust ihm dann
Und höhen seinen Mut.
Ausreiße er bedächtig,
Und prunkt's auch farbenprächtig,
Das Unkraut, eh es mächtig;
Auch seh er, ob sich nicht
Ein Dorn schlich ins Gehege:
Das schaff er aus dem Wege,
Weil sonst die beste Pflege
Vergebens Lohn verspricht.

80. Erziehungsregeln

Niemals pflanzt die Rute
Kindern ein das Gute:
Wer zu Ehren kommen mag,
Dem gilt Wort soviel als Schlag. –
Dem gilt Wort soviel als Schlag,
Der zu Ehren kommen mag.
Kindern pflanzt das Gute
Niemals ein die Rute!

Hütet eure Zungen,
Das steht wohl den Jungen.
Schiebt den Riegel vor die Tür,
Lasst kein böses Wort herfür. –
Lasst kein böses Wort herfür,

Schiebt den Riegel vor die Tür;
Das steht wohl den Jungen,
Hütet eure Zungen!

Hütet eure Augen,
Lasst sie dazu taugen:*
Gute Sitten nur zu sehn,
Böse lasst sie übergehn. –
Böse lasst sie übergehn,
Gute Sitten nur zu sehn,
Dazu lasst sie taugen:
Hütet eure Augen!

Hütet eure Ohren,
Oder ihr seid Toren.
Lasst ihr böses Wort hinein,
Wird es euch zur Schande sein. –
Ja, zur Schande wird's euch sein,
Lasst ihr böses Wort hinein;
Oder ihr seid Toren:
Hütet eure Ohren!

Hütet drum der dreien,
Dieser allzu freien.
Zungen, Augen, Ohren sind
Boshaft oft, für Ehre blind. –
Boshaft oft, für Ehre blind
Ohren, Augen, Zungen sind,
Diese allzu freien:
Hütet drum der dreien!

---

* eigentlich: *offenbâre* und *trugen* (offen und im Geheimen).

81. Fruchtlose Erziehung

Halsstarrig Kind, du bist zu krumm,
Es biegt dich keiner grade mehr;
Der Rute bist du leider schon zu groß,
Dem Schwerte noch zu klein –
So schlaf in Ruhe denn vor mir!
Ich halte schier mich selbst für dumm,
Dass ich dich ehrte allzu sehr;
Ich barg die Unart dein in Freundes Schoß,
Mein Leid band ich ans Bein –
Und tief verneigt ich mich vor dir!
Nun sei dein Lernen lehrerlos,
Ich kann nicht länger meistern dich;
Vermag's ein andrer, der dir mehr
Behagt, wohlan, so freu es mich.
Doch weiß ich wohl, wenn seine Kraft
Zu Ende geht und nichts mehr schafft,
Noch etwas lockt aus dir herfür,
So steht der Herr mit seiner Kunst
Bald ratlos vor der Tür!

Zu diesem und den beiden vorigen Gedichten ist zu bemer-
ken, dass Kaiser Friedrich dem Dichter die Erziehung seines
Sohnes Heinrich anvertraut hatte. Doch schon 1125 gab er
diese undankbare, erfolglose Stellung als Lehrmeister wieder
auf. Diese drei Sprüche scheinen für seinen Zögling gedichtet
zu sein.

82. Anzeichen des Jüngsten Tages

Nun wachet, wacht! Es naht der Tag,
Vor dem wohl bang erbeben mag
Die Christenheit, der Juden Volk und Heiden!
Viel Zeichen gab's in jedem Land,

Daran sein Kommen ward erkannt,
Wie uns untrüglich kann die Schrift bescheiden.
Der Sonne Schein uns nimmer freut,
Untreue ihren Samen streut
Allorts nach allen Seiten.
Beim Kind der Vater Untreu findet,
Der Bruder seinem Bruder lügt,
Der Geistliche in Kutten trügt,
Statt uns zum Himmel zu bereiten:
Obsiegt Gewalt, das Recht verschwindet –
Wacht auf! und ändert euch beizeiten!

Im Jahre 1207 berichteten die Chronisten von solchen Zeichen.

83. Das Jüngste Gericht

Ich hörte weise Leute sagen,
Dass ein Gericht bald solle tagen,
Wie nie vordem gewesen eins so strenge.
Da hört den Richter also man:
»Nicht Pfand noch Bürgschaft helfen kann!«
Da kommt bald alle Menschenkunst ins Enge.
Drum hilf, o Frau, das hier besorgen,
Denn dort im Jenseits gibt's kein Borgen;
Hilf bei der höchsten Freude dein,
Die dir der heilige Engel brachte,
Als er dir die Empfängnis kündete,
Durch die sich deine Freude zündete,
Die ewig unser Heil soll sein.
Der diese Wonne dir entfachte,
Der soll mir Trost im Tod verleihn!

84. Leich

Gott, dein dreieinig Wesen,
Das du dir auserlesen
Und das von je gewesen,
Wir preisen es dreifaltig,
Dreifach bist du einhaltig!

Dich, Gott, den hohen, hehren,
Den Ursprung aller Ehren,
Kann keine Macht versehren:
Er send uns seine Lehren!
Uns wusste zu verkehren
Den Sinn zu mancher Sünde
Der Fürst der Höllenschlünde.

Sein Rat und schwachen Fleisches Gier
Entfernten uns, o Herr, von dir.
Doch dieser beiden Widerstand
Zwingt deine sieggewohnte Hand
Um deines heiligen Namens Ruhm;
Drum lass mit dir zum Siegertum
Auch unsre schwache Kraft sich heben
Zu treubeständigem Widerstreben,
Auf dass du seist geehret,
Dein Ruhm und Preis sich mehret;
Er aber sei entehret,
Der uns die Sünde lehret!

Er, der zur Sinnenlust uns jagt,
Liegt doch vor deiner Kraft verzagt,
Drum sei dir ewig Lob gesagt,
Wie auch der reinen Himmelsmagd,
Durch die Erlösung uns getagt
Im Sohn, der ihr als Kind behagt.

Magd und Mutter schaue
Der Christenscharen Not;
Dem blühenden Stabe Arons,
Dem jungen Morgenrot,
Gleichst du, Ezechiels Tore,
Das keinem offen stand,
Durch das der Himmelskönig
Nur Aus- und Eingang fand.
Wie den Kristall die Sonne
Durchstrahlt, so rein und klar,
Gebar sie unsre Wonne,
Die Magd und Mutter war.

In hellem Brand
Ein Busch einst stand
Und ward nicht von der Glut verzehrt.
Sein Schmuck und Glanz
Verblieb ihm ganz,
Von Feuerzungen unbeschwert.
So blieb auch rein
Die Magd allein,
Die, eine Jungfrau unversehrt,
Des Kindes Mutter worden ist,
Ohn dass von einem Mann sie wüsst,
Und, was kein Menschensinn ermisst,
Den reinen Christ
Gebar, der uns bedachte.
Drum Heil uns, dass sie ihn gebar,
Der unsers Todes Tilger war!
Es wusch sein reines Blut uns klar
Von Sünden gar,
Die Evas Schuld uns brachte.

Vom hohen Thron
Des Salomon –
Bist du, o Frau, Gebieterin!

Balsamreichende,
Nie verbleichende
Perle du – vor allen Mägden
Magd und Königin!
Gottes Amme,
Du gabst dem Lamme
Den Leib zum Schreine,
Es lag der Reine
Sündlos darin!

Dem Lamm fürwahr
Gleicht offenbar
Der Mägdlein Schar
Die sein nimmt wahr
Und folgt, wohin sich's kehret.
Das Lämmlein ist
Der wahre Christ,
Durch den du bist
Für ewige Frist
Erhöhet und geehret.
Nun bitt ihn, dass er uns verleiht
Um deinethalben Kraft zum Streit:
Sei uns mit Himmeltrost bereit,
So wird dein Lob gemehret!

Dir Magd, der unschuldreichen,
Dem Vließe zu vergleichen,
Das Gideon zum Zeichen
Gott selbst benetzt mit seinem Tau,
Es drang das Wort der Worte
Zu deiner Ohren Pforte,
Das dich von Ort zu Orte
Durchsüßet, süße Himmelsfrau!

Was aus dem Worte einst erstand,
Ist frei von Kindes Sinn und Tand:

Es wuchs zum Wort und ward ein Mann,
O schauet recht dies Wunder an,
Dass einen Gott, der ewig war,
Ein Weib nach Menschenart gebar;
Hier überwundert seine Macht
Die Wunder noch, die schon vollbracht.
Den Wundertäter trug ein Weib
In keuschem, unbeflecktem Leib
Wohl vierzig Wochen und nicht mehr
Ohn alle Sünde und Beschwer.

Nun bitten wir die beiden,
Die Mutter und das Kind,
Dass sie uns Heil bescheiden
So gut und rein sie sind.
Denn ohne sie kann keiner
Hier oder dort gedeihn –
Und leugnet dies uns einer,
Der muss wohl töricht sein.

Wie kann's geschehn, dass der gedeiht,
Der ohne Herzenslauterkeit
Zur Reue niemals wär bereit?
Da Gott die Sünden nur verzeiht,
Wenn sie gereun zu jeder Stund,
Tief, tief, bis in des Herzens Grund!
Dem Weisen ward schon längst es kund,
Dass keine Seele wird gesund,
Die, von dem Schwert der Sünde wund,
Dem Reubekenntnis schließt den Mund.

Schwer wird uns nun die Reue;
Drum betet, dass der treue
Herrgott sie uns aufs Neue
In unsre Herzen streue:
Der kann wohl harten Herzen geben

Wahrhafte Reu und reines Leben:
Drum sollte keiner widerstreben.
Wo er zerknirschte Reue weiß,
Da schmiedet er die Reue heiß,
Bis er das wilde Herze zähmt,
Dass es sich aller Sünde schämt.

Gottvater und Gottsohn, wir flehen
Den rechten Geist herab uns schicke,
Dass er mit süßer Himmelsflut
Die dürren Herzen recht erquicke!
Unrechter Ding ist um und um
Die Christenheit so voll;
Liegt im Spital das Christentum,
Steht's nimmer, wie es soll!

Dürstend Begehren
Trägt's nach den Lehren,
Die es von Rom gewöhnt gewesen!
Wer die ihm schänkte,
Es damit tränkte
Wie sonst, der brächt es zum Genesen.

Ihm brachte seiner Leiden Schar
Die arge Simonie fürwahr:
Nun steht es aller Freuden bar,
Und läuft Gefahr,
Will es den Schaden rügen.
Das Christentum, die Christenheit,
Wer diese zwei gleich lang und breit
Zusammennähte in ein Kleid
Zu Lust und Leid,
Der will auch, dass wir trügen
In Christo christenliches Leben:
Da er zusammen uns gegeben,
Wollt er, dass nichts uns scheide.

Wer christlich nur mit Worten spricht
Und Christenwerke übet nicht,
Der ist wohl halb ein Heide.
Dies eine ist zumeist uns not:
Das Wort ist ohne Werke tot –
Gott schütz und fördre beide,
Und deck uns mild
Mit seinem Schild;
Sein Ebenbild
Hat er uns selbst geheißen.
Besänftige, Herrin, seinen Zorn,
Gottmutter du und Gnadenborn,
Schimmernde Rose ohne Dorn,
Lass deine Sonne gleißen!

Dich lobt die hehre Engelsschar,
Doch soviel Lob sie brachte dar,
Des Rühmens nie ein Ende war,
So oft es ward gesungen
Von Mensch- und Engelszungen,
Und wo es auch erklungen,
Im Himmel und hernieden,
Denk des und gib uns Frieden.
Sieh gnädig auch auf unsre Schuld
Und schenk uns milde Himmelshuld,
Auf dass dein Flehen dringet
Zu dem, der Gnade bringet,
Mit Hoffnung uns beschwinget,
Vergebung uns erringet,
Dass wir, die schwer mit Schuld beladen,
Mit deiner Hilfe rein uns baden
Im Quell beständiger Reue
Um unsrer Sündenlast,
Die du nächst Gott, du Treue,
Nur zu vergeben hast!

Leiche sind Gesänge, die aus verschiedenen Strophenarten bestehen, während das Lied im Gegensatz dazu nur eine oder mehrere gleichgebaute Strophen umfasst. Aus diesem wundervollen Gedicht spricht eine herrliche Feierlichkeit, eine wahre tiefe Innerlichkeit und ein unerschütterlicher christlicher Glaube.

85. Kreuzlied
(Zum Kreuzzug von 1228)

Vielsüße, wahre Minne,
Geleite schwache Sinne;
Bei deinem Anbeginne
Hilf, Gott, der Christenheit,
Der uns zum Heil gekommen,
Das Leid von uns genommen,
Der Waisen Hort und Frommen,
Hilf rächen dieses Leid!
Erlöser von den Sünden,
Dein Reich hilf uns begründen,
Mag uns dein Geist entzünden,
Wenn reuig Herz er fand.
Du hast dein Blut vergossen,
Den Himmel uns erschlossen,
Nun lösen unverdrossen
Wir gern das heilige Band!
Gebt hin, was euer eigen,
Gott wird sich hilfreich zeigen,
Er, der so manchen Feigen
Zur Hölle hat verbannt.

Dies kurze Leben schwindet,
Der Tod uns sündig findet:
Wer sich mit Gott verbindet,
Entgeht dem Höllenleid.

Für Not wird Huld gefunden,
Nun heilet Christi Wunden!
Sein Land wird bald entbunden
Von Not und allem Streit.
Lass, herrlichste der Frauen,
Uns deinem Beistand trauen;
Dein Sohn den Tod musst schauen,
Dem er den Leib ergab.
Mag uns sein Geist durchdringen,
Dass wir die Heiden zwingen,
Die Taufe nie empfingen,
Auf dass sie schreckt der Stab,
Dem auch die Juden fallen.
Man hört ihr Schreien hallen
Und Lob dem Kreuz erschallen:
Wohlauf! Erlöst das Grab!

Der Leib muss uns verderben,
Eh wir den Lohn erwerben.
Gott wollte für uns sterben –
Sein Trost ist aufgespart.
Sein Kreuz, mit Heil bewehret,
Hat unser Glück gemehret;
Wer sich von Zweifeln kehret,
Die Seele wohl bewahrt.
Du Leib, in Schuld vergessen,
Zeit ist dir zugemessen,
Allorts vom Tod umsessen,
So stehn wir ohne Wehr.
Ihr Christen, auf! Von hinnen!
Der Hölle zu entrinnen,
Den Himmel zu gewinnen,
Ist keine Not zu schwer.
Gott will mit Heldenhänden
Uns seine Hilfe spenden,

Drum soll sich ostwärts wenden
Das heilige Kriegesheer.

Gott, steh uns treu zur Seite
Mit förderndem Geleite,
Bis uns nach all dem Streite
Der letzte Hauch entgeht.
Schütz uns vorm Höllenschlunde,
Dass wir nicht gehn zugrunde,
Uns allen ward ja Kunde,
Wie jammervoll es steht.
Das Land, das heilig-reine,
Ist hilflos und alleine,
Jerusalem, nun weine,
Wie dein vergessen ist!
Es drängen dich mit Schwere
Der Heiden stolze Heere;
Bei deines Namens Ehre
Erbarm dich, Jesu Christ,
Der Not, womit sie ringen,
Die dort den Bürgen dingen.
Dass sie nicht uns auch zwingen,
Verhüt in kurzer Frist!

Dieses klangschöne Lied entstand wohl vor der Abfahrt nach
dem Heiligen Land (28. Juni 1228) oder während der Fahrt
selbst.

86. Im gelobten Lande
(Kreuzzug von 1228)

Nun ich erst zufrieden werde,
Da mein sündig Auge sieht
Dieses Landes heilige Erde,
Die man singt und preist im Lied.

Ward erfüllt doch, was ich bat:
Nun ich schauen darf den Pfad,
Den der Herr als Mensch betrat.

Schöne Lande, segensreiche,
Hab ich wandernd viel gesehn,
Keins ist, das sich dir vergleiche;
Was sind Wunder hier geschehn!
Eine Magd ein Kind gebar,
Hehr ob aller Engel Schar –
Göttlich-menschlich wunderbar!

Hier ließ sich der Reine taufen,
Dass der Mensch gereinigt sei;
Hier auch ließ er sich verkaufen,
Dass die Sklavenzeit vorbei.
Flöß uns des Heiles Born
Ohne Kreuz und Speer und Dorn?
Heidentum, das ist dein Zorn!

Als er unser sich erbarmte,
Litt der Herrliche den Tod,
Dass sein Reichtum uns Verarmte
Ledig mache aller Not.
Dass sein Blut uns kaufte los,
Er, das Reis aus Jungfraunschoß,
Ist vor allen Wundern groß.

Nieder dann zum Höllenschlunde
Fuhr der auferstandne Sohn,
Ihm war Heiliger Geist im Bunde
Mit dem Herrn im Himmelsthron.
Nur der einige Gott allein,
Wie ihn Abram schaute rein,
Löst dies Bündnis auf von drein.

Als er dort den Feind bezwungen,
Wie kein Kaiser siegt im Streit –
Hat er neu sich hergeschwungen
Auf die Welt zu Judas Leid.
Dass er ihre Hut durchbrach,
Mit den Jüngern ging und sprach,
Den ihr Hass mit Dornen stach.

Als der Retter hier verweilet
Vierzig Tage, ist er frei
Zu dem Vater hingeeilet;
Seinen Geist, der mit uns sei,
Hat er auf die Welt gesandt:
Heilig drum wird dieses Land,
Heilig aller Welt genannt!

Auf dies Land hat er gesprochen
Einen schreckensreichen Tag,
Da die Witwe wird gerochen
Und die Waise klagen mag
Mit der Armut ob Gewalt,
Die sie litten mannigfalt:
Wohl ihm dort, der hier entgalt!

Weltgerichtsbarkeits Gebrechen
Hemmt des Rechtes Gang nicht mehr;
Denn er selbst kommt Urteil sprechen,
Zieht der Jüngste Tag daher.
Wenn noch Schuld drückt, wehe dann,
Dort, wo der verlassne Mann
Pfand und Bürgen haben kann.

Lasst euch dessen nicht verdrießen,
Was gesprochen hat mein Mund,
Drum will ich die Rede schließen
Und zuletzt euch machen kund:

Was im Anbeginn erdacht
Gottes Herrlichkeit und Macht,
Hier beganns und ward vollbracht.

Christen schwören, Juden, Heiden,
Dass dies Land ihr Erbteil sei,
Diesen Zweifel wird entscheiden
Einst des Himmels heilige Drei!
Alle Welt dies Land begehrt,
Uns ward drauf ein Recht beschert,
Unser sei es unversehrt!

Dieses Lied entstand nach der Ankunft in Palästina am 7. September 1228.

87. Versagtes Lob

Der einen Anfang nie gewann,
Doch allen Anfang machen kann,
Der Ewigkeit kann schaffen und beenden,
Dem alles ruht in Schöpferhänden –
Wer ist da wohl des höchsten Lobes wert?
Er steh voran in meiner Weise,
Er ist's, den ich vor allem preise:
Ruhm wird das Lob, das er begehrt!

Dann loben wir die süße Magd,
Der keinen Wunsch ihr Sohn versagt,
Die Mutter des, der uns von Sünde löste
Und Trost gereicht, der uns vor allem tröste,
Dass man im Himmel ihren Willen tut.
Wohlan, ihr Alten und ihr Jungen,
Es sei ihr Lob und Preis gesungen –
Uns ehrt's, denn sie ist rein und gut!

Euch Engel sollt ich grüßen auch,
Doch tät ich's, töricht war der Brauch.
Denn habt ihr schon der Heiden Werk zerstöret? –
Da niemand etwas von euch sieht noch höret,
So saget, wessen ihr euch rühmen könnt?
Könnt ich wie ihr den Heiland rächen,
Mit niemand wollt ich mich besprechen,
Euch wäre Ruh vor mir gegönnt!

Herr Michael, Herr Gabriel,
Ihr Teufelsfeind, Herr Raphael,
Ihr seid begabt mit Weisheit, Heilkraft, Stärke,
Drei Engelchöre helfen euch beim Werke,
Die müssen fügsam euch zu Willen sein!
Wollt ihr an meinem Lob euch weiden,
So schadet erst einmal den Heiden:
Tät ich's zuvor, sie lachten mein!

Mit köstlicher Naivität verweigert Walther selbst den Erzengeln den dichterischen Preis, wenn sie sich der Christenheit nicht annehmen wollen, da sie doch die Macht dazu haben.

88. Der große Sturm

O weh, es kommt ein Sturm gebraust,
Davon in unsern Tagen,
Wie er die ganze Welt zerzaust,
Man singen wird und sagen.
Der soll – so hört man schreckensbleich
Pilgrim und Waller klagen –
Durchrasen jedes Königreich
Und Baum und Turm zerschlagen.
Den Großen weht das Haupt er ab,
Drum lass uns fliehen zu Gottes Grab.

O weh, wie doch die Ehre ward
Ein Fremdling deutschen Landen,
Wo Mannheit, edle Sinnesart,
Wo Gold und Silber schwanden.
Wer noch all dies sein eigen nennt
Und bleibt daheim mit Schanden:
Ihn lohnt nicht Gott, für ihn entbrennt
Kein Weib in Liebesbanden.
Er fürchte einst im Himmel Gott,
Auf Erden schon der Menschen Spott.

O weh uns müßig Volk, dass wir
Uns lässig niederließen,
Dass jetzt bei Lust und Freuden hier
Uns Not und Jammer sprießen.
Zu keiner Arbeit mochten mehr
Im Lenz wir uns entschließen,
Er trug nur flüchtige Freuden her,
Die Dauer nicht verhießen.
Uns trog der kurze Vogelsang –
Heil dem, der sichres Glück errang!

O weh dem Liede, das wir da
Zur Grillenfiedel sangen,
Statt dass wir, eh der Winter nah,
Zu sammeln angefangen.
Ach, dass wir nicht mit Bienenfleiß
Uns mühten! Längst errangen
Wir Lohn dann als der Mühe Preis –
Es geht, wie's stets gegangen.
Es höhnt ein Narr des Weisen Wort,
Wer recht hat, zeigt dereinst sich dort!

Die Chronisten berichten von einem Orkan im Dezember
1227.

89. Morgengebet

Mit Segen lass mich heut erstehn,
Herr Gott, in deinem Schutze gehn
Und reiten, wo auch hin mein Pfad sich kehre!
Herr Christ, lass sichtbar mir gedeihn
Die große Kraft der Gnade dein
Und schirme mich um deiner Mutter Ehre!
Wie ihrer einst der Engel pflegte
Und dein, als dich die Krippe hegte,
Und du bei Eselein und Rind,
Ein alter Gott, ein junges Kind,
Demütig lagst in sicherer Hut,
Und Gabriel dich schützte gut –
So sei auch stets mein Heil und Hort,
Dass ich erfülle fort und fort,
Herr Jesus Christ, dein göttlich Wort!

Mit dem Engel ist Gabriel gemeint.

90. Gottes Unerforschlichkeit

Allmächtiger Gott, du thronest so hoch, so hehr,
                                    so weit,
Bedächten wir's, verlören wir weder Müh noch Zeit.
Du waltest unermesslich in Macht und Ewigkeit.
Ich weiß es längst, und weiß auch, dass andre
                                    danach ringen,
Obwohl dein Sinn und Wesen bleibt
                                    Unerforschlichkeit.
Du zeigst dich groß und winzig, du bist nicht
                                    zu durchdringen,
Strebt Tag und Nacht, ihr Toren, ihr werdet's
                                    nicht erzwingen,
Wer predigt und belehrt euch in unfassbaren Dingen?

91. Bekenntnis

Du hochgelobter Gott, wie selten ich dich preise!
Da du mir doch verliehn die Kunst in Wort und Weise,
Wie könnt ich frevlen so, weh mir, an deinem Reise?
Ich handle sündig noch, mir fehlt die wahre Minne
Zu meinem Nächsten, ach, und, Vater, selbst zu dir,
Nur einem war ich stets in Huld gewogen: mir!
Gottvater, Sohn und Geist, erleuchte meine Sinne:
Wie lern ich lieben den, der mir nur Übles tut?
Bisher nur liebt ich den, der auch zu mir ist gut;
Und weil ich nach wie vor noch dieser Ansicht inne,
Gib mir für diese Schuld Vergebung zum Gewinne!

Unter dem Reise ist Gottes Zepter zu verstehen.

92. Gleichheit vor Gott

Wer ohne Scheu, allmächtiger Gott,
Will sprechen deine zehn Gebot
Und spricht sie dennoch – dem fehlt wahre Minne!
So mancher zwar dich Vater nennt:
Wer mich als Bruder nicht erkennt,
Der spricht ein großes Wort mit schwachem Sinne.
Wir sind entstanden gleicherweise,
Im Stoffe wechselt unsre Speise,
Nachdem sie Nahrung uns gewährt.
Kannst du den Herrn vom Knechte unterscheiden

(Und mochte er dein Freund auch sein),
Wenn du betrachtest sein Gebein,
Indes Gewürm den Leib verzehrt?
Ihm aber dienen Christen, Juden, Heiden,
Der alles wunderbar ernährt!

93. Selbstbeherrschung

Wer schlägt den Leuen, schlägt den Riesen?
Wer überwindet den und diesen?
Der tut es, der sich selbst bezwingt
Und aus dem Sturm der Leidenschaften
Gerettet sich zum Hafen bringt,
Wo Zucht und gute Sitten walten.
Erlernte Sitte kann nicht haften
Und mag für einen Tag nur halten.
Das Echte dauernd bleibt bestehen,
Das Übertünchte muss vergehen!

94. Abfindung

Wie wunderbar ist diese Welt,
Auf der uns stets zufriedenstellt
Der Herr, der das Erschaffne reich begnadet!
Dem einen gibt er weisen Sinn,
Dem andern Gut und dem Gewinn,
Dass er sich selbst mit diesem Gute schadet.
Den armen Mann mit klugen Sinnen
Ziemt's vor dem reichen Mann zu minnen,
Der nicht nach Ehr und Tugend fragt!
Nur Gottes Huld und Güte zu erlangen,
Danach soll Menschen-Ehrgeiz ringen.
Wer so dem Gut sich will verdingen,
Dass er gern jener zwei entsagt,
Der hat für hier und dort den Lohn empfangen,
Da hier ihm Reichtum wohl behagt.

95. Treue Freunde

Wer seinen treuen Freunden aus Stolz
                    den Rücken kehrt
Und ihnen zur Beschämung nur immer Fremde ehrt.
Dem werde gleiche Münze von Höheren beschert.
Dass ihn der oft umarmte und beste Freund
                    nicht achte,
Sollt er sein Bürge werden für Leben ihm und Gut.
Ich hab es wohl erfahren, dass, wer voll Wankelmut,
Dem angebornen Freunde die Not
                    einst wiederbrachte.
Das wird durch Gottes Fügung wohl öfter
                    noch geschehn,
Denn diesem Sprichwort muss man stets
                    Wahrheit zugestehn:
Es werden Schwert und Freundschaft in
                    Not erprobt sich sehn.

96. Untreue Freunde

Ich will nie wieder glauben den Augen noch
                    den Sinnen.
Die hatten mir geraten, zwei Freunde zu gewinnen,
Die waren ohne Makel von außen, nicht von innen!
Da fand sich etwas Falsches, was nicht bestand
                    die Probe.
Denn da sie schneiden sollten, da bogen sich
                    die Schärfen.
Und wär nichts andres sonst, als dies nur
                    zu verwerfen,
So wären sie untadlig, nichts fehlte ihrem Lobe,
Dass sich vertrauend jeder auf sie verlassen könne.
O dass ich ihres Truges Merkmal doch nie gewönne.

Mich schmerzet nun der Schaden – die Schmach
                    ich ihnen gönne!

97. Manneslob

Die Schönheit mag man feiern   im Frauenlobgesang,
Doch gilt es Männer rühmen,   hat sie zu
                    weichen Klang.
Man preis ihn kühn, mildtätig,   als Drittes
                    möge sein
Beständigkeit im Kranze   verwebt mit jenen zwein.
Wenn ihr es nicht verschmähet,   so will ich's
                    gern euch lehren,
Wie man die Männer lobet,   ohne sie zu entehren.
Wollt ihr die Leute prüfen,   müsst ihr ins Innre sehn,
Doch nicht nach äußerm Scheine   Lob jemand
                    zugestehn –
Gar manches Mohren Innres   ist tugendreich
                    und rein,
Und schwarz sind manche Herzen,   gält es
                    sie umzukehren!

98. An die Jugend

Zieh, Jugend, straff den Zaum, sieh um dich
                    und hab acht,
Lass laufen nicht den Sinn, eh er dich
                    straucheln macht.
Im Herzen trachtet er nach Gütern fort und fort,
Das freut dich hier und wird der Seele Reue dort.
Sei rechten Sinns und lass dir vor dem Bösen grauen,
Und liebe Gott den Herrn, so wirst du Freude schauen.
Um Lob wirb reinen Muts, so wirst du wohl gedeihn,

Ungastlich sollst du stets und fremd dem
                Unrecht sein.
Dem Guten, was dich lehrt der Pfaffe, sollst
                du trauen –
Und deinen Wert hebst du, sprichst du nur
                gut von Frauen.

99. Habsucht

Wer wissentlich um Geld und Gut
Verbrechen, Sünd und Schande tut,
Wie sollte den man einen Weisen nennen?
Wer Gut auf solche Art gewann,
Den sollte jeder wackre Mann
Als einen Toren – wenn er's weiß – erkennen.
Ein Weiser nimmt sich zu Gemüte
Nichts mehr als Gottes Huld und Güte;
Das Leben selbst und Weib und Kind
Verlor er, eh er dieser zwei vergäße.
Mir scheint ein solcher Tor nicht weise,
Auch der nicht, der ihn glücklich preise –
Mir scheint, dass beide Toren sind!
Ja, wer ein andres gern dafür besäße,
Das ist ein Narr, am Geiste blind.

100. Maß im Trinken

1.

Wo man mit Maßen schenkt, da trink ich gern,
Wo sich Maßlosigkeit vom Tisch hält fern,
Die Leib und Gut und Ehr verringert Knecht
                und Herrn.

Der Seele schad es auch, hört ich die Weisen sagen,
Das möge keinem Gast von seinem Wirt geschehn.
Trinkt reichlich er und bleibt beim rechten
                    Maße stehn,
Mag Seligkeit und Glück und Ehr ihm draus behagen.
Drum ward uns ja das Maß gegeben und geprägt,
Dass man's gleichmäßig mess und trage – das erwägt!
Wohl dem, der's grade misst, und der es grade trägt.

2.

Der trank gewiss nicht gut, der sich da übertrinkt;
Ziemt einem Biedermann, dass ihm die
                    Zunge hinkt? –
Wer sich im Wein betrinkt, in Schmach
                    und Sünde sinkt.
Geziemender wär's ihm, er ging auf eignen Füßen,
Statt dass er aufrecht kaum kann ohne Hilfe stehn.
Wie sanft man ihn auch trägt, 's wär besser,
                    könnt er gehn.
Es trinke keiner mehr, als um den Durst zu büßen.
Es bleibt, wer also tut, befreit von Schmach und Spott,
Doch wer so trinkt, dass er nicht sich
                    mehr kennt, noch Gott,
Der bricht als sündiger Mensch das heilige Gebot!

Walthers Grabschrift im Kreuzgang des neuen Münsters zu
Würzburg

Pascua qui volucrum vivus, Walthere, fuisti,
Qui flos eloquii, qui Palladis os, obiisti!
Ergo quod aureolam probitas tua possit habere,
Qui leget, hic dicat »Deus, istius miserere!«

Der du so gut, o Walther, die Vögel verstandest
                         zu weiden,
Blume der Dichtkunst und Mund der Pallas, du
                         musstest nun scheiden;
Dass nun die Siegeskrone dem Redlichen
                         werde beschieden,
Bete, der du dies liesest: »Geb Gott ihm
                         den himmlischen Frieden!«

Nach einer handschriftlichen Sage (Uhland, Seite 153) ver-
ordnete Walther testamentarisch, dass man auf seinem mit vier
Höhlungen versehenen Grabstein den Vögeln Weizenkörner
und Wasser zu täglichem Futter gab. Das Kapitel des Neuen
Münsters aber habe das Vermächtnis für die gefiederten Sän-
ger in Semmeln für die Chorherren verwandelt, die ihnen all-
jährlich am Todestag Walthers gespendet werden sollten.

Aus dem Wartburgkrieg
1206 oder 1207

Erster Teil
Im Thüringer Herren Ton

Heinrich von Ofterdingen

Das erste Singen hier nun tut
Heinrich von Ofterdingen in des edlen Fürsten Ton
Von Thüringen; der teilt' uns stets sein Gut
Und wir ihm Gottes Lohn.
Der Meister steht bereit im Kreis,
Und ruft zum Kampf mit sich heraus die Sänger
        fern und nah;
Obgleich er nicht die Namen alle weiß,
Ein Kämpe steht er da.
Nun höret, wie er kann des Kampfs mit allen
        Meistern pflegen:
Des Fürsten Preis aus Östreich will er auf
        die Waage legen,
Ob man ihm die weiß aufzuwägen
Mit dreier Fürsten Milde: stellt die Besten
        ihm entgegen!
Verdienen alle drei so hohen Preis
Durch mildes Leben,
In Diebesweis
Will er besiegt sich und gefangen geben.

Walther von der Vogelweide

Nun heb ich's hier mit Fechterschlägen:
Walther von der Vogelweide, so bin ich genannt.
Unbilde will zum Zorne mich bewegen
Mit dem aus Osterland:
Zum Hasse bin ich ihm erweckt;
Auf seiner werten Ritter Gunst tu ich zumal Verzicht.
Ihr Feind zu werden hab ich mich erkeckt:
Umbilde duld ich nicht.
Morgen lass ich schauen, wer denn sei der edle Degen,
Der über alle Fürsten milde heißt und tugendreich.
Ich will ihn gegen Frankreich wägen:
Der König hat mehr Preises, als der Held
                            aus Österreich.
Wem nun im Kampf der Unsieg wird zuteil.
Hört mein Begehr,
Dass Strang und Seil
Ihm schaffen soll ein Henker morgen her.

Der tugendhafter Schreiber

Herr Walther, lasst ihn heute frei,
Ich tugendhafter Schreiber tret ihm zu
                        mit Sangesgier.
Wie möcht ein Fürst wohl werter sein als drei?
Nun saget, Meister, mir
Mit Singen alle seine Tugend,
Wie er nach Gottes Hulden strebt, der Welt
                        ein Vorbild gar,
So kenn ich einen wohl von Kindes Jugend,
Ob dem ein edler Aar
Zu allen Zeiten ist bereit zu hohem Flug gewesen;
Auch hat er vor den Feinden wohl des
                        kühnen Löwen Mut.

Alexanders Buch hab ich gelesen:
Das ist der König, dem er gleich in milder Gabe tut.
Seine Hand den Armen und den Reichen freut:
Sein Löwenmut
Ist unbedräut;
Er freut sich, wenn er spenden mag sein Gut.

Ofterdingen

Wo nun Grießwärtel? Kampf ist kommen!
Der Kämpe Östreichs steh ich hier und
                    kann die Widerschläge.
Zwei Meister rühmen sich so gar vollkommen,
Dass sie niemand zwingen möge.
Im Angriff ist ihr Singen scharf,
Obgleich sie süße Sprüche drein zu flechten
                    wissen auch.
Reinmar von Zweter, da ich dein bedarf,
Herbei nach treuem Brauch!
Von Eschenbach der Weise soll der andre Kiefer sein:
So bleiben wir wohl vor Gewalt auf beiden Seiten frei.
Nun helfe mir das Recht gedeihn:
Von dem es sich noch niemals schied, der hat
                    der Namen drei.
Ihr Fürsten heißt sie kiesen auf den Eid!
Wer Tod begehrt,
Mir ist nicht leid,
Wenn er mit voller Waage wird gewährt.

Ofterdingen

Ihr Herren, wollt ihr hören mich,
So will ich von des Österreichers Tugend
                    euch erzählen:

Vermag er wohlzutun, so freut er sich.
Gott selber möcht ihn wählen,
Da keine Tugend ihm gebricht,
Und stets nach Gottes Huld sein Sinn auf Erden
                  ringt und strebt.
Im Himmelreich man ihm die Krone flicht;
Nach Priesterlehr er lebt.
Die Fraun sind seines Herzens Spiel, er grüßt
                  auch jede Maid;
Er ehrt die Frauen alle um die Magd, die Gott gebar.
Bedrängten büßt er gern ihr Leid;
Was weiser Sinn erdenken mag, die Tugend hat er gar.
Er hält auch wohl vor Königen sein Ziel;
Er ist kein Kind:
Wer's merken will,
Vor ihm sind alle Fürsten nur ein Wind.

Der Schreiber

Sieben Fürsten sind des wert,
Den römschen König zu erwählen liegt in ihrer Hand:
Die kiesen wen der Thüringer begehrt,
Hermann ist er genannt.
Ist der König ihm zu kurz, zu lang,
Dass er dem Reich und all der Welt nicht schafft
                  der Freuden viel,
So nimmt's ihm Hermann wieder frei und frank
Und ordnet wen er will.
An Kaiser Otto saht ihr das, genannt von Braunesweig:
Den schied er von dem Reiche, dass er alle
                  Ehren misst.
Heinrich von Ofterdingen, schweig,
Und vergleiche miteinander nicht, was
                  unvergleichbar ist.
Ein Leithund, wenn er falsche Fährte spürt,

Das ist bekannt,
Und irre führt,
So straft mit Recht ihn seines Meisters Hand.

Ofterdingen

Herr Schreiber, ihr und eure Hand,
Sie mögen nicht mein Meister heißen
                                        euern Worten nach.
Reinmar von Zweter ist dazu benannt
Und der von Eschenbach.
Herr Walther zwingt sie allzumal,
Wie viel man guter Meister je in deutschen
                                        Landen sah.
Zum Edelfalken sprach die Kräh einmal:
Herr Kuckuck, seid ihr da?
Ihr tatet sicherlich an mir der frechen Krähe gleich,
Herr Schreiber, da ihr euch vermaßt, vom
                                        Leithund mir zu sagen.
An Künsten bin ich euch zu reich:
Drum müsst ihr wie ein Wolf zurück auf
                                        eigner Fährte jagen.
Mein Dichten ist der Meisterkunst gerecht;
Ihr mögt's nicht wehren,
Ruprecht mein Knecht
Soll euer Haar in Torenweise scheren.

Der Schreiber

Nun werde friedlos unser Sang,
Da Euer Knecht mein krauses Haar soll scheren
                                        Toren gleich.
Herr Walther, kommt als Richter mit dem Strang,
Den Henker bringt mich Euch.

So zeig ich, was ich Kunst vermag:
Das sollen an mir schauen bald als Zeugen
                Weib und Mann.
Hab ich gesungen diesen ganzen Tag,
So heb ich recht erst an,
Und ernt ich auch von Österreich des werten
                Fürsten Groll.
Nun hört wie unser Singen hier mit Worten
                ist bewehrt.
Stempfel von Eisenach, der soll
Hier über beiden Kämpfern stehn mit
                seinem breiten Schwert.
Wie einen Räuber soll er richten den,
Der unterliegt;
Die für ihn flehn,
All Herzeleid sei denen zugefügt.

Ofterdingen

Vom Fuße bis zur Scheitel hin
Lobt nun die Welt den reinen, werten Herrn
                von Österreich.
Alle Fürsten sind ein Nebel gegen ihn;
Er ist der Sonne gleich.
Die Milde mach ich Euch bekannt,
Die der von Östreich pflegt; davon ist seine Ehre breit:
Welchem edeln Mann er gibt Gewand,
Seinem Weib wird auch ein Kleid.
Der Frauen schickt er es ins Haus mit seiner
                milden Hand,
Dass sie mit Ehren sprechen mag: dies gab
                der Edle mir.
Herr Schreiber, sucht in allem Land,
Wo findet Ihr an dreien Fürsten solcher Tugend Zier?
Meine Meisterschaft gibt Euch den Vierten auch

Noch willig frei:
Ihr dummer Gauch,
Nun bringet höher Lob nach Wahrheit bei!

Der Schreiber

Seine Mild' ist hohen Ehren gleich,
Wie der von Ofterdingen meldet von der Fraun Gewand:
Die Tugend lieh dem Herrn von Österreich
Der aus Thüringerland.
Der Landgraf hat den Ruhm erstrebt,
Dass aller Preis bei ihm zu Hause war
                    von Kindesjugend:
Was in der Christenheit der Kön'ge lebt,
Die danken ihm die Tugend.
Er tilgt uns alle Schande, wie der Priester sühnend tut,
Wenn er den Sünder in der rechten Reue schaut.
Drum fließt ihm zu der Herren Flut;
Bedrängten büßt er gern ihr Leid: die Menge
                    zeugt mir laut.
Ihr reinen Fraun aus Thüringen, nun seht,
Der mich hieß Gauch,
Nicht ungeschmäht
Blieb' seine Mutter, wehrtet Ihr's nicht auch.

Ofterdingen

Der Landgraf ist von Kindesjugend
So milde, seiner Landesfürsten keiner tut's ihm gleich;
Jedoch gewinnt er nie so hohe Tugend
Als der von Österreich.
All meine Finger schwüren wohl,
Dass er in seinem reinen Herzen höhern
                    Wunsch nicht trage,

Als wie er dort die Seele bergen soll
Und hier der Welt behage.
Man sieht in Östreich zu dem tugendreichen
                         Fürsten fliehn
So manchen freudenlosen Mann, den er von
                         Kummer heilt,
Gleichwie die Bienen freudig ziehn
Zu ihrem Korbe, wenn ihr rechter Weisel drin verweilt.
Nicht soll mein Stempfel schonen, wenn Euch dies
Mein Herz ersinnt;
Ein Adler hieß'
Er wohl, wenn andre Fürsten Falken sind.

Biterolf

Ich Biterolf muss nun herbei,
Nicht länger schweigen mag mein Zorn:
                         Herr Schreiber, weichet mir.
Ich sah ein Aas, der Haut schon bar und frei,
Und nah in Rabengier.
Ein Kater deuchte sich so zart,
Dass er die Sonne freien wollte, da sie früh aufging,
Und nahm doch bald nach angestammter Art
Ein Tier, das Mäuse fing.
Ein Dummer stieß der Pfanne Stiel ins Fenster
                         bei dem Tor.
Was ward daraus? Die Schaufel selber konnte
                         da nicht nach:
Das Breite ist noch jetzt davor.
Walther, Reinmar, ihr aller Meister,
                         der von Eschenbach,
Mein Zorn lässt Euch wohl schauen, was ich kann.
Tritt bald beiseit,
Du dummer Mann,
Heinrich von Ofterdingen, es ist Zeit.

Ofterdingen

Reinmar, lass von solchem Wahn,
Dein Dräuen und dein Gleichnis hat
                    mein Singen nicht verwirrt.
Greifen Mäuse einen Kater an,
Wenn der bezwungen wird,
Da müssen viel der Mäuse sein.
Ihr dummen Sänger gleicht dem Zorn
                    des kleinen Tiergeschlechts;
Ich selber trete für den Kater ein
Und beiße links und rechts.
Ich hätte wohl Thüringens Herrn zu rühmen
                    selbst die Pflicht,
Dass würdiger kein König und kein Kaiser selber lebt,
Wär der von Österreich nur nicht,
Der über alle Fürsten in so hoher Würde schwebt.
Wer den edeln Herzog hat erschaut
Von Österreich,
Der zeugt mir laut,
Dem Adler wohl ist seine Milde gleich.

Biterolf

Tritt näher, Stempfel, mit dem Schwert,
Und mög ich nun erstochen werden wie
                    man Diebe sticht,
Find ich nicht einen Grafen preiswert.
Ich nenn ihn, es ist Pflicht:
Wer war zu Mainz, an jenem Tag,
Da man dem Fulder Fürsten kränken
                    wollte hohes Recht?
Der Thüringer den Stuhl von Köln zerbrach
Und machte Krumm gerecht.

Da sah man werter Degen viel zu großem
                    Zorn entbrannt,
Wohl tausend Schwerter rasch gezückt zu
                    mannhaft kühner Tat:
Von Henneberg der Held erkannt,
In eines Löwen Wut er vor Thüringens Herren trat.
Wohl ward der Stahl der Pickelhaube rot
Des Tags genug,
Bis man für tot
Den edeln Vogt hin vor den Kaiser trug.

Biterolf

Dass Ehr ihm bei der Mannheit sei,
Scham und Milde, Treue, der Erbarmung gerne naht,
Thüringens Landesherr, Ihr steht mir bei,
Dass er das alles hat.
Ihm wichen viel der Fürsten gleich,
Als vor dem Thüringer er stand in eines Drachen Gier.
Das sah der edle Held von Österreich.
Heinrich, nun sag uns hier:
Wo hat der Held von Österreich so Preisliches getan,
Als der Hennenberger dort an dem von Thüringland?
Er griff den edeln Fürsten an,
Dem Berner wär's genug gewesen als ihn Ecke fand.
Da sprach der Landgraf selbst: »Er hat den Mut,
Ein Kaiserland
Und all sein Gut,
Das wär zu seiner Kühnheit wohl bewandt.«

Ofterdingen

Thüringens Herren will ich geben
Zu Hilfe den von Brandenburg, den Hennenberger dort:

Kann der von Österreich nicht schöner leben,
So tu mir Stempfel Mord.
Zwei Augen mög ihm Gott bescheren
In den Nacken, und zwo Hände noch,
     das wär des Herren Leben:
Muss er mit zwein sich vor den Feinden wehren,
Dass zwo Bedürftgen geben.
Als man den Ungarkönig mit dem Fürsten
     kämpfen sah,
Den Schild er zu dem Arme warf mit
     tugendreicher Hand;
Zu seinem Kämmrer sprach er da:
»Nun sorge, dass den Gehrenden werd ausgelöst
     ihr Pfand.«
Auf Herren Tugend sollten sich verstehn,
Die Singens pflegen:
Wie schlecht bestehn
Nun, die drei Fürsten setzten ihm entgegen!

Reinmar von Zweter

Die Fürstin und die Frauen sind
Uns beiden allzu nahe hier, das wird von mir beklagt:
Vor Zorn ja möcht ich zappeln wie ein Kind,
Dem man das Ei versagt.
Deines Prahlens ward hier allzu viel,
Heinrich von Ofterdingen! Reinmar will dein
     Feind nun sein,
Denn wer sich selbst zugrunde richten will,
Wer hülfe dem gedeihn?
Wohl mag der Österreicher nicht so hohe
     Tugend tragen
Als nun vor allen Fürsten tut Thüringens
     Landgraf kund.
Wer überladen will den Wagen,

Der bricht ihn nur: dein Singen geht aus
                  eines Toren Mund.
Gäb man nun allen Fürsten Engelnamen,
All sonder Spott,
Sprecht alle Amen,
So wäre wohl der Thüringer ihr Gott.

Wolfram von Eschenbach

Heinrich von Ofterdingen sprich,
Weißt du, wie Gott den Teufel seiner Hoffart
                  willen band?
Muss ich dich binden, so verdrießt es mich,
In meines Herren Land.
Von Eschenbach ich Wolferam,
Als Priester bann ich dich Besessnen wohl
                  aus diesem Kreis:
Mir wären drum die Frauen alle gram,
Ließ' ich dir hier den Preis.
Ich preise mir des Thüringers vor mancher
                  Könge Leben:
Den Fürsten allen hat ihn Gott zum
                  Vorbild hingestellt,
Die hier nach Würden wollen leben,
Wie sich um Gottes Huld geziemt und um
                  den Ruhm der Welt.
Heinrich von Ofterdingen, segne dich
Und flieh alsbald,
Eh grimmiglich
Von mir dir Blitz und Hagelsturm erschallt.

Ofterdingen

Herr Terramer, seid uns willkommen!
Nun drängt mich gar die Heidenschaft
    mit lautem Kriegsrufs Ton;
Doch wird noch heut ein Sturm von mir vernommen,
Dass nie der von Narbon
Gewaltger focht das Kriegesspiel,
Als er viel Heiden niederschlug, wie ihm
    gestand ihr Heer:
Auf Alischanz zerhieb er Helme viel,
Zerbrach er manchen Speer.
Ein Frosch aus süßem Taue sprang in eine heiße Glut;
Dass er unkunde Furt versucht, hat mancher
    schon beklagt:
Wenn ihr dem Frosch nun ähnlich tut
Und suchen wollt die Furt an mir, das ist
    zuviel gewagt.
Ihr Walther, Reinmar, Schreiber, Biterolf
Gleicht Gänsen traun,
Wenn sie den Wolf
Erkennen und sich wagen vor den Zaun.

Walther

Ich Walther muss mein Singen klagen.
Heinrich von Ofterdingen sprich, wie hast
    du dir gedacht,
Ich würde dir den Übermut ertragen,
Der mich in Zorn gebracht?
Zu vorschnell meine Zunge war,
Als von dem Österreicher sie verzichtend
    Urlaub nahm.
Dass sie verschwelle samt der Kehle gar,
Weil Zorn mich überkam.

Adamen tat ich gleich damit, als er den Apfel schlang
Auf des Versuchers Rat, und doch dabei
                    in Zweifel stund;
Das Wort bereu ich lebenslang:
Möcht ich's ergreifen, wie das Obst, ich bräch es
                    aus dem Schlund.
Viel hochgelobter edler Herzog wert
Von Osterland,
Mein Ruf begehrt,
Verzeih, dass ich mich je von dir gewandt.

Walther

Einen König und zween Fürsten reich
Nur nehm ich aus, die andern stell ich zu
                    der Sterne Licht:
Die Besten sind dem Morgensterne gleich,
Der durch die Dämmrung bricht.
Nicht länger lass ich's ungesagt:
Der zweien Fürsten einer mag wohl gleich
                    der Sonne sein,
Wenn sie die trüben Wolken all verjagt
Und strahlt in vollem Schein.
Heinrich von Ofterdingen sprich, wer mag
                    der Edle sein,
Des Tugend über alle Fürsten gleich der Sonne ragt?

Ofterdingen

Von Österreich der Herre mein;
Von seiner Tugend wird noch viel gesungen
                    und gesagt.
Nun hört, ob ich ihn richtig messen kann:
Wo er nur sei

Ist Leu und Mann,
Denn beider Herz und Großmut wohnt ihm bei.

Walther

Der Tag muss doch preiswürdger sein
Als Sonne, Mond und Sternenglanz, wie ich
                vermeinen will:
Das gestehen gern mir hohe Pfaffen ein
Und weiser Laien viel.
Wenn ich noch Zeugen schuldig bin,
So weiß ich weise Meister aufzufinden fern und nah,
Die in der Schrift belesen sind und in
Der Lande Chronika.
Edle Thüringer, Hessen, Franken, Schwaben,
                lasst euch fragen,
Wer mag der Fürst wohl sein, der all der Welt
                ist übergleich?
Thüringens Landgraf mag uns tagen;
So steht ihm nach als Sonnenschein der Held
                von Österreich.
Der Tag die Welt mit Wild und Zahm erfreut,
Das ist bekannt:
Mit Freuden streut
Uns all sein Gut Hermann von Thüringland.

Ofterdingen

Heinrich von Ofterdingen klagt,
Ungleiche Würfel hier zu Land hat man ihm vorgelegt:
Walther hat falschen Preis an mir erjagt,
Nicht wie die Treue pflegt.
Der Sonne glich er ihn; doch eh

Einem Fürsten weichen soll des Österreichers
			milde Hand,
Ich suche dich, und wärst du über See,
Klingsor von Ungarland.
Auf dich berufen muss ich mich, und will
			dich auserwählen:
Deine Meisterschaft ist nun vor allen
			Singern auserkoren;
Ob du den Meersand solltest zählen
Und alle Sterne nennen, Heinrich ist noch unverloren.
Ich will ihn suchen, das ist mein Begehr,
In Ungarland.
Klingsor muss her:
Dem ist die Tugend Österreichs bekannt.
Vier Meister wollten seinen Tod:
Sie riefen Stempfeln oft herbei, sein Ende sollt es sein.
Die Fürstin sprach: »Wem je die Hand ich bot,
Der lässt ihn wohl gedeihn!
Herr Wolferam von Eschenbach,
Walther, Reinmar, der Schreiber, Biterolf, ich will
			euch flehn,
Wie meine Hilfe nimmer euch gebrach,
So lasst es gern geschehn.«
Die Kiefer sprachen: »Frau, wir tun gern immer
			eur Begehr:
Uns war ja dienstlich alle Zeit der Sinn zu
			euch gewandt.
Lasst ihn den Klingsor bringen her;
Es wird vielleicht noch lang, eh er ihn bringt
			aus Ungarland.«
Sie sprach: »So fahr er ledig denn und frei
Wohin er will.
An Mainz vorbei
Geht unterdes des klaren Rheines viel.«

Aus dem zweiten Teil
Im schwarzen Ton

Erstes Rätsel

Klingsor

Ein Vater seinem Kinde rief,
An eines Sees Damme lag es da und schlief.
»Erwache, Kind, ich wecke dich aus Treue.
Diesen See bestürmt der Wind,
Auch kommt die finstre Nacht: erwache liebes Kind;
Verlör ich dich, das büßt' ich stets mit Reue.«
Noch fuhr das Kind zu schlafen fort; als das
           der Vater sahe,
Er schlich dahin sich, wo es lag,
Und gab mit seiner Hand ihm einen Besenschlag.
Er sprach: »Erwache Kind, die Nacht ist nahe.«

Klingsor

Den Vater überkam der Zorn,
Mit seinem Munde blies er in ein kleines Horn,
Er sprach: »Du schläfst, wach endlich auf,
           du Dummer!«
Als noch das Kind nicht zu sich kam,
Der Vater es bei seinen falben Haaren nahm
Und gab ihm einen Backenschlag im Schlummer.
Er sprach: »Dein Herz ist dir vermost, ich muss
           dich besser ziehen!
Erscholl mein Horn nicht laut genug,
Und frommte dir die Rute nicht, mit der ich schlug,
Noch helf ich dir, willst du der Flut entfliehen.«

Klingsor aus Ungarn fuhr da fort:
Der Vater sah sein liebes Kind noch schlafen dort,
Mit Jammer er die Augen zu ihm wandte.
Davon ward sein Gemüte scharf,
Dass er mit einem Schlegel nach dem Kinde warf.
Er sprach: »Nimm wahr, den Boten ich dir sandte.
Dein pflag ein Tier Ecidemon, das war gar
                      sonder Galle;
Da folgtest du des Fuchses Rat,
Der dich in diesen falschen Schlaf gesungen hat.«
Da brach der Damm und kam der See mit Schalle.

Eschenbach

Klingsor, ich löse dir den Knoten.
Gestatt es, weiser Meister, bei den zwölf Boten,
So schöpf ich Trank aus deines Sinnes Gründen.
Verwirr ich mich in diesem Strang,
So duld ich gerne, Meister, deiner Strafe Zwang:
Nun lache, muss ich meine Torheit künden.
So höre, wer dem Kinde rief: Altissimus der Starke.
Ein jeder Sünder ist das Kind;
Gottes Horn die weisen Meisterpfaffen sind:
So schwebt in deines Sinns See meine Barke.

Klingsor

Ja Meister, löse ganz den Haft,
Das gibt der Welt zu allem Heile hohe Kraft:
Wer's merken will, der meidet manche Sünde.
Mein Sinn war all der Welt zu tief,
Eh mich von Ofterdingen Heinrich zu Euch rief;
Nun findest du die Höhe wie die Gründe.

Dreitausend Mark in Ungarland empfing ich
                von den Reichen –
Will ich die Habe vor dir sparen,
Wenn du mit mir gen Siebenbürgen bist gefahren,
So möge Gottes Gnade von mir weichen.

Eschenbach

Ist mir der Sinn im Herzen zahm,
So will ich dich bescheiden von des Sees Damm:
Das ist die Zeit, die Gott dir hat versprochen.
Versäumst du aber deine Zeit,
So glaube mir gewiss ohn allen Widerstreit,
Dass du den Damm dir selber hast durchbrochen.
Der See ist deine künftge Zeit, die Tage
                sind die Winde,
Dein Engel ist Ecidemon,
Der Fuchs der Teufel, der dir wägen mag den Lohn,
Den sauern: sieh, ob deinen Reim ich finde.

Eschenbach

Noch höre, ob ich weiß zu spähn:
Den Besenschlag lässt Gott an Freunden dir geschehn:
Groß Herzeleid, das ist sein erstes Strafen.
Versäumst du Besserung zu lang,
Den Backenschlag verstehe: du wirst selber krank,
Willst du zu lang in deinen Sünden schlafen.
Des Schlegels Wurf, das ist der Tod, den er dann
                zu dir sendet,
Womit er Beicht und Reu begehrt;
Werden die beiden völlig nicht von dir gewährt,
So harrt dein Höllenpein, die nimmer endet.

Zweites Rätsel

Klingsor

Ein König hat zwei Kinder lieb,
Jungfräulein, deren Jugend ungekrönt verblieb,
Ward hohe Krone beiden auch gemessen.
Zwei Männer hat er dann erwählt,
In rechter Eh den schönen Kindern anvermählt;
Er sprach: »Ich will euch zweie nicht vergessen.
Mit euern Frauen krönen will ich euch
                    nach zwanzig Wochen,
Dass ihr zusammen Kronen tragt
Auf Häuptern zwein.« Wer mir dies fremde
                    Wunder sagt,
Des Meisterkunst bedünkt mich unzerbrochen.

Klingsor

Der eine Mann gewann den Sinn,
Er fügte seiner schönen jungen Königin
Viel Herzeleid und großen Jammers Peinen.
Er schlug sie oft mit scharfem Dorn,
Unter seiner Füße warf er sie im Zorn,
Sie sudelnd in dem Pfuhle bei den Schweinen.
Das sah der König, der die Krone diesen
                    Zwein verliehen,
Gerechter Zorn ihn übermannt:
»Ich muss mich euer schämen«, sprach er allzuhand:
»Mein Angesicht will ich euch stets entziehen.«

Klingsor

Die andre Magd litt große Not
Von ihrem Friedel: ihre Augen wurden manchmal rot.
Nun Meister, merkt mein Singen und mein Sagen.
Er warf sie oft an schnöden Mist;
Darnach erdacht er eine wunderliche List:
Zu einer Quelle hat er sie getragen
Und wusch ihr gütlich wieder ab, womit er
                    sie entreinigt.
Da ward ihm hold des Königs Herz.
Auf dies Gebäude ziemte wohl ein Dach von Erz:
Ich muss ihn preisen, wer es recht vereinigt.

Eschenbach

Da ich mit Erz dir decken soll,
Der König ist Gott selber; so erkenn ich wohl
Zwo Seelen in den schönen Kindern beiden.
Die jungen Männer sind ihr Leib;
Noch tot, bis ihnen Leben gibt die Seel, ihr Weib.
Der Krone noch entbehren sie als Heiden:
Nach zwanzig Wochen bringet sie die Taufe
                    dann mit Freude.
Sie tragen sie auf Häuptern zwein:
Wer mir das verwerfen wollte, spräche mein.
So deck ich meisterlich ein fremd Gebäude.

Eschenbach

Nun merke, Mann und selig Weib,
Wie doch die Seele marten kann ein falscher Leib;
Unkeusche Worte gleichen jenem Dorne;
Wenn Sünde dann das Herz vollbringt,

Dass Herz und Zunge übel nur zusammen klingt,
Mit Füßen trittst du so die Auserkorne.
Wo je der Leib die Seele will im Lasterpfuhl entreinen,
Dass er sie in die Sünde legt,
Sie zu waschen dann nicht hin zum Quell
                    des Brunnens trägt,
Gott schämt sich sein, der so sich mag versteinen.

Eschenbach

Der seine schöne Freundin trug
Zum Born, aus deinem Munde klang es fremd genug,
Das war ein Mann, der hatte gute Witze.
Wir nennen Sünde schnöden Mist;
Des Brunnens Quell ein würdevoller Priester ist:
Wer sich nun hüten will vor Höllenhitze,
Der lass von Reue sich und wär's mit
                    Priesterbutzen wecken:
Bei dem König bringt es ihm Gewinn,
Der ihm zu rechter Eh beschied die Königin.
Wer bessrer Meister ist, den heiß dir decken.

Walther

Du deckst, ich weiß es nicht zu wehren,
Dass Tränen mir die lichten Augen drum verzehren.
Ein weiser Engel war's, der es erdachte,
Dass Heinrich diesen Krieg begann,
Durch den so klare Flut uns aus dem Brunnen rann,
Und er dich, Meister, her zu Lande brachte.
Walther von der Vogelweide, so bin ich genennet.
Nie ward mir im Gesange kund,
Was so die Höhe suchen möchte und den Grund:
Mein Herz ist wie ein Schaub davon entbrennet.

Drittes Rätsel

Klingsor

Was je ich in den Sternen las,
Wenn voller Heiterkeit der Himmel nicht vergaß,
Das hat mich stets gen India gewiesen.
Nimm du das Buch aus Schottenland,
Das St. Brandan auf eines Ochsen Zunge fand,
Und sag mir wahr, dafür wirst du gepriesen.
Amtleute fand der Heilge vier und ließ sie da
                        aufs Letzte,
Es half sein Bitten, half sein Bann
Da nicht dem hochgelobten werten weisen Mann,
Dass einer nur vom Mund die Pfeife setzte.

Klingsor

Einen Brief mit eigner Hand
Schrieb St. Brandan davon: der kam gen Griechenland;
Wir haben's an den Sternen nachgemessen,
Wie's um die Wunder sei bewandt,
Als er in Gottes Heimlichkeit die Pfeifer fand;
Doch hat sich meine Kunst daran vergessen.
Sie waren ernsthaft anzuschaun und standen
                        sonder Lachen.
Die Schrift mir lang unleslich war:
Mit allen Sinnen doch erforscht' ich es nicht gar,
Was Tanzes diese Pfeifer wollten machen.

Eschenbach

Ich kann den Tanz dir wohl erspähn:
Wenn Gott einst spricht: Nun blast, alsdann
                        ist es geschehn.

Der Ton durch aller Menschen Ohr erklinget.
Zumal dann werden wir erstehn
Vor sein Gericht, der für uns litt am Kreuz, zu gehn.
Ein jeder seine Schuld dann vor ihn bringet.
Bevor der Tanz zu Ende kommt, zwei Reihen
				sieht man führen:
Den einen in die Ewigkeit;
Der andre geht der Hölle zu in während Leid:
Bei diesem Reihen soll man mich nicht spüren.

Eschenbach

Wenn du zu spotten nicht begehrst,
Klingsor, und gern aus Wissbegier davon erfährst,
So will ich dir seltsame Dinge melden.
Brandan durchfuhr der Erde Rund,
Bis Gott ihm tat von seiner hohen Güte kund.
Da sprach der Engel zu dem Gotteshelden:
»Brandan, dich meidet Gottes Zorn, er lässt
				dich neu erjungen.
Zwei Feuer wirst du bald ersehn:
Zwei Augen, die in eines Ochsen Haupte stehn;
Der reicht dir dann ein Buch von seiner Zungen.«

Eschenbach

Wie's um die Pfeifer sei bewandt?
Vier Hörner an der Engel Mund der Heilge fand.
Der eine sprach da zu dem weisen Manne,
Und zu dem Pfeifer drauf der Abt:
»Setzt ab die Hörner, die ihr an dem Munde habt:
Geboten sei es Euch bei meinem Banne.
Die Frage lasst Euch stellen: was bedeuten
				die Posaunen?«

Der Engel sprach des Truges bar:
»Vor deinem Banne fürcht ich mich kein halbes Haar:
Wir horchen hier auf eines Wortes Launen.«

Eschenbach

Der Abt begann zum Engel frei:
»Um Gott, nun sprich, wie es damit bewendet sei,
Dass ihr hier stehn müsst, auf ein Wort zu warten.«
Der Engel sprach zum Abt sofort:
»Als Gott beim Anbeginne sprach das Werdewort,
Schickt' er uns mit dem Horne vor den Garten
Bis dass er spräche: Blaset! Setzten wir es von
                        den Munden,
Kam uns der Spruch dann seiner Zeit,
Fürwahr, so glaube mir ohn allen Widerstreit,
Auf immer wär uns seine Huld entschwunden.«

Eschenbach

»So weh mir, weh«, rief St. Brandan,
»Müsst ihr denn stehen bis uns soll die Strafe nahn,
Dass alle Menschheit gar ein Ende findet?«
Da sah den Abt der Engel an,
Aus seinem Munde bei dem Horn er sanft begann:
»Du sprichst wie einer, dem Besinnung schwindet.
Dünkt eine Strafe dich der Tod, den doch
                        die Seele minnet?
Das Fleisch sinkt eine Weile nieder,
Und Würmer essen's; doch am Jüngsten Tag
                        kommt's wieder;
Nie Ende Leib und Seele dann gewinnet.«

Eschenbach

»Die Strafe rügte mir dein Mund;
Dass sie die Seele lieben soll, ist mir nicht kund:
Ich zählt es ihr zum Leid, auf meine Treue!«
»Wie sprichst du so? Du weißt doch wohl,
Obwohl der Leib zur Erde wieder werden soll,
So gebiert ihn seine Mutter doch aufs Neue.
Du denkst, wenn mit dem Ase Fisch und Vögel
                             sich berieten,
Wie soll das Fleisch dann wiederkommen?
Sobald die Erde meines Horns Schall hat vernommen,
Des Meeres Grund musst' es herwieder bieten.«

Eschenbach

»Nun sage mir auf deinen Eid:
Gebiert die Mutter mich, das gibt mir Sicherheit –
Es darf dein Mund ja keine Lüge sprechen –
Trägt sie mich vierzig Wochen gar,
Wie einst sie tat, da mich ihr reiner Leib gebar?«
Der Engel sprach: »Weisheit muss dir gebrechen.
Die Erde Adams Mutter war: ihr seid
                             aus gleichen Stoffen
Und werdet, was ihr waret eh.
Da ich in Sorgen hier, dich zu bescheiden, steh,
So frage weiter nur, ich meld es offen.«

Eschenbach

Da sprach der Abt: »Was wird geschehn,
Wenn du das Horn zum Schallen bringst, und die
                             hier stehn
Dir zugesellt: das sollst du mir erklären?«

Der Engel sprach: »Ich will dir sagen:
Sobald wir Gottes Zorn mit diesem Horne klagen,
Die Engel stürben, wenn sie Menschen wären.
Nie wurde der zwölf Boten einem Gott so hold
                    und süße,
Erhören sie der Hörner Schall,
Sie fürchten allzumal von seinem Zorn den Fall
Und fliehen Gottes Mutter vor die Füße.«

Eschenbach

»Was könnte noch zum Trost geschehn
Durch Sie, wenn man die Gottheit sieht
                    im Zorne stehn,
Und alle Luft sich lösen wird in Feuer?«
»Ist dir das wild? Ich mach es zahm:
Gabriel ein Wort von Gottes Munde nahm,
Das sprach er zu der reinen Magd geheuer:
Gebenedeit, du Kind des Heils! Der dich
                    von Erde machte,
Der wird dein Kind, der Mägde Zier!
Er will der Mutter nichts versagen dort noch hier.
Das ist doch süßer Trost, wie ich erachte.«

Eschenbach

»Wie oftmals bläst du in das Horn?
Das sage, lieber Herr, mir noch ohn allen Zorn:
Was mag ich von dem ersten Rufe sprechen?«
Er sprach: »Meinst du der Hörner Schall?
Die Luft gibt in den Wolken donnernd Widerhall:
Der Gegenstoß muss alle Felsen brechen.
So fährt ein Feuer dann hervor, das Stein
                    und Erde brennet,

Die starken Winde säumen nicht,
Sie stürmen, alle Höhn und Berge werden schlicht,
Die ganze Erde eben wird getennet.«

Eschenbach

Der Abt sprach: »Schuf es dir nicht Zorn,
So bät ich gerne, dass du bliesest in das Horn,
Ein wenig nur, dass man den Ton vernähme.«
Der Engel sprach mit guten Sitten:
»Die Heilgen und die Engel dürften mich's
                    nicht bitten,
Noch Gottes Mutter, wenn sie selber käme.«
Dann fuhr er fort: »Wär ich ein Mensch, ich stürbe
                    wohl zur Stunde,
Dies Wort wär mir ein Donnerschlag.
Befremden muss mich immerdar so Nacht als Tag.
Dass ich's vernommen hab aus deinem Munde.«

Eschenbach

Der Edle von der Sterblichkeit
Sprach: »Herr, wenn ich gesündigt hab, es ist mir leid,
Und will zur Buße stehn, dass ich's bescheine.«
Der Engel sprach: »Hast du den Sinn,
Mit Fragen zu erforschen bleibenden Gewinn,
So ist dein Kauf viel besser als der meine.
Meine Harfe hat viel süßen Sang, wer sie nur
                    weiß zu schlagen:
Bist du an Sinnen nicht ein Kind,
Der Saiten zählt sie viel, die unberührt noch sind:
Zum Tönen brächte sie bescheidnes Fragen.«

Eschenbach

»Was besagt ins Horn der andre Stoß?
Das zu vernehmen, trag ich nun Verlangen groß.
Gewiss wird Wundersames dann geschehen.«
Der Engel sprach: »Du redest wahr:
Sag all der Welt in meinem Namen offenbar,
Dass jede Seel ihr Lieb wird wiedersehen.
Der Leib ist ihr vermählt, darüber klagen
                 nun die Armen:
Tut er an ihr die Missetat,
Dass er für Sünde weder Reu noch Buße hat,
So will sich Gott nicht über sie erbarmen.«

Eschenbach

Von den Beamten sprach mein Mund;
Was Gott nun weiter tut, das ist mir auch wohl kund:
Die Bösen wird er aus den Guten suchen.
Mit dreien Worten das geschieht,
Dass man die Argen in der Schar des Feindes sieht:
Da wird den Kindern mancher Vater fluchen;
Viel Kinder schrein: »Weh Vater dir, weh Mutter!
                 Weh euch beiden,
Dass wir um schnöden Guts Gewinn
Verloren Gott und mit dem Teufel fahren hin!«
Mit Worten unaussprechlich ist dies Leiden.

Eschenbach

Die dann zur rechten Seite stehn,
Vernehmt, wie die so manche Freude sollen sehn:
Ihre Augen schauen in des Himmels Wonne.
Das alles rechn’ ich nicht einmal,

Da Gott sie zählen will in seiner Kinder Zahl:
Ein Jeglicher wird schöner als die Sonne.
Der Engel, der dir gab Geleit, wird deine
                    Tugend preisen
Und sprechen: »Wohl dir sonder Wahn,
Dass du nach meiner Lehr auf Erden hast getan.
Nun sieh, ob ich dich recht gewusst zu weisen.«
   (Karl Simrock)

Inhaltsverzeichnis